高中阶段中外合作办学研究

雷兰川　著

科学出版社

北　京

内 容 简 介

本书对 1985～2015 年间我国高中阶段中外合作办学的发展情况进行回顾和分析，将我国高中阶段中外合作办学分为探索起步阶段、调整发展阶段和发展规范阶段，通过对每个阶段的办学政策、办学规模和办学进展进行细致梳理，结合其发展现状指出存在的主要问题。通过对我国福建省和上海市的个案分析及韩国、日本和新加坡国际高中的比较研究，对我国高中阶段中外合作办学的发展趋势进行展望。本书数据翔实，内容全面，理论与实践结合，具有较高的实用价值。

本书可供关注国际课程和国际教育的家长和学生阅读，也可供各级教育行政部门教育工作者、国际教育行业从业者参考。

图书在版编目（CIP）数据

高中阶段中外合作办学研究/雷兰川著. —北京：科学出版社，2020.6
ISBN 978-7-03-058488-5

Ⅰ. ①高… Ⅱ. ①雷… Ⅲ. ①高中-国际合作-联合办学-研究-中国
Ⅳ. ①G639.2

中国版本图书馆 CIP 数据核字（2018）第 181945 号

责任编辑：王 彦 辛 桐 / 责任校对：赵丽杰
责任印制：吕春珉 / 封面设计：东方人华平面设计部

科 学 出 版 社 出版
北京东黄城根北街 16 号
邮政编码：100717
http://www.sciencep.com

三河市骏杰印刷有限公司印刷
科学出版社发行 各地新华书店经销
＊
2020 年 6 月第 一 版 开本：787×1092 1/16
2020 年 6 月第一次印刷 印张：10 1/4
字数：230 000

定价：80.00 元
（如有印装质量问题，我社负责调换〈骏杰〉）
销售部电话 010-62136230 编辑部电话 010-62130750

前　　言

　　教育国际化是当前世界教育发展的基本趋势之一。中国首次明确提出教育国际化的概念要追溯到 1983 年邓小平同志为北京景山学校题词时提出的"教育要面向现代化，面向世界，面向未来"。1993 年，中共中央、国务院发布的《中国教育改革和发展纲要》（中发〔1993〕3 号）进一步要求"进一步扩大教育对外开放，加强国际教育交流与合作，大胆吸收和借鉴世界各国发展和管理教育的成功经验"。2004 年，教育部发布的《2003—2007 年教育振兴行动计划》提出把扩大教育对外开放、加强国际交流与合作作为国家教育战略的关键环节。2010 年，《国家中长期教育改革和发展规划纲要（2010—2020 年）》（以下简称《教育规划发展纲要》）第一次提出了"国际化人才"的培养目标。由此可见，我国基础教育国际化正处于一个持续渐进的发展过程之中。

　　高中阶段中外合作办学不仅对促进我国高中教育教学改革和国际化人才的培养起到积极作用，还满足了社会对高中阶段国际教育的需求。但是，高中阶段中外合作办学也存在办学不规范、办学质量有待提高等问题，尤其是各地优质公立高中开展高中阶段中外合作办学引发社会舆论对高中阶段中外合作办学挤占公共教育资源、影响教育公平的质疑。因此，梳理高中阶段中外合作办学的发展历史与现状，合理判断高中阶段中外合作办学的未来发展趋势确有其必要性。

　　从 1985 年上海电子工业学校与德国慕尼黑汉斯·赛德尔基金会合作引进德国"双元制"职业技术教育模式开始，我国高中阶段中外合作办学至今已有 30 余年的历史。在这 30 余年的发展历程中，高中阶段中外合作办学从零星的项目起步，到 2015 年 12 月，总数已经高达 435 个。这一发展历程中的政策演进、办学规模、数量分布、发展特点等方面的情况如何？回顾这一发展历程有助于从宏观上了解我国高中阶段中外合作办学发展的整体情况，从全局把握其未来发展趋势，推动我国基础教育改革的深入发展，办好人民满意的教育。

　　正是基于上述考虑，作者运用公共选择理论和全面质量管理理论，采用文献研究法、访谈研究法、问卷调查法、个案研究法、比较研究法对高中阶段中外合作办学从教育政策、发展现状、国际比较等角度进行系统分析而撰写成本书，以期对开展国际课程教学的国际高中和国际学校办学及我国基础教育国际化和对外开放有所裨益。

　　本书共有七章内容，主要可以分为四大部分：一是对高中阶段中外合作办学的发展历程进行回顾，探寻其发展历程中各阶段的特点和发展措施；二是梳理高中阶段中外合作办学的现状，从高中阶段中外合作办学的办学规模、政策体系和办学模式等方面进行分析，指出其存在的问题；三是比较韩国、日本和新加坡的国际高中发展情况，借鉴其成功的经验，为促进我国高中阶段中外合作办学发展提供有益启示；四是对高中阶段中外合作办学未来发展定位和趋势做出合理判断，指出其提升途径。

　　本书提出的高中阶段中外合作办学的未来发展趋势是：未来一个时期，高中阶段中外合作办学在发展定位上，应围绕国家课程方案和教育目标，引进国外优质教育资源，以促进我国高中教育教学改革，促进国际化人才培养，探索开发具有国际水平的中国国际课程，推进我国基础教育的国际化和普通高中多样化发展。随着政策和监管的进一步完善，我国将逐步引导普通高中中外合作办学项目从公立高中剥离，向以民办高中为主要办学主体转变。各类高中学校应在政府支持下探索高中阶段中外合作办学的新模式。高中阶段中外合作办学应朝着合理布局、优化结构、科学调整的方向发展。在发展思路上，高中阶段中外合作办学应更加注重质量建设，提质增效是今后一段时期高中阶段中外合作办学发展的基本目标。

　　本书数据翔实，有16位访谈对象分别为来自北京市、上海市、福建省和河南省等地进行高中阶段中外合作办学的相关人士，其中有教育行政部门工作人员，教学机构和项目中方学校校长、项目中方负责人、项目外方学校代表、中方教师、外籍教师等，访谈对象具有一定的代表性。此外，对福建省和上海市高中阶段中外合作办学进行个案分析时，使用2015年福建省中外合作办学评估的相关材料及2010年和2011年上海市中外合作办学评估的相关材料。因此，本书数据具有较高的可信度，所得结论具有较强的可靠性。

　　作者针对目前高中阶段中外合作办学中出现的许多问题进行系统分析，结合办学政策和教育政策导向，对高中阶段中外合作办学提出中肯的意见和建议，有利于办学实践者正确把握政策方向，规避办学中容易出现的错误倾向，促进高中阶段中外合作办学的健康发展。同时需要说明的是，为全面反映国外及我国港澳台地区的合作办学状况，以资比较，本书中外合作办学的研究及统计数字均纳入了内地（大陆）与港澳台地区的合作办学，鉴于行文流畅考虑，不再一一指出。

　　作者希望本书的出版能够对高中阶段中外合作办学和高中国际化发展起到积极作用，但由于作者水平有限，加之时间仓促，本书疏漏之处在所难免，恳请读者批评指正。

目　　录

第一章 绪 论

中外合作办学是我国教育事业的组成部分和教育对外开放的重要形式。《中华人民共和国教育法》（以下简称《教育法》）第六十七条明确规定："国家鼓励开展教育对外交流与合作，支持学校及其他教育机构引进优质教育资源，依法开展中外合作办学，发展国际教育服务，培养国际化人才。教育对外交流与合作坚持独立自主、平等互利、相互尊重的原则，不得违反中国法律，不得损害国家主权、安全和社会公共利益。"

20 世纪 80 年代，中外合作办学率先在南京大学、复旦大学等部分高校开展。20 世纪 90 年代，我国高中阶段中外合作办学正式出现，上海长乐-霍尔姆斯职业学校、大连枫叶国际学校和北京中加学校等高中阶段具有中外合作办学性质的学校陆续开办。经过 30 多年的发展，高中阶段中外合作办学已经形成一定的规模，截至 2015 年 12 月，经教育部或省级教育行政部门批准的高中阶段中外合作办学机构和项目超过 400 个（其中在教育部备案的有 89 个）。通过高中阶段中外合作办学，我国引入国外高中的教育理念、课程体系和教学方法，对促进我国高中教育教学改革和国际化人才的培养起到积极作用，也满足了社会对高中阶段国际教育的需求。

与此同时，社会舆论对高中阶段中外合作办学褒贬不一，人们对高中阶段中外合作办学的认识还有误区。如何借助高中阶段中外合作办学更好地引入国外优质教育资源，提高办学质量，促进高中阶段中外合作办学实现持续健康发展，更好地发挥提升我国高中教育教学水平的作用，需要进行深入的分析研究。

第一节 高中阶段中外合作办学的基本概念

一、高中阶段中外合作办学

我国中等教育分为初中阶段与高中阶段。本书所指的高中阶段，是指学生完成初中教育、获得初中毕业证书后，升入高级中学（以下简称高中）学习的阶段。高中是我国九年义务教育结束后高一级的教育机构，一般为三年制。高中阶段的学校类型包括普通高中、职业高中、中等专业学校、技工学校等。其中，普通高中属于高级中等教育，职业高中、中等专业学校、技工学校等均属于中等职业教育。本书所指的高中阶段不包括成人高中教育。

2003 年，国务院颁布的《中华人民共和国中外合作办学条例》（以下简称《中外合作办学条例》）规定，中外合作办学是"外国教育机构同中国教育机构（以下简称中外合作办学者）在中国境内合作举办以中国公民为主要招生对象的教育机构（以下简称中外合作办学机构）的活动"①。2004 年，教育部颁布的《中华人民共和国中外合作办学条例实施办法》（以下简称《中外合作办学条例实施办法》）进一步对中外合作办学项目做出规定，指出"中外合作办学项目是指中国教育机构与外国教育机构以不设立教育机构的方式，在学科、专业、课程等方面，合作开展的以中国公民为主要招生对象的教育教学活动"。

中外合作办学的主体是具有法人资格的中国教育机构和外国教育机构。中外合作办学的办学方式只能是合作办学，不能是合资办学、海外捐资办学，也不允许外国教育机构、其他组织或个人单独办学。中外合作办学的招生对象以具有中国国籍的中国公民为主。中外合作办学的办学地点主要在中国境内（林金辉，刘志平，2010）。

中外合作办学实行审批制和证书制，审批机关对依法批准设立或举办的机构和项目分别颁发机构办学许可证或项目办学批准书。中国教育机构应与相应层次和类别的外国教育机构共同制订教育教学计划，颁发中国学历学位证书或外国学历学位证书。

中外合作办学者可以合作举办各级各类教育机构，但是不得举办实施义务教育和实施军事、警察、政治等特殊性质教育的机构。中外合作办学的形式分为中外合作办学机构和中外合作办学项目两种，其中中外合作办学机构又分为法人设置和非法人设置两种形式。

在中国，内地（大陆）与港澳台地区教育机构的合作办学，是不同地区之间教育合作与交流的重要形式。《中华人民共和国中外合作办学条例》第五十九条明确规定："香港特别行政区、澳门特别行政区和台湾地区的教育机构与内地教育机构合作办学的，参照本条例的规定执行。"《中华人民共和国中外合作办学条例实施办法》第六十一条也明确规定："香港特别行政区、澳门特别行政区和台湾地区的教育机构与内地教育机构举办合作办学项目的，参照本办法的规定执行，国家另有规定的除外。"这种合作办学是一个国家两种不同社会制度以及教育制度下的教育机构之间的合作办学，这种合作办学不同于我国与外国的跨国合作办学，既有中外合作办学的共性，又有其特殊性和历史与现实的复杂性（林金辉，2011c）。

综上所述，根据《中华人民共和国中外合作办学条例》和《中华人民共和国中外合作办学条例实施办法》的相关规定，参照我国中外合作办学研究和各级教育行政部门统计中外合作办学数量时的普遍做法，为了方便数据统计与分析，本书所指的高中阶段中外合作办学，是指国外教育机构同中国教育机构合作，或者中国港澳台教育机构同中国内地（大陆）教育机构合作举办的以中国内地（大陆）高中学生（中国国籍）为主要招生对象的高中阶段合作办学。

高中阶段中外合作办学须由拟设立机构所在地的省、自治区、直辖市人民政府教育行政部门审批。高中阶段中外合作办学不包括中外校际交流项目、高中留学预科班、单方面引进国外高中部分或者全部课程等形式的国际交流与合作活动。高中阶段中外合作

---

① 引自中华人民共和国教育部网站 http://www.moe.gov.cn/jyb_xxgk/gk_gbgg/moe_0/moe_9/moe_35/tnull_96.html 中华人民共和国国务院令第 372 号《中华人民共和国中外合作办学条例》第五十九条规定："香港特别行政区、澳门特别行政区和台湾地区的教育机构与内地教育机构合作办学的，参照本条例的规定执行。"本书对于高中阶段我国内地（大陆）以及我国港澳台地区与国外合作办学，采纳教育部的统一口径，称作中外合作办学。

办学绝大多数是学历教育，也有少量的非学历教育。高中阶段中外合作办学有普通高中教育和中等职业教育两种办学类别，机构和项目两种办学形式，其中普通高中教育中外合作办学项目是目前我国高中阶段中外合作办学的主要形式，具体如表1-1所示。目前高中阶段中外合作办学主要集中在普通高中教育。

表 1-1 高中阶段中外合作办学分类（含内地与港澳台地区合作办学机构）

办学层次	办学类别	办学形式	典型机构/项目
中等教育	普通高中教育	普通高中教育中外合作办学项目	北京市第三十五中学与美国凯莎通高中合作举办中美高中双文凭国际课程项目
		普通高中教育中外合作办学机构	北京王府学校、日章学园长春高中
	中等职业教育	中等职业教育中外合作办学项目	上海市医药学校与澳大利亚博士山技术与继续教育学院合作举办药剂（药品物流）专业中等职业教育项目
		中等职业教育中外合作办学机构	上海长乐-霍尔姆斯职业学校、上海鸿文国际职业高级中学

二、高中国际班

高中国际班，又称为普通高中国际班。我国的高中国际班主要有3种办学形式。

1）高中国际班根据《中外合作办学条例》和《中外合作办学条例实施办法》的要求，以中外合作办学项目形式向省级教育行政部门申请批准，如《重庆市教育委员会关于加强普通高中国际班管理的通知》将普通高中国际班界定为"普通高中学校经市级以上教育行政部门审批，通过中外合作举办的与国际教育相衔接的全日制普通高中班或非学历培训班，是以引进国外部分教材、课程、师资和教学计划为主的教育教学组织形式"。又如《安徽省教育厅关于加强普通高中国际班管理的意见》把高中国际班界定为"普通高中与国外办学机构合作，在全日制普通高中单独设班，以国内全日制普通高中应届在籍学生为对象，引进国外高中课程进行教学的教育教学组织形式"。本书认为这些普通高中国际班属于高中阶段中外合作办学。

但一些省份的普通高中国际班虽然由省级教育行政部门审核批准，但不一定是中国教育机构和外国教育机构合作举办，如黑龙江省发布的《关于加强普通高中国际班管理的意见》将普通高中国际班界定为"普通高中与国内外办学机构合作，在全日制普通高中单独设班，以国内全日制普通高中应届在籍学生为对象，以开设国外高中课程为主的教育教学组织形式"。本书认为由普通高中与国内教育机构合作举办的普通高中国际班不属于高中阶段中外合作办学。

2）高中国际班经过市级或者县级教育行政部门审批，以课程实验或者课程改革的名义举办。例如，目前广东省的高中国际班部分是经过当地教育部门严格论证审批的，但也有部分未经过审批，而该省教育厅从未批准过任何国际课程项目（林世宁，2013）。本书认为这些以课程实验或者课程改革名义举办的普通高中国际班不属于高中阶段中外合作办学。

3）高中国际班未经任何审批，仅由学校或者非学历教育培训机构自行设立，开展高中国际课程教学活动。这些普通高中国际班不仅不属于高中阶段中外合作办学，而且属于违规办学，应该及时清理整顿。

三、高中国际课程

高中国际课程是具备一般意义的课程功能，且适用于不同国家学生、其学业成绩能够被不同国家高校采用的课程。高中国际课程不仅被高中阶段中外合作办学机构和项目采用，也被大量的教育培训机构和国际学校采用。

目前我国的高中国际课程种类很多，本书将高中国际课程分为 3 类：一是国别课程，如美国大学先修课程（Advanced Placement，AP）、加拿大不列颠哥伦比亚省（British Columbia，BC）高中课程、澳大利亚维多利亚州证书教育（Victorian Certificate of Education，VCE）课程（以下简称"澳大利亚 VCE 课程"）等；二是国际组织课程，如国际文凭组织（the International Baccalaureate Organization，IBO）开发的国际文凭课程（the International Baccalaureate Diploma Programme，IBDP）；三是共同合作开发课程，如全球通用项目（Project of Global Access，PGA）课程，该课程是由中国教育国际交流协会所属中教国际教育交流中心（China Center for International Economic Exchanges，CCIEE）和美国大学入学考试（American College Test，ACT）委员会根据中国高中教育的特点共同研发的适合中国学生的国际课程。本书所指高中国际课程不包括单纯的语言课程，如德语语言证书（Deutsches Sprachdiplom，DSD）课程，也不包括单独引进的一门或几门外国高中选修课程。

第二节　高中阶段中外合作办学研究的意义与主要内容

一、高中阶段中外合作办学研究的现实意义

（一）解决高中阶段中外合作办学存在的诸多问题

在多年的高中阶段中外合作办学理论研究和公立普通高中教育中外合作办学项目的教学和管理工作中，我们发现，高中阶段中外合作办学在取得一定成绩的同时，也暴露出许多问题，如办学不规范、收费高昂、中外课程融合程度不高及办学质量参差不齐等。尤其是各地优质公立高中开展普通高中教育中外合作办学项目引发社会舆论对高中阶段中外合作办学挤占公共教育资源、损害教育公平的质疑。2013 年以来，高中阶段中外合作办学发展放缓，趋于停滞，高中阶段中外合作办学未来要如何发展，需要进行全面、深入的研究和客观分析。

（二）总结高中阶段中外合作办学实践中积累的经验教训

我国高中在高中阶段中外合作办学过程中积累了很多经验教训，但对于高中阶段中外合作办学的系统思考和分析还不够。高中阶段中外合作办学应该结合我国基础教育实际，在发挥我国基础教育传统优势的基础上，借鉴国外高中教育的先进经验，推动我国基础教育的改革和发展，这才是开展高中阶段中外合作办学的真正目的。

目前，高等教育中外合作办学，尤其是中外合作大学，得到了较多关注和肯定，而人们对高中阶段中外合作办学褒贬不一，认识还比较模糊。高中阶段中外合作办学需要在总结经验教训的基础上，进一步思考如何合理定位和完善相关政策制度，提升办学质量。因此，有必要通过理论研究，提出切实可行的、符合高中阶段中外合作办学实际的发展思路。

总而言之，高中阶段中外合作办学研究的现实意义主要体现在 3 个方面：一是对高中阶段中外合作办学好的经验及做法进行分析和总结，有助于中外合作办学机构提高合作办学质量；二是对于引导全社会正确认识高中阶段中外合作办学、帮助家长选择高质量的高中阶段中外合作办学机构或项目具有一定的指导意义；三是对政府部门完善相关政策具有一定的参考价值。

二、高中阶段中外合作办学研究的理论意义

通过回顾高中阶段中外合作办学 30 余年来的发展历程，对比国外国际高中发展情况，对高中阶段中外合作办学进行系统研究和分析，为高中阶段中外合作办学的发展指明方向，在理论方面主要有 3 个方面的积极意义。

首先，本书通过深化高中阶段中外合作办学理论研究，丰富了中外合作办学理论研究。我国高等教育中外合作办学研究相对丰富，而高中阶段中外合作办学研究相对不足，需要进一步研究。

其次，本书能为高中阶段中外合作办学实践提供一定的理论指导，为今后一个时期高中阶段中外合作办学实践的推进提供理论依据。

最后，本书有助于厘清若干高中阶段中外合作办学基本概念，为后续研究奠定基础。高中阶段涉外办学存在多种形式，理清高中阶段中外合作办学与高中国际班、高中国际课程等概念的区别和联系，对高中阶段中外合作办学的后续研究具有积极意义。

三、高中阶段中外合作办学研究的主要内容

高中阶段中外合作办学的目的是引进国外优质教育资源，推动我国高中教育改革。显然，我们应该围绕这一目的探寻提升高中阶段中外合作办学质量的正确途径，找到高中阶段中外合作办学的正确发展方向。高中阶段中外合作办学研究的主要内容包括以下四个部分（图 1-1）。

1）对已有的国内外高中阶段中外合作办学研究成果进行梳理，找出已有研究成果的成绩和不足，明确要解决的具体问题，为后续解决问题奠定坚实的基础。

2）运用公共选择理论和全面质量管理理论的基本框架分析高中阶段中外合作办学的现状和问题，对高中阶段中外合作办学的数量、结构、发展特点进行分析，力求对我国高中阶段中外合作办学的基本情况有全面的把握。另外，通过对福建省和上海市高中阶段中外合作办学发展的分析，从宏观和微观两个层面对高中阶段中外合作办学进行研究。

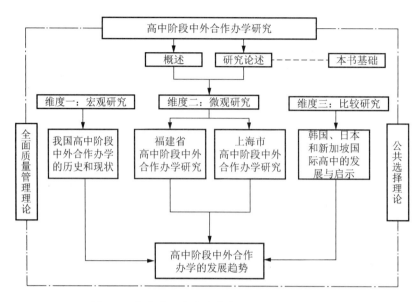

图 1-1　高中阶段中外合作办学研究的主要内容

注：实线表示本书内容章节的逻辑顺序，虚线表示本书基础是要表达补充说明这部分的作用，
外框用点划线连接，表达本书使用两个理论支撑。

3）通过与我国地理位置接近的韩国、日本和新加坡 3 个国家国际高中发展情况进行比较研究，对三国国际高中发展的动因、现状和特点进行分析，在比较中发现值得我国高中阶段中外合作办学借鉴的有益经验。

4）基于上述分析和研究，从未来一个时期高中阶段中外合作办学如何合理定位、相关政策制度如何完善、办学质量如何提升等方面尝试对高中阶段中外合作办学的发展趋势进行合理分析。

在以往的研究中，对高中阶段中外合作办学的研究多为高中国际班管理者和国际课程教师基于自身的办学和教学实践进行的反思和经验总结，或者仅限于某一个省份或者某一个城市高中国际班的发展研究，且这些研究多以期刊论文的形式呈现。以高中阶段中外合作办学为研究对象的学位论文和专著有钱明坤的《苏州市区普通高中中外合作办学现状分析与策略探究——以苏大附中"中加班"为例》、张国俊的《苏南地区中等学校中外合作办学研究》、安丰波的《淮坊一中中加合作办学课程设置的问题与对策研究》和刘玲的《普通高中中外合作办学的现状及对策研究——以烟台市为例》。虽然一些以高中国际课程和高中办学国际化为主题的学位论文和专著也或多或少涉及高中阶段中外合作办学，但研究仍显不足。本书对全国高中阶段中外合作办学的数量进行统计，从办学规模、数量分布、发展特点和政策演进等方面对高中阶段中外合作办学的总体发展情况进行比较全面的梳理，有助于读者从宏观上了解我国高中阶段中外合作办学发展的整体情况并从全局上把握其未来发展趋势。

本书囿于资料来源，仅选取东部地区（上海市和福建省）高中阶段中外合作办学情况进行研究，未能涉及中西部地区高中阶段中外合作办学个案情况，可能存在个案研究样本不够全面的问题；在比较研究中涉及的韩国、日本和新加坡三国国际高中均为普通高中，并未涉及中等职业高中，可能存在不够全面的问题。

本书主要通过相关网站获取高中阶段中外合作办学相关政策文本。由于这些政策文本主要由各省市教育厅（局）发布，较为分散，时间跨度较大，因此，政策文本收集可能存在遗漏，还需要进一步完善。还有部分政策文本暂时无法获得全文，这些有待于收集更为全面的资料进行分析总结，以便对高中阶段中外合作办学相关政策和指导意见进行更为全面和准确的分析。

我们将继续深入研究，进一步挖掘相关信息，将存在的不足之处作为深入研究的推动力，努力解决存在的问题，从而取得更有针对性的研究成果。

第二章 高中阶段中外合作办学的实践基础

第一节 基础教育国际化概述

高中阶段中外合作办学是推进基础教育国际化的重要途径。目前，国内关于基础教育国际化的研究逐渐增多。

一、基础教育国际化的本质与内涵

孙玉洁（2014）将我国高中教育国际化分为萌芽时期（1983～1989年）、多样发展时期（1989～2001年）和纵深发展时期（2001～2013年）3个阶段。高瑜（2015）提出我国基础教育国际化从20世纪80年代初开始，可分为初步认识与准备阶段（1983～1985年）、单向学习与借鉴阶段（1985～1993年）、双向交流与合作阶段（1993～2004年）、浅层开放与创新阶段（2004年以来）4个阶段，指出基础教育现代化的实质是人的现代化。基础教育国际化不是一个孤立的过程，而是一个发展的整体，具有互动性和理解性。基础教育国际化具有三重价值，即世界性生存价值、社会性交往价值和个体性发展价值。倪闽景（2011）将基础教育国际化分为交流、理解、融合、主导4个层次。他指出鼓励国际课程探索的主要目的是了解国际课程的运作模式并加以借鉴融合，形成我们可以主导的有特色的国际课程，而不能以送学生出国留学为目的，将国际课程当作一种赢利手段，也不能把国际化看成洪水猛兽。

国内学者对于教育国际化普遍持肯定态度，但是对于开放程度的态度略有不同。一些学者认为必须在坚持民族化的基础上推进国际化。吴定初（2003）指出必须坚持和强化民族化特色，不能只强调基础教育国际化。民族化是基础教育国际化的前提。基础教育的民族化也必须有清晰的国际化走向意识，应造就"既有世界眼光又有中国灵魂"的国际人才。容中逵和刘要悟（2005）指出基于教育民族化和本土化意识学习国外教育的好东西是我们的出发点。要加强传统优秀文化的学习，应更多立足国内，以现实改良的态度来推进基础教育国际化。要警惕教育国际化与全球化带来文明开化和文化殖民的问题，因为教育不但是增进交流的工具，而且是西方殖民统治和文化殖民的重要途径。孙玉洁（2014）提出要科学处理国际化与本土化的关系，在继承和利用本民族优秀传统文化的基础上通过交流和与合作的形式来提升国际化办学水平。

一些学者认为本土教育和国际教育应平等地对话交流。周满生（2013）指出要处理好国际化与本土化的关系，教育国际化必须是一种双向交流，要把中国基础教育优势与国际教育优势相结合。赵萱和张佩萍（2011）指出教育国际化和教育本土化不矛盾，教育国际化促进了本土教育理念与国外教育理念的融合，有助于本土教育的改进，在开放过程中走向世界。我们面临的重大课题是如何实现本土教育和国际教育的平等对话和沟通。莫景祺（2014）指出，我们既不能全盘西化，也不能盲目奉行民粹主义。教育国际化是共性与个性、国际性与民族性的内在统一。我们既要吸收国际公认的先进教育理念和教育经验，又要保持本国的优秀教育传统，在借鉴国外先进理念和经验的同时，还要继承和发扬我国的优秀教育经验，扩大我国教育的国际影响力，提升我国教育的国际地位。国外的先进教育理念和经验在和我国实际结合以后，要进行创新并使之本土化。张军凤和王银飞（2011）指出邓小平在20世纪80年代提出的"三个面向"清晰阐释了教育民族化和国际化的科学关系，对于我国基础教育国际化具有根本的指导意义。基础教育国际化和民族化是相互促进、相辅相成的关系，而不是此消彼长的关系。教育既要培养个体的人，也要培养"国家的人"和"世界的人"。

一些学者对教育国际化持较为开放的态度。顾明远（2011）指出，教育国际化是经济全球化的必然结果。中外合作办学是教育国际化的重要内容。为了更好地吸收世界优秀文明成果，充实丰富我国教育，我们必须坚持扩大开放，提高国际化程度。教育国际化不能排斥教育的民族性。教育要吸收世界文明的一切优秀成果，但又必须结合我国的实际。本土化是相对于国际化而言的，所以两者是不矛盾的。正是因为教育要国际化，所以才提出在国际化过程中要结合民族特点，使其本土化。因此，不存在纯粹的本土化，不能说本民族的文化才是本土化，民族文化是自然存在的，无所谓本土化的问题。

二、区域基础教育国际化

周满生（2014）对区域性基础教育国际化试点区（深圳市南山区、北京市海淀区、成都市武侯区、上海市浦东新区）的实践进行考察，分析其共性。他指出中外合作办学是推进区域性基础教育国际化的重要途径。基础教育国际化的理念同教育公平原则不矛盾。黄忠敬（2012）对上海基础教育多元共生理念下的国际化之路进行了梳理，介绍了中西融合的办学理念、管理、课程和教学情况，指出存在的师资、定位、衔接等问题，提出特色办学、多元选择办学、中西融合办学、相互借鉴办学、师资专业化培养等建议。李英（2003）、唐盛昌（2011a）等结合上海市中学教育国际化的探索，从学校管理者的层面总结了基础教育国际化的实践经验。张萌（2011）基于对上海市若干学校的分析，对示范性高中国际化进行研究。她把示范性高中办学国际化采取的机构、课程、人员交流等措施细化为7项，具体包括国际部、中外人员交流、中外合作开发的课程、孔子课堂、外国课程、培养国际型人才的中国课程、课外活动。曹娜（2015）指出示范性高中国际化存在片面追求办学声誉、过度追求经济利益、课程设置极端、扰乱师资队伍、学生能力低下等问题，示范性高中要从应对全球化趋势的高度认识国际化，以培养中国的国际型人才为目的。只有营造学校整体国际化氛围，各种举措充分发挥作用，办学国际化的各项功能才能实现。刘大革（2013）基于广州市南沙区基础教育国际化示范区项目设计的考察，质疑区域基础教育国际化的做法。他指出无条件地看待基础教育国际化是不正确的，必须具备一定的主客观条件，如现实条件、内在动力、技术支撑和外在驱动等。

三、基础教育国际化的发展途径与趋势

陈如平和苏红（2010）指出我国基础教育国际化的形式主要有合作办学模式、项目合作与交流模式、境外消费模式、扩展国际业务模式和专业研修模式。我国基础教育国际化的发展趋势是国家将从战略高度进一步推动基础教育国际化，扭转教育逆差；教育行政部门将加强监管，如加强对中外合作办学项目的质量评估；政府通过立法、政策等途径宏观指导，中小学将逐步成为基础教育国际化的重要主体；更加国际化地配置教育资源；师生流动趋势将更加明显。赵萱和张佩萍（2011）指出从宏观上看基础教育国际化是一种历史趋势，在 2001 年中国加入世界贸易组织（World Trade Organization，WTO）承诺教育市场开放的保留条款中，包括"中外合作办学须由中国籍人士担任校长"。推行基础教育国际化的可能途径包括开展国际高中合作项目、试点高中国际课程、设立中外学生混合学习的学校等。葛楠（2013）考察了上海市闵行区的区域基础教育国际化基本情况，在学校形态方面，有国际学校、国际部、随班就读、中外合作办学和公办学校中外籍学生独立编班模式，在课程设置上有直接引入国别课程或 IBDP 课程等国际通行课程和开发国际特色校本课程；在师资配备上有外籍教师和中方专职双语教师，存在问题是现有资源不足、文化冲突制约和现行制度制约；解决的方式是创生融合，寻找生长点，加强对新办和已办国际课程准入审核和认证，进行定期评估，定期向社会公布信息，制定教师准入门槛和专业发展路径。马毅飞（2014a）指出今后基础教育国际化要将更多的精力放在国际比较上，包括课程比较、教师队伍比较、教育理念比较和教育目标比较，通过比较不断审视与衡量自身的位置，从而全面提升基础教育水平。

高瑜（2015）提出我国基础教育国际化应在主动加强对话的基础上自我建构，自觉提升基础教育国际化的实践理性。周满生（2013）指出基础教育阶段学生出国现象既是挑战也开辟了学生多元成才的道路。他建议教育部应制定关于中外合作办学项目和国际课程引进的规范性意见，推进中外合作办学，规范高中国际部管理。基础教育国际化的关键是"为我所用、自主创新"，应采取中外合作办学、联合培养和协同创新等方式引进优质教育资源。他建议基础教育国际化应从创新教育理念、开展区域国际化探索、全方位基础教育国际化改革、以课程改革为突破口和提高教师的国际化素养 5 个方面入手。李树花（2010）建议借鉴"中体西用"的教育思想，建立完善的教育管理文本和操作程序，使教学活动走上有效运作的轨道，开辟基础教育国际化的道路。莫景祺（2014）建议基础教育国际化应从 6 个方面入手：一是积极应对基础教育国际化，以区域推动为主体；二是以国际理解教育为主要内容；三是促进学校的教育教学改革；四是提升校长和教师的国际化素养；五是建立信息交流与研究机制；六是建立中外教育资源整合机制。陈尚宝（2011）指出基础教育国际化应有一定标准，如每所学校至少有一所国外学校姐妹校、一个国际交流与合作项目、一门国际理解课程、一个区域国际化教师培训平台、一套区域国际化学生评价指标体系，应从人才培养、学校管理、学校文化建设和课程改革等方面推进基础教育国际化。赵萱（2012）对上海市基础教育国际化分析后指出，国际交流不是越多越好，国际化不是某国化，针对上海市本土学校国际化缺失的问题，提出应明确目标，稳步推进，积极探索，构建国际化课程体系和国际化衡量标准，把境外

合作办学及引入境外资源合作办学纳入衡量标准。

四、台湾和香港地区的基础教育国际化

闫闯（2012）指出台湾地区基础教育国际化的主要目标是通过扩大学校国际交流合作和加强国际理解教育来培养国际化人才；核心理念是以学校为本位，以课程建设为主轴，以支持基层为重点；主要策略是加强课程建设，促进国际交流和教师专业成长，推动学校国际化；主要经验是研究与计划要从实际出发，将国际教育纳入学校教育计划，整合协调多方力量，以网络为基础开展国际交流。宋冰（2013）从教育理念、育人目标、校长群体、国际视野、师资和课程等方面对香港地区基础教育国际化进行了分析。

第二节　高中国际课程概述

一、高中国际课程与教学

高中国际课程是高中阶段中外合作办学引入国外优质教育资源的核心内容。国内关于高中国际课程的研究成果比较丰富。

（一）高中国际课程开展情况研究

一些学者针对我国部分地区（主要是没有以普通高中教育中外合作办学项目形式举办高中国际班的上海市、广东省等地区）高中国际课程的开展情况进行了调查。徐士强（2012）调查发现，截至 2011 年 5 月，上海市开设高中国际课程的学校有 21 所，其中公办学校 13 所、民办学校 8 所，招收中国籍学生 3114 名，占上海市普通高中在校生的 2%，面向境内学生的普通高中国际课程门类达到 7 类。王芳（2012）对上海市高中国际课程的发展历程进行了梳理，发现上海高中国际课程可以分为从无到有、从面向外籍学生到面向国内学生、从民办学校举办到公办和民办学校都积极举办 3 个发展阶段。陈亮（2014）对 AP 课程的发展情况、师资问题和应试化危险进行了探讨，提出将中国教师派去美国参加培训、拿到 AP 教师资格认证这种零散的培训方式变为将中国高校，如华东师范大学，作为一个 AP 教师的培养基地来进行 AP 师资培养的可能性。董亦频（2007）结合武汉市外国语学校开展澳大利亚 VCE 课程的情况总结了澳大利亚 VCE 课程体系，对其课程设置、课程标准、教学方式、课程特点进行分析，并对 VCE 课程和中国高中课程进行比较，提出课程国际化和多元化的国际化办学思路在外国语学校实施的必要性。周琪（2014）对上海一所市民办学校进行研究，并以此为基础对民办高中面向境内学生开设国际课程的实践进行了分析。通过对该校国际课程实践和探索情况的全面梳理，她指出应从 3 个方面进行提升：一是从无序引进、自行摸索到宏观掌控、协作研究的提升；二是从满足家长、社会需求到促进普通高中多样化发展的提升；三是从提升民办学校办学等级到实现国际化办学战略转型的提升，只有这样才能实现和提升民办高中国际课程引入与发展的价值。

　　还有一些学者关注日本、新加坡和加拿大等国家引进高中国际课程的情况。刘翠荣（1985）编译的一则介绍日本东京将要成立国际高中的材料是目前所知最早的相关材料，还介绍了日本国际高中的特点、规模、课程等方面的情况。苏真（1990）详细介绍了日本东京都立国际高中的情况。2002 年，日本文部科学省命名了 18 所超级英语学校（Super English High School），提供了 8.1 亿日元的资助。在这些以英语教育为重点学科的高中实施以英语为主的课程开发、大学与高中顺利对接的有效途径等课题的实践性研究"超级英语高中推进计划"，包括使用英语上科学和数学课程，运用因特网和海外的兄弟学校合作等内容。裘晓兰（2014）对 2014 年日本文部科学省推行的"超级全球化高中"（Super Global High School，SGH）项目的背景、内容进行了介绍，对该项目的总体目标、申请选拔方式、管理运营架构、教育特色和社会反响都做了详细介绍。徐士强（2015c）对日本、韩国和新加坡 IBDP 课程进行了比较。通过对日本、韩国、新加坡三国引进和实施 IBDP 课程的课程概况、学校数量、学校性质和大学招生政策情况的梳理，发现三国 IBDP 课程呈现的特点是：IBDP 课程主要分布于私立学校，在经济、教育发达地区 IBDP 课程占比最高，高校逐渐认可 IBDP 文凭。这些特点带来的启示是地区经济水平是 IBDP 课程准入的物质前提，开放的教育体系是实施 IBDP 课程的土壤，配套政策与法规是 IBDP 课程良性运作的根本保障。柳绪燕（2012）对加拿大高中开设国际课程情况进行了调研。加拿大高中阶段开设的国际课程主要是 IBDP，并从 1974 年开始教授 IBDP 课程，共有 310 所学校开设了 IBDP 课程。陈晓慧（2015，2012）对韩国高中开设国际课程或外国高中文凭课程的法律法规以及在韩国举办外国高中学业水平考试的有关情况进行了介绍。研究发现，韩国尚无具体法律法规对高中开设 IBDP 课程和外国高中文凭课程加以规范。2011 年，韩国京畿外国语高中成为第一所获得国际文凭组织授权的 IBDP 课程认证高中。此外，在韩国举办外国高中学业水平考试，如 AP、学术能力评估测试（Scholastic Assessment Test，SAT）、ACT，均为自行组织，自愿参加，政府不予干预。此外，陈晓慧还对韩国高中阶段引入境外课程进行了调研，涉及政策规定、引入境外课程现状等方面。肖海洋（2014）对比了中国和美国实施国际课程的情况，概述了美国引进的 IBDP 课程的特点和发展现状，并以两所引进 IBDP 课程的美国公立高中为例分析了美国 IBDP 课程的实施策略；同时，他还分析了两所中国公立高中引进 AP 课程的实施现状。在此基础上从课程目标、课程设置、课程的学业评价、课程实施 4 个方面对中国和美国在国际课程引进和实施方面的差异进行了比较。程可拉和邓妍妍（2006）统计发现，美国有 502 所高中提供 IBDP 课程学位。自 1994 年以来，美国 IBDP 课程考试年均增长速度达 16%。综上所述，IBDP 课程得到了众多国家的认可，取得较大发展。同时，各国根据本国的具体情况开展了适合本国国情的国际课程实践。

（二）高中国际课程教学研究

　　2012 年，由唐盛昌主编的《高中国际课程的实践与研究》系列丛书出版。该系列丛书是对上海 20 年高中国际课程实践的总结，也是我国基础教育界对高中国际课程最全面的总结。该套丛书包括总论卷、物理学卷、经济学卷、数学卷、信息科学卷、生物学卷、化学卷共 7 册。

仇国政（2013）基于 AP 课程理念对化学阿伏伽德罗常数的测定实验进行了探究实验设计。朱虹（2013）对美国 AP 微积分 AB/BC 课程体系，包括课程指导思想、课程目标、课程大纲、考试形式及其启示等进行了研究。李娜（2012）结合陕西省西安中学 AP 课程实践，提出了 AP 国际班英语写作课程模式：复习检测所学搭配短语；讨论并建立论点；选取关键论点完成段落论证写作。叶莹（2010）调研了 4 所高中实施 AP 化学课程的情况，基于对 AP 化学教师进行的访谈，分析了我国 AP 化学教师对教材的看法，深化了对教师专业发展、教学评价方式、课程理念的认识。宗华（2009）通过对国内几位一线 AP 化学教师的访谈，从参与学生、教材及发展趋势 3 个方面对 AP 化学课程在中国的开展情况做了介绍。盛兵（2014）对中国和美国高中化学 AP 课程进行了比较。鲁凤娟（2013）对中国和美国高中数学 AP 课程进行了比较。

谢辅炬（2009）对 A-Level 课程体系和目标、评价目标和体系、课程特点梳理后认为，传统的中国数学教学优势是基础扎实和练习量大，优势科目依次是纯数学、机械力学、概率统计。A-Level 数学与传统观念上的数学虽然不同，但本质上数学的基本思想和基本方法是一样的。蒋敏等（2015）介绍了英国 A-Level 化学课程的结构、目标、内容、评价和特点，并概述了该课程目前在我国部分地区实施教学的情况。周晓燕（2012）基于我国高中信息技术课程和 A-Level 算法与程序设计课程的比较，初步探索了如何将研究成果用于我国高中信息技术课程中算法与程序设计部分的教学实践。

唐晓敏（2013）对澳大利亚 VCE 会计课程教育进行了分析与思考。牛美玲和王后雄（2013）对澳大利亚 VCE 考试及其化学试题进行了评析。

林菁华（2014）对高中通用技术课程进行了比较研究。他以一位海南省某高中国际班的通用技术教师和一位美国同类学科技术教师为个案进行比较，发现中国和美国通用技术课程有 3 个主要差异：计划决策差异、互动决策差异和评价决策差异。中国是课程导向、讲授主导和作品导向，而美国是教师导向、自主探究和项目导向。他建议学校管理层应尽快改善国际班技术教学基本设施，加大与外方的合作力度，开展国际化培训，促进本土技术教师与国外专家和教师的交流与合作。

徐慧新（2014）选取上海地区的一所公办的市实验性示范性高中为例，通过对该校 IBDP 课程学生的问卷调查和数学教师的访谈，对 IBDP 数学课程的教学情况进行了研究。

一些研究者对高中国际课程与我国高中课程进行了比较研究。张红建（2012a，2012b）比较了中国和澳大利亚（以下简称中澳）物理课程，总结了 VCE 物理课程的教学策略。熊言林和徐青（2015）对美国 AP 化学考试与中国化学高考进行了比较，总结出重视化学学科性、考试实施方式和考试评价方式等方面的一些启示。王丽娟（2012）基于在北京潞河国际教育学园担任 A-Level 经济学和 AP 经济学教学工作的经历，从学生培养目标、教学内容、课程设置、考试要求等方面比较了两种课程体系下的经济学课程并找出两者存在的差异。郝宇（2013）比较了美国 AP 经济学与我国高中政治课经济学部分。马峰（2008）比较了 IBDP 数学（高水平）与 AP 微积分（BC）。

陈洁（2012）从内容、习题和插图 3 个角度对我国新课标高中《物理》（人教版）和加拿大高中《物理》教材进行了比较研究，认为加拿大教材的特点是教科书设计精美、突出思维能力培养和联系社会实际。田然（2012）探讨了加拿大不列颠哥伦比亚省高中化学课程在全英语教学环境下的学习情况。还有的学者对加拿大不列颠哥伦比亚省高中综合科学课程进行了研究。

（三）高中国际课程实施的问题与对策研究

徐士强（2012）指出，高中国际课程存在的问题主要是政府和教育行政部门对国际课程的政策暂不明朗、学校自行引进缺乏区域统筹规划、课程教材审查机制不健全、师资力量和教学质量缺少稳定保证。

徐士强（2014）指出，上海市实施高中国际课程的主要问题是缺乏明确的管理部门、政策指导和统筹规划，师资、教学质量、管理尚无有效保障。他建议实施国际课程分类引进和试点，支持学校以拓展课、研究课的形式引进国际课程，部分科目加强国际课程区域统筹与管理，同时加强公办高中举办国际课程的政策研究。他指出，是否要引入普通高中国际课程，要综合考虑城市支撑力、学校内驱力和社会影响力是否共同起到促进作用，并提出4种政策决策模型，即制衡支持型、制衡抑制型、失衡支持型和失衡抑制型（徐士强，2015a）。徐士强（2015b）还讨论了高中国际课程的深层次问题，国际课程的争议源自国际课程自身及其引发的一系列涉及国际课程的价值取向、类型准入、运作实施和意识形态等方面的难题。基础教育阶段的国际课程实施过程要坚持社会主义核心价值观的基本导向，注重中国传统文化教育，同时对国际课程进行引进、消化、吸收，并最终实现国际课程和我国高中课程的融合创新，这需要办学者的努力探索及适当的政策支持和规范引导。

刘丽群和侯丹（2014）对我国普通高中开设AP课程的现状和问题进行了研究并提出对策。周莉（2014）对AP课程引入的目的与意义、引入机制与问题进行了研究，指出在课程规划、教师经验交流和教学评价等方面的改进对策。周序（2012）指出AP课程在中国的发展存在制度和观念障碍。在课程指向上是培养精英还是面向精英，在考试制度上面临无法纳入高考范畴的窘境；在课程目的上存在为谁培养人才的矛盾。我国的AP课程还没有一个完善的顶层设计，不同高校实行不同的政策，高校对AP课程的承认不够规范，AP课程难以实现为中国的高校培养人才的目的。刘宝存（2013）研究了美国AP课程的质量保证体系，他指出我国基础教育的质量非常好，提出要开发中国自己的课程、让"走出去"的中国课程成为其他国家学习方向的设想。王殿军（2013）对美国AP课程进行研究以后提出要开设中国自己的大学先修课程。他认为AP课程在某种意义上是为了优质高中人才或者优秀学生成长设置的，我国开设类似于AP的课程是突破高考改革瓶颈的一个合适做法，可以摆脱应试教育束缚，为学生提供多样化教育，有助于大学和高中衔接，促进学生个性化发展，解决教育资源不均衡的问题。李翠珍（2013）从当前我国实施近况及背景环境分析了AP课程的中国化进程，进而从认识层面和教育教学发展的必然性提出了展望。李萍（2012）指出AP课程项目要在中国持续发展下去，教学质量是关键，师资队伍是根基，因此，采用适当策略促进中国的AP课程教师专业发展具有必要性和迫切性。她建议发挥高等院校在AP课程教师培养中的重要作用，储备AP课程师资力量；激发在职AP课程教师专业发展的自身原动力，增强主观能动性；美国大学理事会应加大在中国举行教师培训活动的力度，提高中国的 AP 课程教师专业发展水平；开设 AP 课程的学校应积极与美国高校或中学建立合作关系，输送本校教师到美国高校或中学进修或培训；充分利用网络资源，搭建教师间的学术交流平台；提升 AP 课程师资学历水平；高等师范院校可增设双语教育专业；建立国家双语教师资格认证机构，以认证机构颁发的资格证书作为国内从事 AP 课程教学工作的必要条件。

刘茂祥（2015）以上海市为例对 IBDP 课程的本土改造提出了由省级政府到学校层面的对策，认为需要加强规范管理与本土改造。省市级层面对其引入的本土改造对策有：强化我国教育主权地位与树立学生的核心价值观；委托第三方机构进行课程试行的专业评估，建立一系列评估流程与标准加以有效指引；注重发挥引入学校的主体作用，培育学校领导者与教师团队的探究精神。学校层面本土改造对策有把握在实践中学习的发展方向与要素，审问其所处体系的性质与改造空间，思考有价值内容迁移的生长土壤，明辨在学校重建与发展的特色选择。胡卓敏和白益民（2009）结合我国实际对 IBDP 课程项目实施的课程内容和评价系统进行分析后，建议有条件的高中应考虑开设多层次的课程，完善评价体系，注重培养学生的批判思维能力。

张久久（2014）探讨了高中国际课程与本土课程的兼容性问题。他从国际课程与本土课程兼容性的理论分析、国际课程与本土课程内容兼容性和国际课程与本土课程实施方式兼容性 3 个方面对高中国际课程进行了分析。

唐盛昌（2013，2011，2010）基于上海中学引进国际课程 20 年的实践，对国际课程进行了系统和深入的研究。他研究了高中国际课程的引入目的、法理、准备、实施等问题，还对国际课程实验学科的教学与评价进行了深入研究，提出了研究与借鉴、建构与培育及甄别与提升的对策。此外，他对高中主要的国际课程，包括 IBDP 课程、A-Level 课程和 AP 课程进行了深入比较，提出实施国际课程，首先要了解其课程的设计思想和实施要求，包括学科群思想指导下的课程选择性、实验观念上的差异、课程内容的及时更新、强调知识与生活之间的联系等。其次，要研究其课程结构框架及特色课程等。对国际课程的研究不能局限于理论，还应结合实践，在实践中挖掘其课程设置、评价体系背后隐藏的本质才是关键。在选择适合学校发展的国际课程上需要认真思考 3 个要素：在现实条件下，能够实施的学科领域与范畴；经过努力后，可以实施的学科领域与范畴；理性分析学校即使经过一段时间的努力，也不可能实施的学科领域与范畴。然后，做出学校国际课程的相应科目开设选择。他指出我国学校实施高中国际课程的难题是国际课程的高选择性需要我们在教务管理的教学组织、教学方式、教学评价方式上进行变革；国际课程的高度现代性与现代化资源匹配有难度；国际课程实施对学校管理者和教师提出挑战。他认为高中国际课程在努力得到国际相关组织和委员会的认可的过程中，需要在国际标准与自身特色发展之间找到契合点，形成国际性和民族性相统一的国际课程，同时寻找可借鉴元素以彰显我国的教育特色。他还主张思考关于国际课程的准入门槛问题、关于国际课程实施的学校办学性质问题、关于国际课程实施的规范性问题、关于国际课程中有价值元素的合理借鉴问题。基于国际课程的实践和研究，他提出我国高中更应该关注引入国际教育中的先进元素，注重适合国情、校情的改革，以中国人自主管理为主导，形成自身特色与亮点，既能与国际教育衔接，又有与国际教育对话的空间，推进我国教育的国际影响与水平，而不是全面照搬国际教育中的做法或课程，聘请外国人主导并实施，也不是引进某些国际或国别课程，根据学校具备或可争取的条件中国化地加以实施。

二、高中国际课程实施的相关研究

高中国际课程的实施主要涉及以下研究。

1. 有关 IBDP 课程的研究

IBDP 课程在美国、加拿大、英国、澳大利亚、日本、韩国和新加坡等许多国家开展。Poonoosamy（2010）讨论了 IBDP 课程作为全球化背景下国际教育实施的情况。Tarc 和 Beatty（2012）讨论了 IBDP 课程作为世界公民教育的范例。Taylor 和 Porath（2006）讨论了 IBDP 课程作为精英学生教育的范例。Sisken 等（2010）研究了 IBDP 课程作为一个富有挑战性的项目促使教学（学习）改革在具有低表现高中的情况。

Coca 等（2012）对美国芝加哥地区公立学校 IBDP 的开设情况进行了调查，并对学习 IBDP 的学生进入大学后的表现进行了跟踪调查。从 1997 年开始，芝加哥公立学校开设 13 个 IBDP。该研究对 2003～2007 年学习 IBDP 的学生进行了跟踪调查，以此评估 IBDP 课程实施十多年是否真正达到了预期的效果，提供了高质量的大学预备课程。其主要结论是，与对照组相比，IBDP 学生进入四年制大学的比率高出 40%。

Tarc 和 Beatty（2012）对加拿大安大略省 IBDP 课程的发展、试点情况和未来趋势进行了研究。安大略省 1991 年开设 IBDP 课程，大多数学生对于 IBDP 课程学习持积极态度，尤其是在大学预备方面。在美国、加拿大、英国和澳大利亚，提供 IBDP 课程的公立学校比私立学校多。2011 年，加拿大有 140 所学校提供 IBDP 课程，其中 121 所为公立学校，19 所为私立学校，安大略省自 2005 年起有 18 所学校采纳 IBDP 课程，目前共有 44 所公立学校和 7 所私立学校提供 IBDP 课程。1982 年，安大略省教育厅禁止为 IB 项目提供公共经费，然而一所名为维多利亚公园高中（Victoria Park Secondary School）的公立学校，在 20 世纪 80 年代中期还是找到了其他经费来开设 IBDP 课程，直到 20 世纪 90 年代初，安大略省公立学校才得到立法支持允许为 IBDP 项目提供公共经费。

Bagnall（1997）对澳大利亚的 IBDP 课程进行了研究。他认为始于 20 世纪 60 年代的 IBDP 是一种国际性大学入学考试。该研究对澳大利亚 10 所提供 IBDP 课程的学校进行了考察，对国际学校全球发展形势下澳大利亚实施 IBDP 课程的历史和哲学背景进行了讨论，对 IBDP 在澳大利亚的地位进行了讨论并对课程大纲和评价方法等提出建议。Doherty（2009）对澳大利亚的 IB 课程从市场需求的角度进行了分析。澳大利亚的 IBDP 学校提供给学生 IBDP 单文凭、IBDP 文凭加国家高中课程文凭及 IBDP 文凭加本省高中课程文凭 3 种选择。他认为学校提供 IBDP 课程实际上是学校顺应中产阶级家庭对教育多样化需求的结果。

하화주等（2012）对韩国的 IBDP 课程实施的现状及问题，如经费来源、课程问题及韩国课程重组与 IBDP 课程融合、管理过程等进行了探讨。他们以韩国首个实施 IBDP

课程的公立高中京畿外国语学校为例进行研究。研究发现：第一，要建立标准化的保障IBDP 实施的政策；第二，要保障经费来源；第三，要建立指导机构帮助学生升入韩国大学；第四，要培训学科教师和 IBDP 课程融合；第四，建议成立东亚 IBDP 学校基金会来讨论和实施重大问题。하회주等（2012）对韩国引进实施 IBDP 课程进行了研究。韩国从1995年教育改革以来，便开始高中国际化进程，2009 年课程改革后允许引入IBDP课程。该研究以 IBDP 课程在韩国引进和实施过程的研究为基础，我国高校课程的国际化的局限及将来发展方向。以韩国高中 IBDP 引进过程的案例分析，比较国际公认的教育过程和对在实际教学中参与的学生和教师的反应分析韩国高中教育的共同点和差异，指出韩国高中引进实施 IBDP 课程的障碍因素，包括教学语言和申请批准的程序等方面的原因。矢野裕俊（2012）从与 IBDP 课程比较的角度研究了日本当前高中课程关注学生共同学习体验的情况。IBDP 课程建立了在高中高年级阶段质量保障国际标准地位。他认为虽然日本高中课程和 IBDP 课程有许多共同点，但是高中仍然需要设定共同学习体验作为课程的整合核心，如 IBDP 3 个核心要求包括创造力、活动和服务学习，这些都是对学生将来有用的。

　　2. 关于加拿大海外高中的研究

　　Schuetze 等（2008）对加拿大不列颠哥伦比亚省海外高中在中国的发展进行了考察，从管理、回报、质量和教育目标 4 个方面进行了思考。研究发现，中国的不列颠哥伦比亚省海外高中从 20 世纪 90 年代就开始出现，然而在运行过程中存在一些矛盾。Cosco（2011）对加拿大的海外高中从加拿大教育出口的角度进行了分析。她发现加拿大是唯一一个政府对海外使用加拿大省级课程进行认证、管理、检查和收费的国家。77%的加拿大海外学校在亚太地区，63%在中国内地、香港特别行政区和澳门特别行政区。海外的加拿大课程学生比大多数加拿大不列颠哥伦比亚省、阿尔伯塔省、曼尼托巴省的公立学区的学生多，是爱德华王子岛省一年级到十二年级学生人数的两倍。加拿大教育海外实践者渴望和加拿大国际教育战略有更强的联系、支持和整合。Bilodeau（2010）对埃及的加拿大海外学校教师进行了访谈和调查，对海外学校组织管理能力和教师队伍的稳定性进行了研究，分析了加拿大海外学校教师流动的影响因素，如支持性的关系、职业发展、工作挑战性和要求、福利待遇等。Silber（2012）关注了加拿大不列颠哥伦比亚省海外学校学生第二语言的学习问题。他提出要创造有意义的社会学习示范课的观点。Waters（2006）探讨了教育国际化发展的社会空间的影响，其中包括外国学生数量和境外设立学校的规模。他表明国际教育新兴地区之间的关系在"西方"与学生的"发送国"和"接收国"之间的社会再生产。通过对中国香港特别行政区和加拿大的实地考察，他认为在国际教育改造的空间尺度上，实现社会再生产：一方面，东亚中产阶级群体能够通过"西方教育"获取安全的社会地位，从而创造新的地域内的"社会排斥"；另一方面，加拿大的中小学能够利用国际化的收益抵消新自由主义教育改革的负面影响，从而促进当地的社会再生产。

　　除此以外，日本关西大学的滨名篤（2014）等对 AP 课程在美国、日本、中国、韩国的实施进行了系统研究。该研究对 AP 课程在高中和大学的衔接中发挥的作用给予了积极评价，认为日本对 AP 课程的利用可以有两种选择：一种是作为留学预备教育；另一种是类似于韩国，建设日本版的 AP 课程。

第三节　高中阶段中外合作办学实践概述

由于中外合作办学是一个本土概念，国外研究罕有直接相关的文献，因此，国外相关研究主要从与我国开展高中阶段中外合作办学的外国教育机构所在国海外办学情况，以及美国、加拿大、韩国和日本等国实施高中国际课程情况两个方面进行综述。

一、普通高中教育中外合作办学

（一）普通高中教育中外合作办学项目研究

普通高中教育中外合作办学项目是高中阶段中外合作办学的主要办学形式，我国大多数省份普通高中国际班以普通高中教育中外合作办学项目的形式举办，因此，关于普通高中教育中外合作办学项目的研究比较多[①]。

1. 普通高中教育中外合作办学项目的发展动因分析

对普通高中教育中外合作办学项目的发展动因进行的分析主要有以下几点。

唐子惠（2011）指出普通高中教育中外合作办学项目受欢迎的原因有 3 点：一是能够为中国学生进入国外大学进一步学习打下坚实基础；二是除通过高考接受高等教育之外，还拓展了学生的升学渠道，减轻了学生的升学压力；三是在教学模式上不再是填鸭式的教学，而是通过增加学生体验、参与的机会，注重学生能力培养。李凌（2012）指出：一方面，富裕家庭经济能力提升使普通高中教育中外合作办学进入发展黄金期；另一方面，政策因素也很关键。《国家中长期教育改革和发展规划纲要（2010—2020 年）》（以下简称《教育规划发展纲要》）颁布后，多个省份提出要支持或扩大高中阶段中外合作办学，建设一批高度整合的国际化课程。章新胜（2011）指出普通高中教育中外合作办学有助于教育国际化。因此，不仅要提升学校的硬件设施，加强双语化教学，还要变革体制、人才培养模式、教学模式，以拓宽学生的国际视野，提高他们与国际社会交往的能力。熊丙奇（2011）指出中学以普通高中教育中外合作办学形式举办国际班有利可图。一些知名高中的国际班依托学校的声誉，很可能受到追捧。刘金洲等（2013）指出以普通高中教育中外合作办学形式举办高中国际班的背景是顺应国际化教育发展趋势，满足学生家长对国际化教育需求，提高学生的整体综合素质。学校为了培养具有国际意识、国际理解能力与竞争力的人才，探索多元化培养模式，构建国际人才培养开放性教育体系，包括学生、家长、学校、教育改革等方面的因素。

---

① 这些研究中常用高中国际班这一概念，其所指的高中国际班，有的仅指普通高中教育中外合作办学项目，有的把以各种形式举办的高中国际班都包括在内。本部分在做文献综述时，将仅把普通高中教育中外合作办学项目的高中国际班称为普通高中教育中外合作办学项目，把以各种形式举办的高中国际班都包括在内的则用高中国际班相称。

2. 普通高中教育中外合作办学项目的发展情况

对普通高中教育中外合作办学项目的发展情况进行的分析主要有以下几种看法。

一部分学者对普通高中教育中外合作办学项目的总体发展情况进行了分析。朱忠琴（2013）对我国高中国际班的现状从 4 个方面进行了总体分析。一是通过北京市、上海市和河南省的历史数据比较发现，高中国际班办学规模与招生人数不断扩大。二是办学主体以中外合作办学为主，还有国内国际教育交流机构与普通高中联合举办的形式。三是将引进的国外知名考试评价体系分为 3 类，包括国际知名高中进入大学考试体系、同处国外同一区域几所大学共同推出的高中升大学考试体系和与国外大学进行课程互认活动。四是课程设置多样性，包括 5 种不同的课程体系。五是生源多样化、师资国际化。刘金洲等（2013）从授课内容和办学模式两个方面概括了高中国际班的现状，对我国引入的 5 种国际课程和 4 种主要的高中国际班办学模式进行了概述。《2014 年出国留学趋势报告》以北京市为例研究了高中国际班的发展趋势，该报告认为高中国际班扩张迅速，截至 2013 年，北京市的 17 所公立高中开设了 22 个普通高中教育中外合作办学项目。2009～2013 年，北京市公立高中开设的普通高中教育中外合作办学项目增加了 16 个，其增幅超过 2.5 倍。《2017 中国出国留学发展趋势报告》指出，公办高中国际班审批停滞，民办国际学校迎来发展黄金期。2013 年，教育部加强了对高中阶段涉外办学的管理工作，并开始进行宏观政策调整，停止审批公办高中新的中外合作办学项目，公办学校国际班将停止扩大招生或转为民办。随着教育主管部门对公办高中国际部办学政策收紧，很多家长将目光转向民办国际学校，导致民办国际学校数量快速增长。公办高中国际部数量较 2015 年略有下降，民办国际学校数量较 2015 年增长 53%。高中国际班呈现学费普遍较为昂贵、课程种类繁多、授予文凭种类也各不相同等特点。从地域上来讲，高中国际班在一线城市发展迅速的同时，有向二线和三线城市发展的趋势。莫丽娟（2012）调查了高中国际班的规模、课程设置等基本情况，认为社会和教育发展、回避高考压力、家庭选择性需求、发达国家发展留学产业和重点高中的自我发展需求是高中国际班发展的主要原因。她认为高中国际班对普通高中多样化有促进作用，但要面对损害教育公平的质疑。高中阶段出国预备教育机构恰好处于政策盲区，《中外合作办学条例》既未明确支持，也没有明令禁止。在高中国际班发展规模不断扩大的趋势下，国家层面对此加以规范管理的需求显得越来越迫切。汪明和张珊珊（2015）援引相关调查指出，我国高中国际班遍地开花，各地 300 多所学校开设了各类国际班，引入的国际课程达 20 多种。由于面临保障公平、课程管理、规范收费等方面的挑战，因此进一步加强高中国际班的规范管理成为一项紧迫任务。近年来，我国高中国际班不断涌现，一方面满足了部分学生出国留学的需求，另一方面通过引进国际课程对深化基础教育课程改革起到了一定的推动作用。相关调查显示，不仅北京、上海等一线城市，南京、郑州等二线和三线城市高中国际班发展也相当迅速；在中西部一些经济欠发达地区的城市，如贵阳、乌鲁木齐、银川等地也开始设立高中国际班项目。

另一些学者关注普通高中教育中外合作办学项目在各地区的发展情况。李杰（2015）调查了广西壮族自治区普通高中国际班发展现状。截至 2014 年 7 月，经过广西壮族自治区教育厅审批通过的高中阶段中外合作办学项目数量已达 8 个，已形成每年录取学生人数达到 300 人的规模。广西壮族自治区普通高中开办国际班均需符合中外合作办学的相关设置要求，在征得当地市教育局同意后，报自治区教育厅审批，并报教育部备案，行政管理比较规范。广西壮族自治区普通高中国际班大多数以中外合作办学项目的方式举办，主要有 4 个特点，即课程设置多样化、教学模式个性化、小班化开放的课堂教学、结合国际化师资与个性化辅导。作者 2013 年调查了福建省普通高中国际班发展状况（雷兰州，2013）。截至 2013 年 8 月，福建省已经有 12 所公立高中开办了 13 个国际课程实验班。福建省公立高中国际班主要引进了美国、英国、加拿大和澳大利亚 4 个国家的国际课程。在课程体系设置方面，目前引入的国际课程主要有融合型和嫁接型两种模式，福建省公立高中国际班的课程体系主要以融合型为主，兼顾高考和出国两种需求的学生学习需要。在授课方式方面，国际班普遍实行英语课程小班教学。龙琪和王瑞（2013）调查了南京市普通高中国际班发展情况。该研究以南京市为研究样本，调查了南京市 2003～2013 年的高中国际班项目数量变化、2011～2013 年招生规模和生源质量变化及南京市高中国际班的办学类型。他们发现 2003～2013 年南京市普通高中国际班项目逐年稳步增加，招生规模缓慢增长，招生人数控制在应届毕业生人数的 2%以内，生源质量在应届生中处于中上水平。鲁闻（2015）对长春市普通高中国际班的情况进行统计，发现长春市共有 13 所高中学校举办的 20 个中外合作办学项目和 1 个中外合作办学机构（即日章学园长春高中）。长春市中外合作办学项目大体分为两类：一类是以中方课程为主，外方课程为辅，升入国内大学，颁发中国高中毕业证书；另一类是以外方课程为主，中方课程为辅，升入国外大学，颁发外国高中毕业证书。开设的课程有 AP 课程、IBDP 课程、A-Level 课程和加拿大 BC 省课程等。截至 2014 年 6 月，实有在校生 3194 人、境内教师 273 人、境外教师和管理者 46 人。

3. 普通高中教育中外合作办学项目的个案分析

还有一部分学者对普通高中教育中外合作办学项目的个案进行了分析。

张绍武和崔佳佳（2012，2011）对北京师范大学第二附属中学高中阶段中外合作办学课程建设实践进行了反思。他们认为应构建国际化课程体系，发挥中外课程优势，满足学生的成长需要、升学需要、未来发展需要。

梁宇学（2010）对首都师范大学附属中学国际班的项目背景及项目的教育教学质量保障的做法从领导架构、课内课外教学活动、社团活动、学科教学整合、AP 课程教学和国际理解教育 6 个方面的情况进行了分析。

张英伯（2011）通过对首都师范大学附属中学、北京师范大学第二附属中学的国际班负责人进行访谈，对中外合作办学模式下的教学模式、英才教育和创新人才培养进行了分析。

邓少军和贾春杨（2012）以北京市第二十五中学中加合作办学项目为例，调查了高中师生的国际视野情况，得出 3 点启示：一是要进一步与国外学校交流；二是要创新人才培养模式；三是要推进课程体系建设。

付彬彬（2011）对首都师范大学附属中学国际部中美合作项目进行了个案研究，探讨浸入式英语教学是否为中国环境下的一种实用而有效的高中阶段的双语教育模式，从英语浸入式教学的课程设计、教材、教学策略和学生表现等方面进行了分析。

胡盼（2011）以首都师范大学附属中学国际部中美班2011年级的65名学生作为个案，就英语浸入式教学在中国背景下高中课程教学中的具体实施情况包括课程设置、教学材料、教学方法及教学成效等一系列问题进行了初步的探究。

胡金凤（2011）对北京师范大学第二附属中学PGA课程进行了探索。

董一（2007）总结了宁波李惠利中学在中澳数学课程整合上的经验，对中国高中课程和澳大利亚VCE课程中的数学课程进行了对比，并指出澳大利亚VCE课程在学习评价上的一些优点和值得借鉴之处。

许香英（2007）对桐乡市茅盾中学的中加高中实验班进行了研究，通过回顾其发展现状和发展过程中存在的问题提出相应的对策。

方颖（2013）总结了福州第三中学中外合作办学项目福州三中中加班的经验。一是先进的办学理念和明确的办学目标。贯彻"激励、融合、创新"的办学理念实现培养目标。二是课程的国际化和教学的多元化。开设全部国内高中课程，在选修课中强化英语听、说、读、写的课程特色，采用中外教合作小班制授课，引进英国金牌教育体系（British golden education system）的国际高中课程，通过数学、物理、化学等自然科学和商科的课程引进，推动教育理念创新和教育改革，拓宽学生的国际化视野。三是构建合作型教育教学团队和管理模式。注重建设具有创新意识及素质优良的师资队伍，引进外教，并派遣教师去国外培训，兼顾和尊重中外籍教师文化和教育背景的差异性，整合调动两者最大的综合实力，确保办学的高质量。

宋昌林（2012）以昆明第十中学普通高中教育中外合作办学项目为例对中国元素在项目课程设置和课外活动设计当中的体现及中外课程设置比例问题进行了探讨。他提出在保证完成外方课程的同时，应达到基本的普通高中学业考试标准，最大限度地对外方课程进行补充。

谢艳珍（2005）在辽宁省实验中学办学实践的基础上分析了中外合作高中教育双轨制运行模式的保障措施。双轨制是指高一年级并轨同行，高二年级分轨并行，以主校为依托，引入国外优质教育资源。一方面，为国内大学输送人才；另一方面，在高二年级分流，为准备出国留学的学生进行外语强化，为国外大学输送人才。

杨柳（2015）以东北师范大学附属中学IBDP母语课为例，对其价值观教育进行了研究。他从国际化视野下的国际课程体系、社会主义公民的培养目标及社会主义核心价值观在价值观教育中的体现用3个维度进行了阐述，以说明国际化背景下国际高中课程的价值观教育特点。

张筱晨（2013）以广西壮族自治区柳州市高级中学中美国际班为例，从学生培养、课程设置、项目管理等方面介绍了该校培养具有中华文化底蕴和国际竞争力的高中生的做法和经验。

陶波（2015，2013）研究了江苏省天一中学美国AP课程班的管理制度，从国际教育的角度探讨了高中国际班管理中的困境与文化出路，提出注重课程过程性评价，师生共同制定规则，分层选修和分层培养的应对思路。

邹珊颜（2013）以南京外国语学校加拿大不列颠哥伦比亚省海外高中为例总结了该校利用影视资源展开在加拿大课程和中国课程中共同必修科目——语文的教学实践经验。

钱明坤（2014）基于教育行政管理理论和苏州大学附属中学的中加班的个案，分析了苏州大学附属中学中加班的办学现状，提出了普通高中教育中外合作办学发展的对策和建议，对苏州地区普通高中教育中外合作办学的发展前景进行了展望。

张国俊（2006）对苏南地区的中等教育中外合作办学进行了研究。他分析了苏南地区中等学校中外合作办学的背景和现状，发现苏南地区中等学校中外合作办学存在的问题并提出建议。

杨娴（2014）以山西大学附属中学高一年级国际班的 30 名学生为研究对象，研究了批判性思维能力与英语写作的关系，使用教材为美国高中同步课程"美国文学"及"美国历史"。使用批判性思维倾向问卷，以访谈和前、后测作文作为研究工具。通过 SPSS 17.0 对问卷结果进行了描述性统计、数据相关分析、独立样本 T-检验及 Excel 中折线图绘制。研究发现国际班学生的批判思维整体分析能力突出，求知欲强且分布紧密，认知成熟度较高；对高中国际班学生来说最有效的方式分为 3 个步骤：批判性思维技能学习、运用阅读故事或小说练习巩固、小组分析讨论篇章写作。研究提出批判性思维能力培养应成为高中国际班教学的核心目标。

王熙（2012）基于涂尔干的学校话语支配的 5 种"资格能力"框架，从文化维度对一所民办高中二年级的一个班级学生和七位教师进行了为期近半年的田野调查。该研究通过对高中国际班日常生活的观察和对教师的访谈，深入剖析了高中国际班师生各项资格能力的评价目标，并对评价体系中的霸权话语、双重标准和评价体系构建中的沟通屏障进行了细致的分析。

屠永永（2013）对北京市某区高中国际班的德育现状进行了问卷调查，发现目前我国高中国际班学生思想道德现状总体良好，具有较强的爱国主义情感、积极的人生追求和正确的价值取向，在处理个人事务上有较强的自主意识，思想开放程度高，开放意识强。但也存在传统主流思想消解，价值观呈现功利化、实用化的趋向，生活态度和价值追求趋于享受化、物欲化，部分学生知与行不统一等问题，因此须从宏观把握和具体操作两个层面提出加强和改进高中国际班德育工作的对策和建议。

荆孝民（2014）从教育人类学的角度，根据博尔诺夫存在主义哲学的观点和非连续性教育思想来分析高中国际班的德育问题，提出要给予高中国际班学生实践锻炼机会，提前了解国外生活和学习的情况，做好心理和能力准备。此外，要培养学生认识危机、处理危机的能力，还应注重提高学生的道德判断能力，使学生能够正确面对道德情境或道德冲突，做出正确的道德判断。

官兵（2014）对青岛市、上海市和重庆市的 3 所高中分别举办的中加高中课程项目、A-Level 高中课程项目和 AP 课程项目的实施管理进行了比较研究。

4. 普通高中教育中外合作办学项目存在的问题

针对普通高中教育中外合作办学项目存在的问题，已有研究讨论比较集中在办学过程中的收费、管理、课程、师资等具体问题，以及关注普通高中教育中外合作办学项目是否有违教育公平这个原则等问题。

林金辉（2013，2012a）指出，办得不好的高中阶段中外合作办学项目存在的主要问题有 4 个方面：一是办学定位和理念不清；二是引进的教育资源水平不高；三是外聘教师资质水平参差不齐；四是办学条件差。由于办学质量低，学生和家长认为高额学费不合理。培育优质教育资源需要有一个过程，需要加强全程监管。在引进、吸收、消化、创新的基础上，整合自身已有的教育资源，使其与引进的教育资源相匹配。否则，即使引进的教育资源是优质的，也会因"水土不服"而变质。

汪明和张珊珊（2015）指出，当前高中国际班面临保障公平、课程管理、规范收费等方面的挑战。朱忠琴（2013）认为高中国际班有 3 个主要问题：一是收费尚无统一标准；二是课程设置涉及复杂的教育主权问题；三是教育公平问题。刘金洲等（2013）指出开办国际班存在学校对高中教育国际化认识不足、发展不平衡、师资力量薄弱等问题。王熙（2011）以中国和加拿大某"学校-政府"合作项目为例探讨了高中国际班的合作障碍。该研究从中外合作者的价值观与信仰差异、项目合作机制和社会环境因素 3 个方面分析了高中国际班办学过程中出现的中外双方沟通机制不畅、机制不健全及教育观念不同等问题。宋昌林（2012）指出国际高中亟待解决的问题是国际高中课程和文凭标准不统一、教师编制及教师职称等问题未解决。王宝权（2014）指出我国市级示范高中在中外合作办学当中存在缺乏真正有效的中外合作办学管理运行机制，管理人员素质较低、管理经验不足及中外合作办学教师队伍的不稳定等问题。

林金辉（2012c）指出办得好的中外合作办学项目有 3 个特征：一是办学主体的办学理念和管理理念定位较高；二是外方合作机构具有优质教育资源，这些优质教育资源可以满足中方需要，能与中方办学主体的教育资源相匹配；三是对引进的教育资源实行全过程管理，确保其对人才培养这一学校的中心工作发挥作用，有效防止了引进的教育资源"水土不服"。要办好高中阶段中外合作办学，必须遵循中外合作办学基本规律、明确中外合作办学的基本目的、坚持中外合作办学的公益性原则、以生为本和以质量取胜、满足发展性的多样化教育需求 5 个方面。朱忠琴（2013）指出，需要制定高中国际班收费标准，规范高中国际班的财务行为，出台课程及学分认证的相关政策，解决好国家课程与国际课程的平衡问题并加强国际班与普通班的融合，促进校内资源共享。徐士强（2012）从普通高中多样化办学和国际化办学的角度提出了 4 点建议。一是科学定位。一个国家基础教育的国际化，首先是为这个国家的学生服务的。其首要价值是培养具有民族情怀并能够走向世界的现代中国人。二是明确目标。要在不同教育制度文化价值观冲撞的过程中，找到一个适合中国教育的平衡点。引进国际课程，主要是学习和了解国外先进的课程理念和课程管理方式，丰富学校的课程内容和教学方式，增强学校课程的选择性，让我国的高中课程更能激发学生的智慧与活力，使他们拥有广阔的国际视野和较强的国际竞争力。三是树立阶段层次观。先是交流，然后是理解，之后是融合，最后是输出与主导，在借鉴和发展的基础上，形成自己的品牌理念和国际课程，使更多的国家和国际组织认同。四是完善管理与运行机制。升学主导下实际开设的国际课程科目缩水与本土课程融合也尚待时日，这些管理和操作问题需要通过不断研究加以解决。汪明和张珊珊（2015）指出进一步加强高中国际班的规范管理成为一项紧迫任务。首先，公办高中国际班的办学主体需要进一步明确。一些高中国际班实际运行中由社会机构直接向学生家长收取费用的做法明显欠妥。其次，公办高中国际班的课程管理需要进一步完善。防范将高中国际班简单办成出国留学预备班。再次，公办高中国际班的收费需要进一步规范。从今后的发展走向看，一部分符合条件的公办高中国际班可以在逐步规范的基础上，向举办中外合作办学项目转型，公办高中国际班将不再额外向学生收取费用。最后，公办高中国际班的自律意识需要进一步增强。熊丙奇（2013）指出规范国际班办学要有改革新思路，应探索建立学历认证体系，通过认证解决国际班学生的学历、学籍问题；要明确公办学校的办学职责，以及在学校成立独立运行、参与学校监督管理的家长委员会，从根本上规范高中国际班办学。丁培培（2012）从家长、学生、教师和学校等角度提出对高中国际班办学的建议。鲁天龙（2009）建议开放国际高中，允许中国的大学（含高职）有条件接收（招收）在中国的国际高中和大学预科学习过并取得国际教育体系合格考试成绩的中国学生。宋昌林（2012）指出国际高中学生应该国际化，要到国外去争取愿意到中国来读大学的生源。

（二）普通高中教育中外合作办学机构研究

与普通高中教育中外合作办学项目相比，普通高中教育中外合作办学机构数量要少许多，而且关于普通高中教育中外合作办学机构的研究并不多见。

在办学目的方面，王志泽（2012）结合北京澳华学校的办学实践，提出中外合作办学高中的办学目的是要按照国际标准，遵循教育规律，为学生提供一种全人教育环境。要按照全球规则办教育，不仅仅是引进国际课程，更应该在教学方法和评估标准上采用国际通行的做法。不管采用什么教材，关键是要用国际化的思维、方式、方法开展教育和评估，落实跨学科和探究式的主题学习和过程性评价。徐丽遐等（2014）指出创办上海七宝德怀特高级中学等中外合作办学机构，目的是融合国际课程和本土课程，实现不同国家教育优势的融合，促进基础教育改革突破，使学生拥有国际视野、国际胸怀和强大的国际竞争力。

在办学特色方面，齐红深和魏正书（2007）对大连枫叶国际学校的办学实践进行了系统梳理。吴忠檀（2005）以大连枫叶国际学校为例，对中西教育的历史和大连枫叶国际学校的实践进行了梳理，总结出中西结合教育模式的特点、规律和价值。

在课程设置方面，丁卫兵（2012）以大连枫叶国际学校为例，研究了在高一年级（中国学生）实行英语分级教学，实现与加拿大不列颠哥伦比亚省高中课程顺利衔接的可行性问题。该研究提出通过"英语强化分级教学——男女分校——学年制改为学期制"实现加拿大 BC 课程的本土化，对英语分级教学模式的实施和保障措施进行了分析。龙梅（2014）结合上海七宝德怀特高级中学的课程体系建设，指出在课程上该校保留包括语文、数学、政治、历史和地理等中国核心课程，国际化教育不应放弃中国核心课程，这些中国核心课程可以让学生对中国有非常充分的了解。在此基础上和 IB 课程融合，让学生更好地学会包容不同文化。王本忠和薛梅（2015）对北京中加学校自主课程建设的实践探索进行了分析，提出要突破旧的理念，坚持新一轮基础教育课程改革（以下简称新课改）道路，打造新课堂，积极构建促进学生发展的新课程体系与新教学模式。

除此以外，也有一部分教育课题研究和普通高中教育中外合作办学相关研究课题主要集中在高中国际课程和普通高中教育中外合作办学项目、高中国际化等方面，具体如表 2-1 所示。

表 2-1　近年来高中阶段中外合作办学相关课题研究一览表

序号	课题名称	主持人	课题级别	时间	课题编号
1	以人为本，构建高中国际化多元校本课程的实践与探索	曹伦华	全国教育科学"十一五"规划2009年度教育部规划课题	2009 年	GHB093186
2	优质高中国际课程的实践与研究	唐盛昌	2010年度上海市教育科学研究重点项目	2010 年	A1011
3	上海市中外合作办学现状、问题与发展策略研究	汪建华	2012年度上海市教育科学研究重点项目	2012 年	A1225
4	西部地区高中国际课程网络资源库的建设与应用研究	张志恬	甘肃省教育科学"十二五"课题	2013 年	GHB0956
5	跨文化教育视野下普通高中国际化办学实践研究	荆孝民	甘肃省教育科学2014年度课题	2014 年	GS[2014]GHB1648
6	美国AP课程研究	刘克文	国家社会科学基金"十二五"规划2014年度教育学一般课题	2014 年	BDA140027
7	福建省普通高中国际班研究	雷兰川	2014 年度福建省教育科学"十二五"规划课题	2014 年	FJJKCG14-413
8	长沙市普通高中中外合作办学项目发展研究	邓芸	湖南省教育科学"十二五"规划2014年省级重点资助课题	2014 年	不详

二、中等职业教育中外合作办学

当前直接研究中等职业教育中外合作办学的文献还不够丰富，相关研究主要来自开展中等职业教育中外合作办学比较多的上海市。

赵锋和沈祖芸（2004）对上海市中等职业教育中外合作办学的规模、办学模式等现状进行了研究，指出《中外合作办学条例》的颁布和实施为引进国外优质教育资源，借鉴国外有益的教学和管理经验，提高我国在更大范围、更广领域和更高层次上参与教育对外合作等方面提供了保障。职业教育作为中外合作办学的优先领域，有着更广阔的发展空间和前景。唐菲（2014）以上海一所中等职业教育学校——SG 学校为例，对举办中等职业教育中外合作办学的学校如何打造项目品牌进行了研究。她通过对 SG 学校中外合作办学的内、外部环境进行分析，从而对招生人数逐年下降的情况做出分析。唐菲（2014）根据中等职业学校的特点，通过对市场细分、定位、营销策略的研究分析，指出了在上海国际化的大趋势下的市场营销策略。常光萍和马增彩（2010）以上海市医药学校中外合作办学项目为例，从学生职业能力评价体系建立的目的、原则、操作流程、证据收集、评价方法和工具等方面探讨了职业能力评价体系。穆薇（2009）通过对上海市商业会计学校 2005 级中澳合作班学生、商务英语专业学生、中外教师、2002 级部分已毕业学生及部分 2005 级学生家长进行问卷调查和访谈，对中外合作班及普通中专班英语教学情况的调查与研究，尝试在中等职业英语课堂教学中进行有效的中西结合教学，把中西方课堂教学优势融汇在中等职业课堂教学中，实现中等职业学校英语课教学目标，整合一套更适合中等职业学生特点的教学方式方法。金姬红（2014）对上海市商业学校中外合作办学项目进行了研究，提出了控制规模、把专业做精做强、研究国际化教育的本土化移植的思路。

金小红（2011）以北京国际职业教育学校中外合作办学专业的改革实践为例，分析了学校落实《教育规划发展纲要》战略目标的有效培养模式，得到如下重要启示：通过"中职高延"，使中等教育与高等教育有效衔接，成功搭建人才成长的立交桥；采用"学分积累与转移制度"，提高教育的国际化水平，促进终身教育体系的构建。北京国际职业教育学校中外合作办学专业在英语教学中，根据中等职业学生的特点，避开以语法为主的教学，探索以"听为主、说为辅、练听说、燃兴趣、变主动、带读写"的新型教学模式，激发英语基础薄弱学生的学习兴趣，开发其语言潜质，全面提高英语教学质量，为学校进行学制改革打下了坚实的基础。王越等（2011）以北京国际职业教育学校中外合作办学专业为例，坚持与国外优质教育品牌合作，走教育国际化发展之路，实施办学体制上的"三结合"，实现了"中职高延"；以"学分积累与转移制度"为支撑，实现了"普职融通"的新发展；以纵横沟通的多元出口，实现学生的多元成才。谭欣（2006）对广西壮族自治区发展中等职业学校中外合作的办学模式进行了研究，提出提升中等职业学校培养目标和培养规格以满足经济和社会发展对多层次、多类型人才的需要的建议。

邵琪（2013）对中等职业引入技术与继续教育（technical and further education，TAFE）模式的教学理念、教学方法和教学资源给传统的中等职业英语教学模式所带来的改革进行了探讨。该研究从技术与继续教育模式在中等职业学校英语教学改革中的实践应用展开讨论，以发挥中外合作办学的优势，进一步提高中等职业英语教学的吸引力。

三、教育输出国海外办学

Knight（2004）指出高等教育国际化在重要性和复杂性方面不断上升。一方面，一些国家国内高等教育选择有限，对海外教育需求增加；另一方面，美国大学需要使它们的校园全球化，同时弥补公立教育投资的不足。基于此，进入大学前的预备教育成为一些学者的关注点。Bates 等（2010）对日益增长的国际性的学校教育（schooling internationally）进行了探讨。他们讨论了全球网络和国际教育的时代背景，涉及国际学校和社会阶层形成的政治经济学、国际学校和微观政治学等深层次的话题，也讨论了具体的如何定位成为国际学校未来的教师、国际学校的教与学、国际课程大纲、国际学校评价、国际文凭课程的成长和挑战的复杂性，以及国际公民教育等具体教育问题。Gordon 和 Liu（2014）基于跨国主义理论（transnationalism）对中国的高中国际班从跨国的视角进行了研究。该研究认为中国开设公立高中新的国际项目是一种满足新富家庭对预备教育需求的合情合理的途径。这种国际预备教育符合国际标准并且帮助学生进入美国、英国、澳大利亚和其他国家的大学。出现这种现象有三大原因：一是对教育的渴望，中国有重视教育的传统；二是把教育当作投资，这些中国新富家庭希望将经济资本转化为国际认可的文化资本，然后转化为政治资本，使其新的地位得到合法化；三是国际教育的推动,高等教育的国际化也促使一些学者关注基础教育阶段的国际化。Gordon 等(2014)考察了 6 个城市 16 所高中和 4 所大学,使用了 2013 年 5～6 月收集的数据,列出中国主要的高中国际项目合作课程,如表 2-2 所示。不论是跨国教育的输出国还是输入国,都要认识到从中世纪开始,高等教育从未被国界限制,今天它仍是推动全球化的重要力量。教育者要意识到跨国和跨文化合作的机遇和挑战。合作关系的发展只有基于信任和尊重才会走得更远。学生的跨国流动不仅对输出国,对输入国也有影响。

表 2-2　中国主要的高中国际项目合作课程

课程名称	课程简介	教育系统	认可范围
AP	美国大学委员会的大学先修课程	美国	超过 60 个国家
IBDP	国际文凭组织的国际文凭课程	独立	世界顶尖大学
A-Level	普通教育高级水平证书	英国	英联邦国家、美国
PGA	中国国际教育交流协会和美国 ACT 教育公司合作开发	美国	主要是美国

注: 本表基于 Gordon 等(2014)的研究成果进行适当调整。

Jon 和 Thompson(2005)讨论了澳大利亚黑利伯瑞国际学校在全世界推广 VCE 课程的情况。中国在服务部门提供了广阔的市场机会,许多澳大利亚公司有机会取得成功。挑战和困难需要克服,因为中国将是澳大利亚最大的服务出口市场。

第四节　高中阶段中外合作办学研究的进展与存在的问题

1. 高中阶段中外合作办学研究的进展

通过本章前三节对国内外已有研究成果的综述,可以发现,这些研究取得的进展主要体现在以下几个方面。

1)从研究内容看,大部分研究围绕高中国际课程和普通高中教育中外合作办学展开。有的学者基于个案对高中国际课程和普通高中教育中外合作办学管理进行经验总结,有的学者对 AP 课程、IBDP 课程和 A-Level 课程等主流高中国际课程的课程体系和教学方法等进行介绍或者比较,有的学者对某一省份、某一城市、某一学校的高中国际班或者中外合作办学情况进行调查统计分析。这些研究有助于我们了解我国高中阶段中外合作办学的发展情况。

2)从研究者构成看,既有来自一线的办学实践者,也有来自高校和科研院所等研究机构的专业研究人员,还有来自教育行政部门的相关人员。研究者的来源多样,说明有越来越多的人参与到高中阶段中外合作办学研究中来,他们从不同的专业立场出发展开研究,有助于提高高中阶段中外合作办学及其相关研究的全面性。

3)从研究方法看,大部分研究属于案例分析,对于某一省份、某一城市或者某一中外合作办学机构或者项目的办学情况进行总结,还有部分研究采用问卷调查、田野调查、访谈、定量分析等研究方法,这些不同研究方法可以相互印证,有助于提高高中阶段中外合作办学及其相关研究的可靠性。

2. 高中阶段中外合作办学研究的问题

当前的研究暴露出以下几点问题。

1）研究对象存在混淆。目前，很多研究对各种形式举办的高中国际班不加区分，笼统地加以研究，导致研究难以聚焦，难以深入，得出的结论可能缺乏可靠性。例如，广东省教育厅从未审批过一个高中国际班，其举办形式显然不属于中外合作办学，而北京市所有公立高中国际班都属于中外合作办学项目，还有若干普通高中教育中外合作办学机构。高中国际班的不同举办形式背后蕴含着不同的管理体制和运行机制，如果把它们混为一谈，就难以发现真正的问题，难以提出具有针对性的意见，难以把握其正确的发展方向，甚至会出现让高中阶段中外合作办学"背黑锅"的后果。

2）研究内容还有欠缺。一是许多研究还停留在较浅层次的经验总结层面，理论提升不足。二是对中等职业教育中外合作办学的研究还不多。三是对我国高中阶段中外合作办学的总体情况还没有进行过调查统计，缺乏这方面的数据支撑也就难以从总体上把握我国高中阶段中外合作办学的发展方向。四是有关我国高中阶段中外合作办学的政策和指导意见的研究比较缺乏。五是对于高中阶段中外合作办学的学生和中外籍教师的研究比较缺乏。尤其是作为接受教育主体的学生，他们对于高中阶段中外合作办学的教育教学质量最有发言权，却很少听到他们的声音。

3）研究成果系统性不足。已有研究成果期刊论文较多，学位论文和专著较少，使研究成果比较分散，缺乏系统性。许多已有的研究提出的看法和对策建议主要基于研究者自身办学经验或者教学活动，处于"只见树木，不见森林"的状态。因此，需要大力提升高中阶段中外合作办学研究及其相关研究的系统性，进而发现其发展规律。

综上所述，本书拟聚焦以下几个方面的研究，以期丰富高中阶段中外合作办学的理论研究成果。首先，本书将厘清高中阶段中外合作办学的政策界限，阐明高中阶段中外合作办学及其相关概念的区别和联系。其次，本书将对高中阶段中外合作办学的发展情况进行调查与统计，力求实现对我国高中阶段中外合作办学总体情况的准确把握。通过对高中阶段中外合作办学各个不同发展阶段的政策、数量和特点等情况进行分析，注重宏观、中观和微观的结合，立体地呈现高中阶段中外合作办学发展的历史、现状和不足。最后，本书将基于公共选择理论和全面质量管理理论，采用案例研究和比较研究等方法，对高中阶段中外合作办学进行全方位研究；将我国高中阶段中外合作办学与日本、韩国和新加坡的国际高中发展情况进行对比，更加客观地呈现我国高中阶段中外合作办学的发展情况，以把握其正确发展方向。

第三章　高中阶段中外合作办学的理论依据

第一节　公共选择理论

一、公共选择理论概述

（一）公共选择理论的内涵

公共选择理论是当代西方社会科学，尤其是经济学、政治学的重要理论流派之一，也是当代西方公共管理尤其是政府改革的重要理论基础。一般认为公共选择理论产生于20世纪中期。由于西方市场经济在1929~1933年的萧条，人们对市场经济制度的不满情绪广为扩散。西方经济学领域中福利经济学和凯恩斯经济学的兴起，为国家干预经济提供了理论基础，美国等一些国家逐渐加强政府对市场经济的干预。第二次世界大战爆发后，由于战时需要，大多数国家的产品和服务有三分之一甚至二分之一以上是由政府分配的，而不是通过市场。然而，当时的主流经济学家的注意力仍集中于对市场层面的解释和说明，很少人关注政治—集体决策（political-collective decision-making）。公共选择理论界的三位代表性人物，邓肯·布莱克、詹姆斯·布坎南和肯尼思·阿罗，分别在20世纪40年代末50年代初发表公共选择理论的重要文献，标志着一个新的研究领域——公共选择理论的诞生。20世纪60年代末70年代初，公共选择理论作为一个学派或思潮兴起。

布坎南（1989）指出："公共选择是政治学的观点，它产生于把经济学的工具和方法大量应用于集体或非市场决策的过程中。"缪勒（1999）指出可以将公共选择理论定义为非市场决策研究，或简单定义为将经济学运用到政治科学中。它使用经济学的方法，其基本假设是经济学的"经济人"假设，认为人是理性的效用最大化者。他把公共选择对非市场决策的分析分为3步：一是做出与经济学相同的行为假设；二是把偏好实现过程描述为类似于市场；三是提出与传统价格理论相同的问题。

公共选择理论指出，人们必须破除凡是政府都会全心全意为公共利益服务的观念。政府不应被视为根据公众要求提供公共物品的机器。政府既是由个人选出的，也是由个人和群体组成的，所以如果政府及政府官员在不合理的选举规则下产生，他们为了满足不合理的个人追求而采取行动，将造成经济和社会福利状况的恶化。

（二）公共选择理论的主要内容

缪勒（1999）指出公共选择与政治学涉及的主题相同，如国家理论、投票规则、投票者行为、政党政治和官僚结构等。勒帕日（1985）认为公共选择理论涉及：研究政治制度和最佳经济状态间的关系；发展有关官僚体制的经济理论；研究代议制政治制度运转的逻辑和缺陷；找出能够说明某些政治制度历史发展的经济因素。德尔和韦尔瑟芬（1999）指出公共选择涉及群体中公共物品的供给和需求、政党争取选票、不同权力集团交易的过程、总价值的分配，以及官僚机构行为对政府政策的影响。

总的来说，公共选择理论研究的基本内容是集体决策。人们必须进行决策来选择能反映和满足一般人偏好的规则，它涉及国家、政府、教育、国防、环保、财产权和分配等问题。首先，集体决策具有集体性，不是单个人自己决策，有人群的地方就需要集体决策，就需要公共选择；其次，它具有规则性，决策即制定规则，人与人之间有偏好差异，所以必须制定规则协调人们的行为。与公共选择理论密切相关的研究领域是决策分析（尤其是群体决策）、政治科学和经济学。

公共选择学派的学者由此提出了一系列相关理论，如代议民主制经济理论、非市场决策论（公共决策论）、国家理论、寻租理论、利益集团理论、以脚投票论、政府失灵论等理论，其中具有代表性的为非市场决策论和利益集团理论等。

1. 非市场决策论

非市场决策论所指的非市场决策是国家或政府部门为公共物品的生产和供应及经济、社会的宏观调控而做出的决策。非市场决策需要公共决策与市场经济的运行相适应，通过建立起一套有效的政府宏观调控机制，以达到弥补市场缺陷、纠正市场失灵的目的，这就需要公共决策的科学化、民主化和法治化，决定资源在不同公共物品之间的合理配置。非市场决策的主体是执政党、国家或政府部门及其官员，即党政机关及其工作人员。决策过程是作为投票人和选民的消费者按政治程序投票决定公共物品的生产的过程。决策原则是消费者或投票人要遵循少数服从多数的原则，因此，有一定强制性，一部分人可能不得不接受他们不喜欢的公共物品，支付他们不愿支付的税收。非市场决策的供方为政府机构，需方为投票人或选民，各方面既竞争又合作，民主程序促使政府努力为投票人或选民服务。

在现代宏观经济分析中，政府作为经济体的一个部门，主要提供公共产品；私人产品一般由私人部门提供。不过，公共产品与私人产品之间还有一种准公共产品或混合产品，多数由政府提供，也可以由私人联合提供。准公共产品类似于俱乐部提供的产品，研究准公共产品的供给、需求与均衡数量的理论，也称"俱乐部理论"。

2. 利益集团理论

利益集团理论所指的利益集团是"那些具有某种共同的目的，试图对公共政策施加影响的人群"。利益集团的成员可以是非营利性组织、公共部门组织，也可以是逐利的厂商或者普通公民。不同的利益集团在其资源、权力、规模和政治倾向等方面有明显差别。公共选择的结果受到利益集团的一定影响。利益集团作为具有一致性利益倾向的特定群体，对政府的政策具有特定的偏好，因此可能会通过各种渠道向政府施加压力，以求政府的政策有利于其利益的实现。利益集团采取集体行动影响政府政策的原因：一方面，集团成员具有一致的利益倾向，因而具有一致的政策偏好；另一方面，集体行动对政府政策的影响力要大于分散的个体行动的影响力。

3. 公共选择研究政治问题

公共选择理论是在批评传统市场理论的基础上产生的，主要运用经济学的方法来研究政治问题，它成功地运用了经济学的分析方法研究政治问题，主要体现在 3 个方面。

1) 坚持"经济人"假设。公共选择理论是经济理论在政治上的运用。它把经济学中的"经济人"假设移植到政治领域，认为政治领域中的个人也是自利的、以自己的利益最大化为行为准则的经济人；将市场上的交易分析扩展到政治领域，把人们在政治领域的相互作用过程视作"政治上的交易"，认为政治过程和经济过程一样，其基础是交易动机、交易行为，本质是利益的交换。

2) 个人主义的方法论。由个人选择入手分析社会选择的研究路径称为"方法论上的个人主义"。个人主义的分析方法强调分析个体的动机与选择模型对整体行为的影响，是一种从个体到整体的分析思路。这种分析方法是西方自由主义哲学和社会契约论在方法论上的反映。公共选择理论认为个人是基本的分析单位，只有个人才具有理性分析和思考的能力，社会选择是个人选择通过一定规则的集结，一切社会选择的起因是个人的有目的的行动和选择。个人是集体的有机组成部分，特别是国家作为一个超个人的单位而存在，国家利益或公共利益被视为独立于个人利益而存在。在公共选择理论中，个人被认为在他们的私人行动和社会行动中都有自己独立的目标，基于这样的分析思路，政治秩序能够从个人选择的计算中得到合理的说明。

3) 交易政治学。公共选择理论用交易的观点看待政治过程，将政治过程看作市场过程，将社会选择或政治决策过程视为一种交易，政治过程交易的对象是公共产品而不是私人产品。人们在政治领域也有各自不同的价值观和偏好，应受到承认和尊重。

二、公共选择理论视野下的高中阶段中外合作办学

一般认为，教育是一种准公共物品（quasi-public goods），公共部门提供教育均等性（uniformity）的政策目标及由其所允许的纵向需求总是由公共部门强加的，而绝非教育这个"物品"本身的技术性质所必需的和决定的。公共选择理论基于"经济人"假设，采用个人主义的方法和交易的观点，为我们分析现有的高中阶段中外合作办学相关政策，为完善高中阶段中外合作办学政策提供一个新的视角。

高中阶段中外合作办学涉及大量的政策和法规。从国内相关政策来看，不仅涉及国家的教育政策，还涉及各个地区的教育政策，包括申办准入政策、招生政策、年检政策等一系列的具体政策。从国际相关政策来看，不仅涉及 WTO 框架下的服务贸易政策、各国之间的双边合作协定等，还涉及与国际教育组织的合作政策。可以说，高中阶段中外合作办学是一个政策性很强的领域。高中阶段中外合作办学发展过程中一些引发争议的问题，如公办高中利用公共教育资源开展高中阶段中外合作办学引发挤占优质公共资源和损害教育公平的问题、高收费问题，从实质上看，是高中阶段中外合作办学作为一种比较特殊的教育准公共产品的属性问题。高中阶段既不属于高等教育也不属于义务教育，而是从基础教育向高等教育过渡的阶段，具有一定的特殊性，基于公共选择理论，我们通过分析相关利益集团的诉求和教育的准公共产品属性，寻找各个利益集团的最大

集合点，把握高中阶段中外合作办学政策走向，使学生的利益最大化，同时最大限度维护国家教育主权，取得最佳的政策结果。

从公共选择理论角度看，高中阶段中外合作办学涉及的利益主体包括中外双方政府、中外双方合作高中学校、学生和家长、教育中介服务机构等。首先，对于中国政府而言，最大限度地维护自身教育主权、引进优质教育资源、培养国际化人才是目的；而外方政府则主要看中吸引海外留学生生源和获取学费等收益。其次，对于中方合作学校而言，获取学费收益、促进课程改革和学校发展是主要目的；对于外方合作学校而言，获取学费收益及稳定生源是主要目的。再次，对于学生和家长而言，通过高中阶段中外合作办学项目获得优质教育资源，是他们的利益所在。最后，对于一些参与高中阶段中外合作办学的教育中介服务机构，获取经济利益及借助名校声誉提升自身机构的品牌知名度则是其主要目的。在这一过程中，公办高中和民办高中存在一种竞争关系，公办高中依靠政府的教育资源优势一直处于生源争夺的优势地位，同时，不选择高中阶段中外合作办学项目或者机构的家长则质疑那些通过高中阶段中外合作办学进入当地名校就读的学生挤占名校教学资源。由此可见，不同利益主体存在不同诉求。

根据公共选择理论，在高中阶段中外合作办学过程中，应优化教育资源在人力、财力、物力等各种不同使用方向上的分配，合理、有效、充分地利用教育资源，提高办学质量和效益。政府教育行政部门、学校和学校内部相关部门应该紧密配合，使高中阶段中外合作办学的相关教育资源得到最有效的配置。我们可以从地区、类型等维度对高中阶段中外合作办学中教育资源配置问题进行分析。例如，从地区看，不同地区存在哪些教育资源差异？各地对发展高中阶段中外合作办学是积极支持还是主要通过市场调节？从办学类型看，不同类型的高中阶段中外合作办学存在哪些差异？人力资源、财力资源、物力资源和无形资源等教育资源是否存在集中的现象？普通高中教育中外合作办学和中等职业教育中外合作办学存在哪些差异？比例是否合理？

第二节　全面质量管理理论

一、全面质量管理理论概述

（一）全面质量管理的界定

现代质量管理始于 19 世纪 70 年代，当时的工人既是生产者又是检验者，被称为"操作者的质量管理"。20 世纪 20 年代，美国管理学家泰勒（Taylor）提出了"科学管理"，检验产品质量的工作由组长负责，被称为"组长的质量管理"。到 20 世纪 30 年代，逐渐形成"质检员的质量管理"。从第二次世界大战到 20 世纪 50 年代，数理统计质量控制管理方法得到越来越多的运用。从 20 世纪 60 年代开始，质量管理进入全面质量管理阶段，这一阶段的代表性人物有菲根堡姆（Feigenbaum）、朱兰（Juran）、戴明（Deming）等人。20 世纪 80 年代，美国掀起"质量革命"热潮，美国的消费者、产业界和政府的质量意识逐步提高。基于全面质量管理的理念，1987 年，美国设立了马尔科姆·鲍德里奇国家质量奖，对促进质量提升起到了很大作用。此外，日本戴明奖、欧洲质量奖、ISO 9000 质量管理标准及六西格玛管理模式等都是基于全面质量管理理论和方法产生的。

菲根堡姆（1991）指出"全面质量管理是为了能够在最经济的水平上，在充分满足用户要求的条件下进行市场研究、设计、生产和服务，把企业内各部门形成质量、维持质量和提高质量的活动融为一体的一种有效体系"。菲根堡姆将质量视为组织策略工具，注重质量领导，主张管理者必须持续专注质量，引导组织朝高质量方向努力，同时重视现代品质管理技术的运用，强调质量问题需要整合组织所有成员来持续评估及实施新的技术，以满足顾客未来的需求，有关组织承诺对员工持续教育训练，将质量整合于组织规划之中。

国际标准化组织（International Organization for Standardization，ISO）将全面质量管理定义为"一个组织以质量为中心，以全员参与为基础而达到长期成功的途径，其目的在于让顾客满意和本组织所有成员及社会满意"。

戴明（2003）提出"质量改进—成本降低，更少差错，更有效利用时间和物料—生产率提高—市场份额增大—持续经营—更多工作机会"的链式反应理论，同时提出了"戴明十四点原则"：①创建一个愿景并做出承诺；②接受新的理念；③理解检验；④停止单纯依据成本做决策；⑤持续不断地改进；⑥开展培训；⑦要有一个新的领导方式；⑧消除员工不敢提问题、提建议的恐惧心理；⑨为优化团队而努力；⑩停止说教；⑪取消数量定额和目标管理；⑫消除影响人们工作自豪感的障碍；⑬鼓励教育与自我改进；⑭采取行动。

朱兰（1986）提出质量三部曲：一是为实现质量目标而进行准备的质量计划过程；二是在实际运营中达到质量目标的质量控制过程；三是通过突破来实现前所未有的绩效水平的质量改进过程。

克罗斯比（1991）提出了"质量管理定律"和"改进基本要素"，可以归纳为 5 点：一是质量意味着符合要求，而非优美；二是衡量绩效的唯一指标就是质量成本，即"不符合"的代价；三是唯一的绩效标准就是"零缺陷"；四是质量的基本工作哲学是预防，不是检验；五是质量工作的根本要求是第一次就将正确的事情做对（埃文斯，2010）。

（二）全面质量管理的主要原则

全面质量管理的主要原则有以下几个。

1）以消费者为焦点。组织必须依赖消费者而存在，组织要理解并满足消费者的需求和期望，甚至要努力超越消费者的期望。组织的目标应该与消费者的需求和期望一致。组织需要在整个组织内商讨消费者的需求和期望，评估消费者满意度，维护好组织和消费者的关系，兼顾消费者和其他利益相关方的需求，努力提高消费者满意度。

2）强调领导作用。领导者需要从宏观上确立组织宗旨，把握组织发展方向，需要为组织的未来描绘清晰的愿景，确定目标。领导者要在组织内部营造一个使组织成员能充分参与实现组织目标的内部环境，如为组织成员提供必要的资源和培训，鼓励和激励组织成员，给予组织成员自主权，肯定组织成员的付出。总之，领导者要整合内外部的有利资源，确保高质量的管理。

3）要求全员参与。全员参与可以为组织带来巨大的回报，质量管理不仅仅涉及质检和评估人员，更涉及组织的每一位成员，因此，所有的组织成员都应该充分参与。每个组织成员都要意识到自己的价值，找到自己在组织中的位置，明白自己在组织中的权利、责任和义务，发挥个人能动性，积极提高自己的业务能力并与其他组织成员分享自己的经验，根据任务目标评价自己的工作业绩。

4）坚持持续改进。持续改进总体业绩是组织的一个永恒目标。持续改进将使组织的工作和生产流程优化，帮助组织找到新的方法和技术生产质量更高的产品。产品和服务质量更高，产品将更有竞争力，甚至超出消费者的期望。持续改进是组织自身生存和发展的需求。组织必须不断优化自己的经营策略，提高组织管理水平，以保证在激烈的竞争环境中生存发展。

5）运用过程方法。过程是利用资源将输入转化为输出的活动。过程方法是组织归类、定性并管理活动和相关资源的过程，尤其是通过这些过程之间的相互作用，以更高效地实现期望的结果。为应用这一原则，组织应该系统地定义获得期望结果所必需的活动，建立明确的责任制和问责制，管理关键活动，识别关键活动在组织职能之间的接口，管理和改进影响组织关键活动的各种条件，评价风险、后果和活动对客户、供应商和其他相关方的影响。

6）管理系统方法。把相互关联的过程作为一个系统来识别、理解和管理，有助于提高组织的有效性和效率，实现其目标。使用管理系统方法的好处是可以整合和调整最能达到预期效果的过程，为相关方提供足够的信心。为此组织需要构建一个系统，以找到实现组织目标的最有效和最高效的方式，了解系统各个过程之间的依赖关系。采用结构化的方法来协调和整合过程，减少交叉功能的障碍，在行动前了解组织能力并确定资源限制条件，明确和定义特定的活动如何在系统中操作，通过测试和评估持续地改进系统。

7）基于事实的决策方法。有效决策是建立在数据和分析的基础上的。这样的决策更加明智，通过参考数据记录，不仅在论证过去已做出决策的有效性方面的能力不断提高，还提高了重新审视、质疑并改变意见和决策的能力，为此必须确保数据及信息足够准确和可靠。这样使需要的人能获得数据，应用有效的方法分析数据和信息，使决策和行动基于事实的分析，在经验和直觉之间找到平衡点。

8）建立互利的供需关系。一个组织和它的供应商是相互依存、互惠互利的关系。这为双方增强了创造价值的能力，能共同对市场和客户的需求与期望展现灵活性及快速的反应，降低成本和优化资源。因此，双方应建立平衡短期收益与长期考虑的关系，汇集合作伙伴的专业知识和资源，识别和选择关键供应商，进行清晰和开放的沟通，共享信息和未来计划，开展共同发展和改进的活动，激发、鼓励和认可供应商的改进和成就（韩之俊等，2011）。

（三）全面质量管理与教育

英国和美国等西方国家从 20 世纪 90 年代开始就在教育领域实施全面质量管理理论，将全面质量管理作为学校和教育管理改革的重要举措，逐步形成教育全面质量管理思想。

在教育领域，全面质量管理中的"组织"是指"学校"，其中的"顾客"是指学生、家长、社会，实施教育全面质量管理是为了让教育更好地满足需求和服务于"顾客"。此外，以消费者为中心和质量的持续提高是两个需要厘清的核心观念。首先，教育消费者主要分为外部和内部两种，外部消费者由学生、家长、政府教育官员和未来的雇主等人员组成，内部消费者则由教师和教辅人员组成。其次，教育全面质量管理实施的目的就是保证学校质量的持续提高，即不断满足甚至超过教育消费者的期望。

教育全面质量管理的基本特点主要表现为全面性、全员性和全程性。全面性是指它涉及学校管理的各个领域，包括学校有关的内外人员，表现在学校发展的全过程。全员性是指包括关系学校发展的所有人，重要组成者有学生、教师、家长等。全程性是指贯穿于学校发展始终，具有持续性、不间断的特点。

由于意识到质量改进活动的必要性，美国中小学在 20 世纪 90 年代就开始尝试把全面质量管理理论应用于中小学质量提升上。首先，美国的中小学通过应用全面质量管理理念来改进学校教育，通过持续改进、统计追踪等手段，实施全面质量管理，如美国质量协会通过儿童质量开展计划 Koalaty Kid 推动小学质量改进活动。其次，基于全面质量管理理论，美国还制定了马尔科姆·鲍德里奇国家质量奖教育标准，该标准每两年更新一次。2015～2016 年，马尔科姆·鲍德里奇国家质量奖教育标准强调卓越绩效准则的系统性，领导、顾客、战略构成了"发展方向三角"，而员工、运营与结果构成了"核心能力三角"，体现了组织的核心能力，构成了该奖的卓越绩效准则框架。具体如图 3-1 所示。

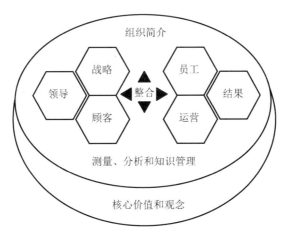

图 3-1　2015～2016 年马尔科姆·鲍德里奇国家质量奖教育标准卓越绩效准则框架

二、全面质量管理理论视野下的高中阶段中外合作办学

教育改进是教育领域较有吸引力也较有挑战的领域之一。高中阶段中外合作办学的健康发展离不开其质量的稳步提高。高中阶段中外合作办学需要树立持续改进的理念，在办学过程中不断提升办学质量。全面质量管理理论为高中阶段中外合作办学质量提升提供了重要的理论指导。

高中阶段中外合作办学的持续健康发展离不开完善的质量保障体系。就外部质量保障体系而言，应该通过推进实施分类评估、专业认证、绩效评价的模式，健全激励与约束机制，坚持"管—办—评"分离的新型格局；就内部质量保障体系而言，涉及管理体制、教育教学管理、师资队伍管理和财务管理等方面，应该通过制定相应的管理规章制度并落实到位，从而健全高中阶段中外合作办学机构和项目的内部质量保障体系。

高中阶段中外合作办学需要制定示范性机构和项目评估标准。建立高中阶段中外合作办学质量标准是高中阶段中外合作办学发展的必然要求。教育行政部门及劳动行政部门应当加强对中外合作办学机构的日常监督，组织或者委托社会中介组织对中外合作办学机构的办学水平和教育质量进行评估，并将评估结果向社会公布。

高中阶段中外合作办学需要中外合作办学双方共同合作，通过展开质量管理活动，提高办学质量。高中阶段中外合作办学机构和项目应建立完善的组织架构，确保整个系统有效运行，如相互协调的教学管理和教学组织系统，岗位责任明确的组织相互关系，分工和责任明确的决策层、管理层、执行层等层级。高中阶段中外合作办学机构和项目还应确保教学秩序的稳定，促进教学质量的提高。从与办学质量有关的课程与教学管理等方面入手，建立健全各项规章制度，规范办学活动，确保办学质量的不断提高。此外，还要建立相应的激励机制、自我约束机制和信息反馈制度，通过持续改进，促进学校质量管理的全面提升。

第四章　我国高中阶段中外合作办学的历史与现状

教育的发展深受所处的政治、经济和文化等时代背景的影响。中国对外开放水平的深入发展和人民生活水平的不断提高为高中阶段中外合作办学的产生和发展提供了客观条件。基础教育国际化趋势及高中普及化和多样化发展是高中阶段中外合作办学发展的重要背景。

本章将回顾高中阶段中外合作办学发展的历史并综合分析高中阶段中外合作办学的现状，有利于我们总结经验、发现问题及准确判断发展趋势，最终实现促进高中阶段中外合作办学健康可持续发展的目标。

第一节　高中阶段中外合作办学的发展背景

一、基础教育国际化的发展趋势

从宏观上看，基础教育国际化是经济全球化影响下的教育发展的必然趋势。基础教育国际化不是一个孤立的过程，而是一个发展的整体，由浅入深可分为交流、理解、融合、主导4个层次（倪闽景，2011）。从微观上看，基础教育国际化应该包含若干要素，如培养具有国际意识、国际视野、国际交往能力的学生，增强学生对多元文化的理解力，加强师生互访、学术交流和教育合作等活动及教育理念和教育技术等国际共享与交流等。

随着基础教育国际化的推进，许多中外融合学校逐渐建立起来，高中国际合作项目开展起来，师生的国际流动和国际交流活动越来越多。高中阶段中外合作办学在基础教育国际化的发展过程中也逐步发展起来，并得到政府和学校的重视。例如，上海市浦东新区的《浦东新区教育国际化工程三年行动计划（2012—2015）》提出，我们必须主动推进中外合作办学，多渠道开发国际化课程资源，提升国际教育服务能力，中外学校课程合作尤其需要积极推进（周满生，2014）。又如，上海市闵行区在推进区域基础教育国际化过程中，就形成了国际学校、国际部、随班就读、中外合作办学和公办学校中外籍学生独立编办模式等学校形态（葛楠，2013）。

二、高中阶段教育的普及与普通高中多样化的发展趋势

随着我国经济社会发展，高中阶段教育普及率逐年提高。1998年，教育部发布《面向21世纪教育振兴行动计划》，提出到2010年，在全面实现"两基"①目标的基础上，

---

① "两基"是基本实施九年义务教育和基本扫除青壮年文盲的简称。

城市和经济发达地区有步骤地普及高中阶段教育，全国人口受教育年限达到发展中国家的先进水平。1999 年，《教育部关于积极推进高中阶段教育事业发展的若干意见》提出"积极发展高中阶段教育事业，对于提高国民受教育水平，适应普及九年义务教育后人民群众对高中阶段教育日益增长的需求"具有十分重要的意义。2011 年，《中华人民共和国国民经济和社会发展第十二个五年规划纲要》提出，基本普及高中阶段教育，推动普通高中多样化发展。2016 年 3 月 16 日，十二届全国人大四次会议决议通过的《中华人民共和国国民经济和社会发展第十三个五年规划纲要》提出，全面提高教育质量，普及高中阶段教育。预计中国将在 2020 年普及高中阶段教育，我国高中毛入学率将达 90% 以上。届时，在高中阶段教育普及率这一指标上，中国要达到发达国家水平（刘欢等，2015）。

随着高中教育的普及，学生对高中教育的需求日益多样化，社会对于多样化的高中教育的需求日益凸显。以出国接受教育的需求为例，到 2014 年，中国已连续五年成为美国最大的国际学生来源国。在美国公立和私立中学中持 F-1 签证的中国学生数量十年增长六十多倍，2003～2004 学年仅有 433 人，而 2012～2013 学年竟达到了 26 919 人。2017 年，美国门户开放报告指出，2016～2017 年，美国高校接纳了 1 078 822 人，中国大陆学生留学美国总人数为 350 755 人，占国际学生总数的 32.5%。由此可见，不论是出于教育内部的发展需要，还是经济社会发展的需要，都必然要求高中教育的多样化发展。在这样的形势下，2010 年，教育部出台的《教育规划发展纲要》明确提出要推动高中多样化发展。2012 年，教育部公布的《关于推动普通高中多样化发展的若干意见（征求意见稿）》提出，推动普通高中多样化发展是为了适应学生不同学习和发展需要，激发高中办学活力，促进学校办出特色，满足国家经济社会发展对多样化人才需要；要探索建立富有中国特色的大学先修课程制度；要组织以地市为单位制订普通高中多样化发展三年（2013—2015 年）推进计划。此后，在各地相继出台的计划中，高中阶段中外合作办学成为重要的内容，如《宁波市普通高中多样化发展三年提升行动计划（2014—2016 年）》提出，"国际教育高中，开展中外合作办学和国际课程教学，以接纳本地学生为主，兼收国际和港澳台学生，科学整合中外高中教育优秀元素，广泛开展国际教育交流与合作，课程相互影响、相互渗透，培养学生的国际视野和对中国文化的认同"。又如，郑州市出台的《郑州市普通高中多样化特色化建设实施方案（试行）》提出"开办国际班或设置国际课程，通过国际课程的开设，整合中外高中教育优秀元素，实现中外课程相互影响、相互渗透；通过国际评价认证课程的开设，为学生搭建接受中外高等教育的立交桥；通过中外教育交流、交换生等项目，加强国际理解教育，推动跨文化交流，增进学生对不同国家、不同文化的认识和理解，培养学生的国际视野和创新能力"。高中引进 AP 课程、IBDP 课程、A-Level 等国际课程等，其教学内容及培养目标各具特色，提高了国内课程资源的多样程度，外籍教师将国外与众不同的教学方法带到国内的高中教学课堂之中，使学生有机会接受不同的教学培养模式，有利于其个性化发展。

第二节　高中阶段中外合作办学的发展历程

　　根据高中阶段中外合作办学发展过程中有重要影响的 3 个政策文件颁布的时间，高中阶段中外合作办学的发展历程可分为 3 个阶段。1995 年，《中外合作办学暂行规定》的出台标志着高中阶段中外合作办学进入探索起步阶段；2003 年，《中外合作办学条例》的出台标志着高中阶段中外合作办学进入调整发展阶段；2010 年，《教育规划发展纲要》的颁布标志着高中阶段中外合作办学进入发展规范阶段。高中阶段中外合作办学在这 3 个阶段的办学政策、办学数量及办学特点等方面都具有许多不同之处。

　　笔者依托厦门大学中外合作办学中心，通过实地调研、电话访谈、互联网搜索等渠道收集资料，经过整理得到相关数据。本书统计的数量为存量数据，即曾经存在和现在存在的高中阶段中外合作办学项目和机构总数。由于高中阶段中外合作办学信息不同省份信息公开程度不同，不排除有少部分机构和项目未纳入统计的情况[①]。

一、探索起步阶段

　　《中外合作办学暂行规定》颁布以前，高中阶段中外合作办学也进行了一些零星的尝试，这可以看作我国高中阶段中外合作办学的萌芽期。1985 年，上海电子工业学校与德国慕尼黑汉斯·赛德尔基金会合作，引进德国"双元制"职业技术教育模式。1993 年 2 月 13 日，中共中央、国务院印发的《中国教育改革和发展纲要》，首次明确提出"在国家有关法律和法规的范围内进行国际合作办学"。1993 年 6 月，原国家教育委员会（以下简称国家教委，现为教育部）发出的《关于境外机构和个人来华合作办学问题的通知》，对各类合作教育机构的审批做出具体规定，涉及境外机构和个人在我国境内合作开办非学历教育和短训培训班，由各省、自治区、直辖市教育主管部门和国务院有关业务主管部门批准。境外机构和个人申请在我国合作举办实施学历教育和职业高中、中等专业学校、技工学校，须向所在地方的教育主管部门提出申请后，由各省、自治区、直辖市教育主管部门批准，报国家教委备案。1994 年成立的上海长乐-霍尔姆斯职业学校是我国早期成立的中外合作办学的中等职业学校。到 1994 年年底，据不完全统计，经批准设立的 70 多个中外合作办学机构中包括中等专业技术学院及职业培训机构 10 多个（林金辉，2011c）。

　　（一）办学政策

　　1995 年 1 月 26 日，《中外合作办学暂行规定》由国家教委颁布实施。该规定使中外

---

　　① 在统计高中阶段中外合作办学数量方面需做如下说明。第一，本书认为内蒙古自治区、宁夏回族自治区、青海省、新疆维吾尔自治区、黑龙江省高中国际班不属于高中阶段中外合作办学。第二，广东省教育厅没有开展高中中外合作办学的审批，该省没有高中阶段中外合作办学机构和项目。第三，江苏省普通高中中外合作办学机构和项目已经在 2013 年全部到期且均未延期，本书进行数据统计时将其作为存量数据计入统计范围。

合作办学进入规范化管理的轨道。该规定同时指出："中外合作办学是中国教育对外交流与合作的重要形式，是对中国教育事业的补充。"中外合作办学的地位得以明确，成为推动中外合作办学的政策里程碑（赵冰燃和董德，2014）。1995年2月13日，大连枫叶国际学校获得大连市教育委员会正式批复"同意成立大连枫叶国际学校"，并且确认"大连枫叶国际学校为中外合作办学"的性质（齐红深和魏正书，2007）。这是我国首个具有中外合作办学性质的民办普通高中。

2000年，南通市第三中学与澳大利亚格拉瓦特山州立中学合作举办高中课程教育项目及石家庄市第十七中学与加拿大哥伦比亚国际学院合作举办高中英语课程教育项目通过审批，成为我国最早的普通高中教育中外合作办学项目，同时开公立普通高中举办中外合作办学项目的先河。

2001年，我国加入WTO。我国在服务贸易方面上就教育服务贸易做出相关承诺。一是教育服务不涉及国家规定的义务教育和特殊教育服务。二是不限制对境外消费方式下的市场准入和国民待遇，也就是说，放开我国公民出境留学或接受其他教育服务。三是外国机构不能够单独在华设立学校及其他教育机构（商业存在）提供教育服务，只能以中外合作办学形式举办。四是对外国个人教育服务提供者设置准入门槛。首先，必须取得中国学校和其他教育机构邀请或雇佣资格；其次，他们必须满足规定的资格要求，如必须具有学士及以上学位、相应的专业职称或证书、两年及以上的专业工作经验等。此外，我国在服务贸易的市场准入和国民待遇承诺中保留了对外资企业从事相关业务的审批权。政府可以依据我国的教育或贸易法规，对中外合作办学进行审批与监管；对重要产品及服务，我国还保留了实行政府定价和政府指导价的权力，教育服务贸易中对初等、中等和高等教育服务均实行政府定价（王凤兰，2005）。

这些政策变化对我国高中阶段中外合作办学产生了直接影响。正如2001年教育部基础司原司长李连宁指出，加入WTO以后，我国基础教育改革与发展将把开放性作为重要办学思路。根据教育服务贸易的市场准入承诺，我国允许国外组织或个人到中国办学。但基础教育只开放高中和幼儿教育两个阶段，在国有教育资源性质不变的前提下允许中外合作办学，义务教育则不开放。有条件的公办学校可以面对教育市场办国际班，招收外籍人员子女；有条件的单位和高校也可以开办民办特色高中。此外，加入WTO以后，我国基础教育的教学也将有所不同，如鼓励学校开设第二外语课程、有条件的学校开展双语教学等。

（二）办学规模

1. 探索起步阶段的高中阶段中外合作办学数量

1995～2002年，高中阶段中外合作办学数量逐年增长。截至2002年年末达到37个，现已初具规模。具体如表4-1所示。

表 4-1 1995～2002 年高中阶段中外合作办学地区分布

序号	地区	省份	普通高中教育中外合作办学		中等职业教育中外合作办学		总数	百分比/%
			项目/个	机构/个	项目/个	机构/个		
1	东部地区	北京市	1	4	1	0	6	16.22
2		天津市	1	1	0	1	3	8.11
3		河北省	1	0	0	0	1	2.70
4		上海市	0	0	8	3	11	29.73
5		江苏省	2	0	1	0	3	8.11
6		浙江省	0	0	0	1	1	2.70
7		福建省	0	0	0	0	0	0.00
8		山东省	0	0	0	2	2	5.40
9		广东省	0	0	0	0	0	0.00
10		海南省	0	0	0	0	0	0.00
	小计		5	5	10	7	27	72.97
11	中部地区	山西省	0	0	0	0	0	0.00
12		安徽省	0	0	0	0	0	0.00
13		江西省	0	0	0	0	0	0.00
14		河南省	0	2	0	1	3	8.11
15		湖北省	0	0	0	0	0	0.00
16		湖南省	0	0	0	0	0	0.00
	小计		0	2	0	1	3	8.11
17	东北地区	辽宁省	0	3	0	1	4	10.81
18		吉林省	0	0	0	0	0	0.00
19		黑龙江省	0	1	0	0	1	2.70
	小计		0	4	0	1	5	13.51
20	西部地区	内蒙古自治区	0	0	0	0	0	0.00
21		广西壮族自治区	0	0	0	0	0	0.00
22		重庆市	0	0	0	0	0	0.00
23		四川省	0	0	0	0	0	0.00
24		贵州省	0	0	0	0	0	0.00
25		云南省	0	0	0	0	0	0.00
26		西藏自治区	0	0	0	0	0	0.00
27		陕西省	0	2	0	0	2	5.41
28		甘肃省	0	0	0	0	0	0.00
29		青海省	0	0	0	0	0	0.00
30		宁夏回族自治区	0	0	0	0	0	0.00
31		新疆维吾尔自治区	0	0	0	0	0	0.00
	小计		0	2	0	0	2	5.41
	总计		5	13	10	9	37	100.00
	百分比/%		13.51	35.14	27.03	24.32	100.00	

　　这一时期的高中阶段中外合作办学在数量分布上有 3 个特点。一是东部多,西部少,东部地区占比达 72.97%,而西部地区仅占 5.41%。二是中等职业教育中外合作办学发展较快,中等职业教育中外合作办学有 19 个,普通高中教育中外合作办学有 18 个,中等职业教育中外合作办学略占优势的同时,其区域分布严重不均,高中阶段中外合作办学数量最多的上海市达到 11 个。三是高中阶段中外合作办学机构多,项目少,机构总数为 22 个,而项目仅为 15 个,比例几乎达到 3∶2。2000 年成为这一阶段高中阶段中外合作办学数量增加最多的一年(11 个),具体如图 4-1 所示。

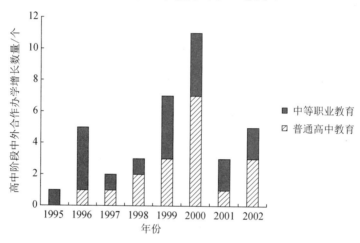

图 4-1　1995～2002 年高中阶段中外合作办学数量增长情况

2. 探索起步阶段的境内教育机构地区分布

　　从境内外双方教育机构来看,境内教育机构来自北京市、天津市、河北省、上海市、江苏省、浙江省、山东省、河南省、辽宁省、黑龙江省和陕西省 11 个省市。其中上海市数量最多,达到 11 个(图 4-2)。

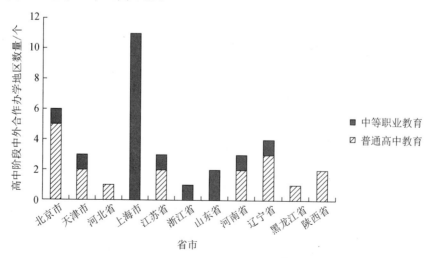

图 4-2　1995～2002 年高中阶段中外合作办学境内教育机构地区分布

3. 探索起步阶段的境外教育机构国家/地区分布

境外教育机构来自澳大利亚、加拿大、日本、新加坡、新西兰、意大利、英国及中国香港地区和中国台湾地区，共9个国家和地区，其中，澳大利亚、加拿大和日本的高中阶段合作办学教育机构分别达到10个、6个和6个。我国与这3个国家合作办学的数量占这一时期高中阶段中外合作办学总数的59.45%，具体如图4-3所示。

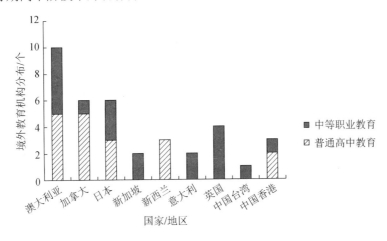

图4-3　1995~2002年高中阶段合作办学教育机构国家/地区分布

（三）办学进展

1. 初步形成独具特色的办学理念

高中阶段中外合作办学使我国高中有机会全方位接触国外先进的办学理念。在这一时期的合作办学过程中，许多学校开始初步形成具有特色的办学理念。

中等职业学校在举办高中阶段中外合作办学的过程中通过学习国外职业教育的办学理念，开始尝试打破过去学校办学和社会需求脱节的状况。例如，上海长乐-霍尔姆斯职业学校在办学之初就对澳大利亚职业教育的培养目标和能力标准进行了深入的分析和比较，在分析中国和澳大利亚国情的基础上，确立了"面向社会、面向市场、面向实际"的办学理念，变"学校为主"为"社会需要为主"。学校基于对上海市人才市场的供求趋势的充分了解和学生未来从事工作的职业分析和岗位调查，制定合理的人才培养目标（叶尹虎，2005）。

北京澳华学校融合中西方文化和教育特色，提出"连续教育"的办学理念，培养"怀中国心，做世界人"的优秀人才，学校重视为学生将来的学习奠基，帮助学生从中国教育方式过渡到适应西方教育方式，从中国学习思维模式过渡到适应西方学习思维模式，从中文语言学习环境过渡到适应全英文语言学习环境。另外，学校十分重视对学生的习惯、能力和创新思维的培养。

2. 初步建立适合高中阶段中外合作办学的管理体制和办学模式

在学校管理体制上，许多学校在这一时期对高中阶段中外合作办学进行了新的尝试。许多学校实行董事会/理事会领导下的校长负责制。例如，1996 年 9 月成立的上海第一所中外合作办学的实用美术类中等专科学校上海九洲现代艺术职业技术学校。该校由少年儿童出版社、上海九洲集团有限公司、日本天富产业株式会社共同成立。学校实行董事会领导下的校长负责制，少年儿童出版社社长兼任董事长，美术副编审任校长。又如，北京中加学校主办双方联合成立董事会，学校实行董事会领导下的校长负责制，彭建华担任董事长一职。校长由中方主办单位选派，并承担法人责任，王本忠担任北京中加学校法人校长及副董事长。董事会成员由北京师范大学附属实验中学现任领导及中加学校主要领导组成。学校设有执行董事和执行校长，负责领导日常的教育教学和行政工作①。

在办学模式上，各个中等职业学校也尝试普职融通、中职高延等新的办学模式。例如，上海长乐-霍尔姆斯职业学校构筑职教、普教、成教三位一体的发展平台和成才立交桥。学生在学校开办的长乐-霍尔姆斯商务培训中心学习物流、货运、报关、广告、会计等培训课程后可以获取相应的技能证书；学生在完成四年制综合高中（与上海市卢湾高级中学联办）学习后可获得职业中专和普通高中的双文凭；学生也可以选择中高职贯通的文秘专业（与上海大学高等技术学院合办），有机会接受高等教育（叶尹虎，2005）。北京国际职业技术学校构建双学历教育体制，实现"中职高延"新模式。通过中职四年的学习，学生具备娴熟的英语能力、丰富的专业知识和较高的职业素养，毕业时可取得相当于英国大学专科层次的证书。学生毕业后可以选择就业，也可以选择到英国留学，学习一年即可获得学士学位，之后再学习一年就可获得硕士学位。

大连枫叶国际学校则采取集团化的办学模式。首先，通过开辟新校区，实现小学、初中、高中的分离；其次，实施了开发生源战略保证生源质量，2003 年，大连枫叶学校国际学校高中部的新生录取分数线超过大批省重点高中。在前期工作的基础上，2003年成立枫叶教育集团。此外，大连枫叶国际学校通过争取国外大学的认可，实现了使大连枫叶国际学校的学生不须通过托福等语言考试，就可以直接上国外大学的目标。大连枫叶国际学校的学生能够在出国求学的路上免考英语或相关测试，依靠大连枫叶国际学校的毕业文凭就能申请国外优质大学（齐红深和魏正书，2007）。

3. 初步建立具有国际特色的课程体系和教学模式

在中等职业教育中外合作办学中，一些学校引入了国际先进的职业教育课程体系。例如，上海商业会计学校与澳大利亚西南悉尼技术与继续教育学院合作举办了金融事务专业，引入了澳大利亚 TAFE 职业教育课程体系。又如，北京国际职业技术学校引进了英国商业与技术教育委员会（Business and Technology Education Council，BTEC）课程体系和教学模式，在高三年级、高四年级开办 BTEC 国际商务和金融事务专业课程（大专水平）。学生通过学习和课业考核，可以获得英国 BTEC-HND 高等职业资格证书。该课程强调对学生国际商务管理或金融行业的专业知识学习和自主学习能力、综合运用能力、交际能力和协作能力的培养。在教学中使用全英文教材并实行全英文授课，课业考

---

① http://www.ccsc.com.cn/index.php/Index/listcontent/1/84/c.

核也采用全英文。上海长乐-霍尔姆斯职业学校借鉴澳大利亚技术与继续教育课程"培训包"模式，把学生实际情况和用人单位需求相结合，通过加强实践能力的培养，加强英语和计算机应用能力的培养，加强学生适应社会综合能力的培养，改革课程和教材，改变教与学的传统模式和改革考评方式等举措，强化应用能力培养，改革教学体系。

在普通高中教育中外合作办学中，有的学校选择以中国普通高中课程为主，突出国际特色。例如，由东北育才学校与日本关西语言学院共同举办的东北育才外国语学校，就突出办学国际化，学生可以在国内升学，学校也为学生提供赴日本、新加坡、英国和美国等国大学深造的渠道。有的学校则引进美国、英国和加拿大等国的课程体系，融入中国文化课程元素，使这些课程体系具有显著的国际化特征。例如，大连枫叶国际学校开设加拿大不列颠哥伦比亚省教育部要求的高中课程，成绩合格者可获得中国高中毕业证书和加拿大不列颠哥伦比亚省高中毕业证书（齐红深和魏正书，2005）。由北京私立汇佳学校和澳大利亚亚历山大国际教育集团（Alexander International Education Group，Australia）合作成立的北京澳华学校开设澳大利亚高中课程，学生毕业可获得中国普通高中毕业证书和全球评估证书（global assessment certificate，GAC）。该校是中国和澳大利亚合资的第一所寄宿制综合学校，学校采用中国和澳大利亚教材及澳大利亚学分制学籍管理，由中国和澳大利亚教师共同执教，学生可在高中阶段直接赴澳大利亚，也可以在北京澳华学校享受国际化的高等职业教育，毕业后获得中国和澳大利亚双文凭（劲松，1999）。

北京中加学校引入加拿大新不伦瑞克省高中课程，构建了特色课程、国家课程、国际课程和校本课程四位一体的课程模式。课程建设的重点主要有以下3个方面。第一，基于中外合办的定位，北京中加学校的课程体系必须融合中西教育制度的精华和精髓；课程的设置与学校的育人目标紧密结合，培养能够适应社会、终身学习的国际化、创新型人才。第二，面对社会转型、多种教育观念并存的特殊环境，北京中加学校立足于对现代意义的课程教学转型，加强理论学习和对课堂教学改革的理性思考。第三，为了培养面向21世纪的人才，在课程设计中必须平衡两个比例结构：显性知识（即是什么和为什么的问题）和隐性知识（即如何去做和谁去做的问题）。接受性学习方式与探索性学习方式的结构比，使整个课程建设处于和谐的框架之中。基于以上的课程理念，北京中加学校多年来在课程设计和教学实践中始终坚持对于学生终身学习必备的基础内容进行精挑细选的理念，并且逐渐增强与社会进步、科技发展、学生经验的联系，使社会进步与学生已有的经验的联系更加密切。基于此，北京中加学校形成了"基础+分流"的基本教学模式和多样变式的整体性课程设计。1997～2002年，这个时期的北京中加学校在"基础+分流"课程方针的指导下尝试进行改革，但是改革范围局限于人文学科。由于尚未得到政府的明确认可与支持，此时北京中加学校的课程改革仍是有限的（王本忠和薛梅，2015）。

除此以外，这一时期，中国教育国际交流协会等教育国际交流组织也积极促进高中阶段中外合作办学的展开。例如，2002年5月，中国教育国际交流协会与新西兰国立西方理工学院就在中国开展中新友好实验班项目达成共识并签署了谅解备忘录。该项目引进新西兰的高质量教育资源，包括先进的教学方法、高中英语教学课程、原版教材和教辅资料、外籍教师等，提高中国项目学校高中英语教学质量，培养中方教学带头人及教师骨干，使项目学校学生的英语能力和综合素质达到国际先进水平。2002 年 9 月，天津实验中学和北京潞河中学"中新友好实验班"项目首次招生，共招收 240 余名学生。

二、调整发展阶段

（一）办学政策

2003 年 2 月，《中外合作办学条例》经国务院第 68 次常务会议审议通过，当年 9 月 1 日起施行，中外合作办学进入法制化发展轨道。该条例作为国务院通过的行政法规，一方面保障国家教育主权，另一方面扩大教育国际交流与合作。该条例明确提出"国家对中外合作办学实行扩大开放、规范办学、依法管理、促进发展的方针"。同年，浙江省教育厅批准了宁波市李惠利中学与澳大利亚黑利伯瑞学校合作举办高中课程教育项目，这是浙江省第一个普通高中教育中外合作办学项目。2003 年，北京王府学校成立，是我国较早引入美国 AP 课程的学校之一。此后我国与美国高中合作举办普通高中教育中外合作办学机构越来越多。

2004 年 7 月 1 日，《中外合作办学条例实施办法》正式施行，国家教委 1995 年发布的《中外合作办学暂行规定》同时废止。作为《中外合作办学条例》的配套规章，制定实施办法主要出于以下 3 点考虑：根据《中外合作办学条例》的授权，制定有关教育部门主管的中外合作办学项目的审批和管理办法；解决《中外合作办学条例》立法中与《民办教育促进法》相关的问题，吸收《民办教育促进法》及其实施条例的成果，明确中外合作办学机构享受的同级同类民办学校的优惠政策；根据《中外合作办学条例》的原则和精神，进一步明确有关中外合作办学的管理和规范方面的制度，增强其可操作性（姜乃强，2016）。

2004 年，中国人民大学附属中学与英国惠灵顿中学合作，在北京市率先引入英国 A-Level 课程，此后，国内越来越多的示范性高中开始开展中外合作办学。

2006 年 2 月，教育部印发的《关于当前中外合作办学若干问题的意见》总结了 2003 年以来中外合作办学发展情况并提出意见，要求坚持公益性原则，要切实保证引进的教育资源的优质性，提高质量管理水平。

2006 年 12 月，湖北省教育厅出台的《省教育厅关于加强普通高中中外合作办学管理的通知》是省级教育行政部门首次出台规范性文件以规范普通高中教育中外合作办学。该通知对普通高中教育中外合作办学的办学方向、办学目的、招生管理、班级管理、教师管理和收费等做出了明确要求。

2007 年 4 月，《教育部关于进一步规范中外合作办学秩序的通知》提出要以引进优质教育资源为核心，牢牢把握审批入口关。

一系列政策法规和指导意见的出台，为我国的中外合作办学提供了有力的政策支持。通过向外借力，引进国外优质学校及其教育资源在我国开展中外合作办学，有力推动了我国教育国际化的发展（康宁，2015）。

（二）办学规模

1. 调整发展阶段的高中阶段中外合作办学数量

2003～2009 年，我国高中阶段中外合作办学数量进一步增加，这一时期我国高中阶段中外合作办学新增 148 个，到 2009 年年末，我国已批准的高中阶段中外合作办学总数达到 185 个，是 2002 年年末的 5 倍。具体如表 4-2 所示。

表 4-2　2003～2009 年新增高中阶段中外合作办学地区分布

序号	地区	省份	普通高中教育中外合作办学		中等职业教育中外合作办学		总数	百分比/%
			项目/个	机构/个	项目/个	机构/个		
1	东部地区	北京市	9	1	1	1	12	8.11
2		天津市	3	1	3	0	7	4.73
3		河北省	9	0	1	0	10	6.76
4		上海市	0	0	17	0	17	11.49
5		江苏省	16	0	1	0	17	11.49
6		浙江省	13	1	7	0	21	14.19
7		福建省	7	0	1	0	8	5.41
8		山东省	2	0	0	1	3	2.03
9		广东省	0	0	0	0	0	0.00
10		海南省	0	0	0	0	0	0.00
	小计		59	3	31	2	95	64.21
11	中部地区	山西省	1	0	0	0	1	0.67
12		安徽省	9	0	0	0	9	6.08
13		江西省	4	0	0	0	4	2.70
14		河南省	7	1	0	0	8	5.41
15		湖北省	4	0	1	0	5	3.38
16		湖南省	1	0	0	0	1	0.67
	小计		26	1	1	0	28	18.91
17	东北地区	辽宁省	1	0	0	0	1	0.67
18		吉林省	4	1	0	0	5	3.38
19		黑龙江省	0	0	0	0	0	0.00
	小计		5	1	0	0	6	4.05
20	西部地区	内蒙古自治区	0	0	0	0	0	0.00
21		广西壮族自治区	1	0	0	0	1	0.67
22		重庆市	3	0	0	0	3	2.03
23		四川省	2	0	0	0	2	1.35
24		贵州省	2	2	0	0	4	2.70
25		云南省	4	0	0	0	4	2.70
26		西藏自治区	0	0	0	0	0	0.00
27		陕西省	3	0	0	0	3	2.03
28		甘肃省	2	0	0	0	2	1.35
29		青海省	0	0	0	0	0	0.00

续表

序号	地区	省份	普通高中教育中外合作办学		中等职业教育中外合作办学		总数	百分比/%
			项目/个	机构/个	项目/个	机构/个		
30	西部地区	宁夏回族自治区	0	0	0	0	0	0.00
31		新疆维吾尔自治区	0	0	0	0	0	0.00
		小计	17	2	0	0	19	12.83
		总计	107	7	32	2	148	100.00
		百分比/%	72.30	4.73	21.62	1.35	100.00	

这一时期的高中阶段中外合作办学呈现 3 个特点。一是普通高中教育中外合作办学多，中等职业教育中外合作办学少。这一时期新增普通高中教育中外合作办学 114 个，占比达 77.03%；中等职业教育中外合作办学增加 34 个，占比为 22.97%。从 2003 年到 2009 年，中等职业教育中外合作办学呈现逐年减少的趋势，如图 4-4 所示。二是中外合作办学项目多，机构少。普通高中教育中外合作办学项目增加 107 个，机构仅 7 个；中等职业教育中外合作办学项目增加 32 个，机构仅 2 个。从这一时期开始，普通高中教育中外合作办学项目以高中国际班的名称进入公众视野，日渐成为社会和舆论关注的教育热点。三是西部地区高中阶段中外合作办学发展迅速，高中阶段中外合作办学数量增加 19 个，占新增总数的 12.83%，且均为普通高中教育中外合作办学，

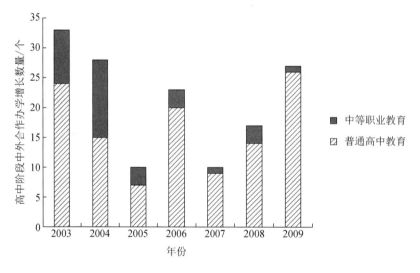

图 4-4　2003～2009 年高中阶段中外合作办学数量增长情况

2. 调整发展阶段的境内教育机构分布

从境内外双方教育机构来看，境内教育机构覆盖的区域扩大到全国 24 个省份。除探索阶段原有的北京市、天津市、河北省、上海市、江苏省、浙江省、山东省、河南省、黑龙江省、辽宁省和陕西省 11 个省市外，这一阶段新增福建省、山西省、安徽省、江西省、湖北省、湖南省、吉林省、广西壮族自治区、重庆市、四川省、贵州省、云南省和甘肃省 13 个省市，其中浙江省、上海市和江苏省以分别增加 21 个、17 个和 17 个，位列新增数量前三名，占这一时期新增总量的 37.17%。具体如图 4-5 所示。

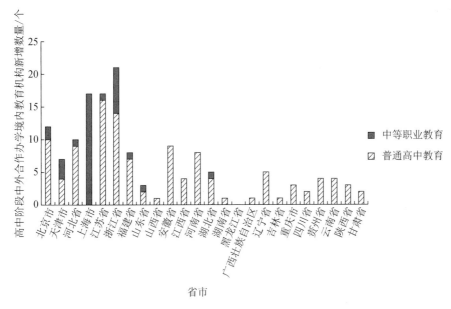

图 4-5　2003～2009 年高中阶段中外合作办学境内教育机构地区分布

3. 调整发展阶段的境外教育机构分布

从境外教育机构看，境外教育机构已扩大到 16 个国家和地区及 1 个国际组织。除了在探索起步阶段和中国境内教育机构合作办学的澳大利亚、加拿大、新西兰、日本、新加坡、意大利、英国及我国香港和台湾地区共 9 个国家和地区以外，还增加了来自爱尔兰、奥地利、德国、法国、韩国、美国和马来西亚的外国教育机构。此外，2003 年我国高中和国际文凭组织合作开办了 IBDP 课程，但是在 2011 年该项目未通过中外合作办学复核，原因是不具有中外合作办学性质。这说明这一时期高中阶段中外合作办学还存在不规范的现象。这一时期加拿大、澳大利亚和美国分别以新增 33 个、27 个、23 个，位列新增高中阶段中外合作办学机构前三名。我国与这 3 个国家合作办学的数量占这一时期新增高中阶段中外合作办学总数的 56.46%。具体如图 4-6 所示。

（三）办学进展

1. 高中阶段中外合作办学更加规范化

1）许多省级教育行政部门在官方网站公开高中阶段中外合作办学信息，如申请程序、申请材料清单、申请结果等申办信息及合作办学学校名单等信息，并提供相关表格下载。高中阶段中外合作办学的信息进一步公开透明，有利于接受公众的监督。

2）根据《中外合作办学条例》和《中外合作办学条例实施办法》的要求，中外合作办学机构和项目学校每年 3 月要向省级教育行政部门提交办学年度报告，并接受年检，中外合作办学项目延期或者变更均需要向省级教育行政部门提出申请，如 2009 年上海长乐-霍尔姆斯职业学校经过上海市教育委员会批复同意后将中方合作办学主体变更为上海市中华职业学校，并更名为上海长乐霍尔姆斯职业学校。

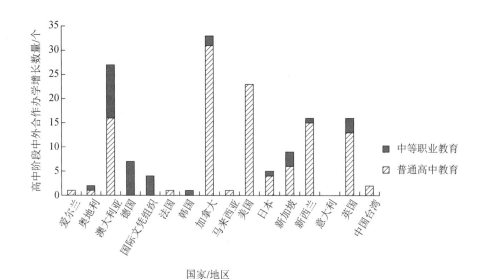

图 4-6　2003~2009 年高中阶段中外合作办学境外教育机构新增数量分布

3）高中阶段中外合作办学监管工作进一步加强，如湖北省教育厅出台的《省教育厅关于加强普通高中中外合作办学管理的通知》明确提出："各校按照计划招收的学生，其学籍将纳入全省统一的学籍管理系统，实行统一学号管理注册制，对学籍实行网上管理。凡违规招收的学生不得办理注册手续。各市教育局应将合作办学招收的学生名单单独造册，于每年 11 月底以前在我厅对外合作与交流处备案后，再按要求办理相应学籍注册手续。""各校按照计划招收的学生应按国家规定的班额单独编班，单独组织教学。"这些要求都有力提高了高中阶段中外合作办学的规范性。

2. 教育国际交流组织继续发挥推动作用

中国教育国际交流协会的中新友好实验班项目继 2002 年北京市和天津市 2 所中学成为项目学校，2003 年江苏省、温州市等地 9 所学校成为项目学校以来，在这一时期继续得到拓展，在福建、浙江和河南等省份陆续开办。不仅如此，中国教育国际交流协会积极和外国教育机构合作共同开发适合中国学生的国际课程，如 2005 年中国教育国际交流协会与美国 ACT 教育方案公司（ACT Education Solutions Limited，AES）共同研发了 PGA 课程。在历时近一年的开发过程中，来自北京师范大学教育部基础教育课程研究中心、北京师范大学国际与比较教育研究所、北京师范大学教育学院、北京师范大学附属中学的专家都全程参与。该课程把国际先进的课程理念、教学方法和教学管理与我国高中课程的优势相融合，学生不仅可以满足国内高中课程的要求，而且能运用英语进行自主研究和交流。在课程研发过程中，中西课程的融合、中外教师的文化及教学模式互补等是该课程本土化的重点内容。

2007 年起，PGA 课程开始在全国多所中学进行试点。该课程已在北京市、武汉市、成都市、西安市等地的近 30 所重点高中"落户"，在校学生近 2000 名。其项目优势在于中西融合，既保留了中国高中课程的精髓，又融合了国际课程的优势；关注学生综合素质培养，采用国际通用的过程考评机制；提供个性化的个人成长与升学规划服务（田文，2015）。

3. 课程与教学体系进一步丰富和完善

普通高中教育中外合作办学在推进中外课程融合上进一步深化，如北京中加学校就积极推动中外融合的课程改革。2003 年 7 月，教育部基础教育司批准了北京中加学校的申请，为北京中加学校下发了《关于确定北京中加学校为高中课程改革联系校》的函（王本忠和薛梅，2015）。之后，北京中加学校正式开始其大刀阔斧的课程改革。此时的北京中加学校的课程改革正式进入快速发展的阶段。一是尝试开发校本教材。北京中加学校于 2004 年 11 月启动校本课程的建设工作。至 2006 年年底，已完成的校本教材有《微积分初步》《外国文学赏析》《北京文化》等；后期增加了《加拿大法律概论》《中国传统文化》《加拿大地理》《北京民俗教育》《生涯与升学指导》等。教材的内容与形式受到教师和学生的一致好评。二是设置选修课及社会实践课。选修课和社会实践课的时间固定安排在星期三下午。丰富多彩的选修课和社会实践课给学生带来的是与传统课程完全相异的体验，使学生不再只是端坐在课桌前等待知识的被动学习者，而是亲自动手动脑去探索知识、感受知识的主动学习者，为学生带来更加多元的学习体验。2007 年，北京市将北京中加学校批准为"自主排课实验学校"。在这一过程中北京中加学校逐步把自己定位为"一所吸收东西文化精髓、融中西教育精华、共享国际优质教育资源的新型学校"（王本忠和薛梅，2015）。

日章学园长春高中则在办学中逐步形成一校双轨制的课程与教学体系。学校的办学宗旨是为国内高校和日本高校培养优秀的高中毕业生。该校实行小班教学，根据学生学习需求分设国内高考班和海外升学班。海外升学班增加英语和日语课程，学生达到中国高中毕业要求后，学校将统一组织学生到日本学习一年，然后直接报考日本高校。

大连枫叶国际学校也在课程改革当中积极探索，课程和教学体系逐渐成型。

1）"8+4+选修模块群"课程体系。这里的"8"指的是加拿大课程，含英语、数学、自然科学（物理、化学、生命和地球—空间科学）、社会科学（加拿大经济、社会、地理、历史、文化等）、艺术、体育、应用技能（信息技术）、生活和职业培训八大学科类和活动类课程。"4"指的是中国的课程，含中国语文、思想政治、历史、地理。而"选修模块群"则是融合了中国和加拿大特点的多样化选修课程，如加拿大的高二年级艺术、高二年级计算机、高三年级商务、高三年级戏剧等；而中国的选修课分为两种，一种是必修课程内的选修模块，以拓展知识为主要目的，如语文、政治等课程的选修部分；另一种是必修课延伸的自由选修课，目的在于培养学生特长，如信息技术的机器人、音乐的声乐等选修。

2）实行学分制。2003 年 11 月，大连枫叶国际学校下达《高中部中方课程学分制试行方案》。该校从 2003 年秋季入学的高一年级便开始试行学分制，形成"学习领域—科目—模块"三层次课程结构。每个模块就是一个相对完整的学习单元，每个模块设定为 36 学时 2 学分。中国课程由 10 个科目 52 个教学模块组成；加拿大课程包含 80

个学分课程，目的是发展学生个人潜力，掌握知识技巧，为建设健康、民主、多元化社会做贡献。

3）打造英语学科核心课程，英语课程由加拿大方面主导，强调英语学科的交流应用的功能与价值。一方面，学校提供强化课程。为了能够让学生达到加拿大高中课程对于英语能力的要求，以顺利完成整个高中学业，大连枫叶国际学校制订了英语过渡衔接方案，通过考核方可进入高中的加拿大课程。在高中强化年级英语课程的基本能力课堂中，每周共 20 余课时，另设加拿大十年级数学课和九年级英语课，采取阅读和精读语法以中方教师为主、听说和写作的教学由加方教师教学为主的方法，实现中加课程优化结合，最大限度地发挥中外教师的教学优势，使学生获得的收益最大化。另一方面，学校实行分级教学。将学生的英语能力分为四级，这样能够保证学生在完成英语强化课程后达到加拿大不列颠哥伦比亚省对十年级的英语要求，顺利完成学业（齐红深和魏正书，2007）。

经过这些探索，大连枫叶国际学校逐步形成"枫叶教育模式"。这种模式可以被概括为"三个结合""两个认证""一个对接"。"三个结合"即中西教育思想结合、中外教师结合、中加课程和教育资源结合；"两个认证"即中英双语教学认证体系、中加双学历文凭认证体系；"一个对接"即高中与国外大学无缝对接。大连枫叶国际学校的学生在完成课程学习并获得规定学分后就不需要参加语言考试，可以直接被国外大学录取。

中等职业教育中外合作办学在借鉴国外先进职业教育课程体系的过程中逐步形成具有自身特色的课程体系。例如，上海市医药学校的药剂（药品营销方向）专业中等学历教育项目坚持教育质量是办学生命的理念，充分利用澳大利亚优质教育及管理资源，引进澳大利亚先进的办学模式和国际认证的技术与继续教育课程体系，融入澳大利亚技术与继续教育证书的先进课程内容。又如，上海市医药学校中加合作办学项目，充分利用加拿大优质教育及管理资源，引进加拿大先进的办学模式和课程体系，融入加拿大先进的药剂师课程内容，并充分考虑学生毕业后有就业和升学等不同的发展方向，将课程设计为必修课、限定选修课和任意选修课，即学生在完成必修课的基础上，可根据不同发展方向选择与其适配的课程。该项目共开设 31 门课程。其中，必修及限定选修课 19门，根据学生未来不同发展方向而设计的任意选修课 12 门。在 19 门必修及限定选修课中，10 门为英语及专业引进课程。每门课程按照培养目标设定，都有教学目标、教学内容、学习指导，从平时作业、平时测试、口头陈述、实际操作、角色扮演、案例分析、学习态度、期中考试、期末考试等方面评价学生的成绩，引进课程的评价体系完全等同于加拿大百年理工学院。与此同时，学校注重中层管理干部、教学主管、教研组长及骨干教师的培养工作，已经打造了一支敬业奉献、团结一心、具备国际化职业教育理念的卓越教师队伍（俞时美和袁晓如，2014）。

4. 积极开展中外合作办学质量保障工作

1）建立教学质量检查评估体系，开展质量监控和保障，如：上海市医药学校中加合作办学项目每学期分别召开学生、教师座谈会，听取师生双方意见；通过督导听课制度，监控和提高教学质量；通过定期举办的家长会和成立的家长委员会，听取家长对学校办学的意见和建议；通过设立英语学习奖学金、动态管理等激励制度，促进学生的有效学习。

2）外方合作者共同参与质量保障工作，如上海信息技术学校中澳合作办学项目澳方 BNIT 学院 2010 年对该合作办学项目进行了审计，实地审计前预先告知审计要求。BNIT 学院负责教育发展和教学质量的主任按照澳大利亚质量培训框架（Australian Quality Training Framework，AQTF）标准，通过检查、询问、实地走访等方式，进行了质量审计，并给出了审计报告。其报告对合作课程教学的规范性予以充分肯定，并提出了中肯的建议。

三、发展规范阶段

（一）办学政策

2010 年《教育规划发展纲要》颁布实施，标志着中外合作办学站在了一个新的历史起点，该纲要明确提出："加强国际交流与合作。坚持以开放促改革、促发展。开展多层次、宽领域的教育交流与合作，提高我国教育国际化水平。借鉴国际上先进的教育理念和教育经验，促进我国教育改革发展，提升我国教育的国际地位、影响力和竞争力。适应国家经济社会对外开放的要求，培养大批具有国际视野、通晓国际规则、能够参与国际事务和国际竞争的国际化人才。"

"引进优质教育资源。吸引境外知名学校、教育和科研机构以及企业，合作设立教育教学、实训、研究机构或项目。鼓励各级各类学校开展多种形式的国际交流与合作，办好若干所示范性中外合作学校和一批中外合作办学项目。探索多种方式利用国外优质教育资源。"

"提高交流合作水平。扩大政府间学历学位互认。支持中外大学间的教师互派、学生互换、学分互认和学位互授联授。加强与国外高水平大学合作，建立教学科研合作平台，联合推进高水平基础研究和高技术研究。加强中小学、职业学校对外交流与合作。加强国际理解教育，推动跨文化交流，增进学生对不同国家、不同文化的认识和理解。"

《教育规划发展纲要》出台后，高中阶段中外合作办学进入发展的快车道，同时为规范高中阶段中外合作办学，尤其是普通高中教育中外合作办学，一些省份相继出台指导意见。

2011 年，安徽省教育厅发布《关于加强安徽省普通高中国际班管理工作的通知》，2012 年又出台《安徽省教育厅关于加强普通高中国际班管理的意见》，明确中方合作教育机构资格条件，强调对国际班定期开展评估监测，确保办学质量等。2011 年，浙江省教育厅发布《浙江省教育厅关于规范普通高中学校中外合作办学项目管理的意见》，强调普通高中国际班必须经所在市、县教育主管部门按规定严格审查报教育厅审批。2012 年，湖南省教育厅发布《关于规范普通高中学校涉外办学项目管理的通知》要求对本地区普通高中涉外办学开展专项清理整顿。2012年，海南省教育厅在《海南省教育厅关于加强我省中外合作办学工作的意见》中提出普通高中要以引进国外基础教育先进办学理念、课程体系和教学方法为重点，到2015年，部分重点中职学校和普通高中能与国（境）外的教育机构在相应的领域开展合作办学。2013年，山西省教育厅出台《关于加强山西省普通高中学校中外合作办学项目管理的意见》，对申办条件、审批程序、招生、教材、学籍等进行规范。2013年，重庆市教育委员会发布《重庆市教育委员会关于加强普通高中国际班管理的通知》，规范普通高中国际班管理。

然而，高中阶段中外合作办学的快速发展也带来了许多问题。2013年，教育部相关负责人在9月5日举行的《中外合作办学条例》颁布10周年新闻发布会上表示，公众对高中阶段各种涉外办学项目反映比较集中，教育部正在着手加强高中阶段涉外办学管理工作，未经审批的高中国际部、国际班等非法项目，将重点整治。时任教育部国际合作与交流司副司长生建学指出，高中阶段中外合作办学应坚持3个原则。一是高中阶段学校可以按照我国中外合作办学相关条例与法规开展合作办学；二是高中阶段学校开展中外合作办学的目的是引进资源、推动教学课程改革；三是高中阶段学校不能把中外合作办学办成出国留学预科班。

高中阶段涉外办学项目主要有3种形式。第一种是外籍子女人员学校，限定外籍子女入学，办学主体只能是在华合法居留的外国人及在华合理设立的外国机构。第二种是高中阶段中外合作办学，是高中与国外学校经过当地省级教育主管部门审批颁发许可证开办的项目。第三种是违规的涉外办学项目，主要是未经审批的高中国际部、国际班。第三种项目或机构是教育部下一步重点整治的对象。对于符合中外合作办学要求的，将转入正规中外合作办学机构；不依法合规的，将坚决依法取缔（赵婀娜，2013b）。

根据教育部的指示精神，各地高中阶段中外合作办学政策开始收紧。北京市、武汉市等地2014年相继暂停高中阶段中外合作办学项目审批。2014年，广西壮族自治区教育厅发布《广西壮族自治区教育厅普通高中国际课程实验班管理办法（试行）》对本地区普通高中教育中外合作办学进行规范管理，提出每所学校举办不超过两个国际班项目，国外合作学校已经在中国境内举办国际班的项目不能超过3个。国际班学生必须独立编班。国际班学生中考分数未达到本校录取分数线的，不得转入本校非国际班就读。2015年以来，除部分已有项目到期审批延期外，全国范围内没有新批普通高中教育中外合作办学机构和项目。

（二）办学规模

1. 发展规范阶段的高中阶段中外合作办学数量

2010～2015年，我国高中阶段中外合作办学数量增加迅猛，这一时期我国高中阶段中外合作办学数量增加了250个，超过1995～2009年办学数量总和，到2015年年末，我国高中阶段中外合作办学数量达到435个，比2009年年末增加1.35倍。具体如表4-3所示。

表 4-3　2010～2015 年高中阶段中外合作办学新增数量

序号	地区	省份	普通高中教育中外合作办学		中等职业教育中外合作办学		总数	百分比/%
			项目/个	机构/个	项目/个	机构/个		
1	东部地区	北京市	18	0	0	0	18	7.20
2		天津市	1	0	0	0	1	0.40
3		河北省	12	0	0	0	12	4.80
4		上海市	0	1	2	0	3	1.20
5		江苏省	1	0	0	0	1	0.40
6		浙江省	18	0	1	0	19	7.60
7		福建省	17	0	1	0	18	7.20
8		山东省	24	0	0	0	24	9.60
9		广东省	0	0	0	0	0	0.00
10		海南省	3	0	0	0	3	1.20
	小计		94	1	4	0	99	39.60
11	中部地区	山西省	7	0	0	0	7	2.80
12		安徽省	17	1	0	0	18	7.20
13		江西省	7	0	0	0	7	2.80
14		河南省	27	0	0	0	27	10.80
15		湖北省	16	0	0	0	16	6.40
16		湖南省	8	0	0	0	8	3.20
	小计		82	1	0	0	83	33.20
17	东北地区	辽宁省	6	0	0	0	6	2.40
18		吉林省	26	0	0	0	26	10.40
19		黑龙江省	0	0	0	0	0	0.00
	小计		32	0	0	0	32	12.80
20	西部地区	内蒙古自治区	0	0	0	0	0	0.00
21		广西壮族自治区	5	0	0	0	5	2.00
22		重庆市	12	0	0	0	12	4.80
23		四川省	0	0	0	0	0	0.00
24		贵州省	9	0	0	0	9	3.60
25		云南省	4	0	0	0	4	1.60
26		西藏自治区	0	0	0	0	0	0.00
27		陕西省	3	0	0	0	3	1.20
28		甘肃省	3	0	0	0	3	1.20
29		青海省	0	0	0	0	0	0.00
30		宁夏回族自治区	0	0	0	0	0	0.00
31		新疆维吾尔自治区	0	0	0	0	0	0.00
	小计		36	0	0	0	36	14.40
	总计		244	2	4	0	250	100.00
	百分比/%		97.60	0.80	1.60	0.00	100.00	

这一阶段高中阶段中外合作办学有以下 3 个特点。一是普通高中教育中外合作办学多，类别分布严重不均衡。2010～2015 年，新增的 250 个机构和项目中，普通高中教育中外合作办学项目增加 244 个，占比高达 97.60%，中等职业教育中外合作办学趋于停滞，2013 年及以后，已经处于完全停滞状态。中等职业教育中外合作办学项目在这一时期仅增加 4 个，占比为 3.20%。二是中部地区普通高中教育中外合作项目增加明显，地区分布更加均衡。中部地区这一阶段新增数量增加 83 个，占比达 33.20%。三是呈现前高后低的发展形势。2010～2013 年，高中阶段中外合作办学发展迅速，但 2014 年起迅速回落，2015 年基本停滞。具体如图 4-7 所示。

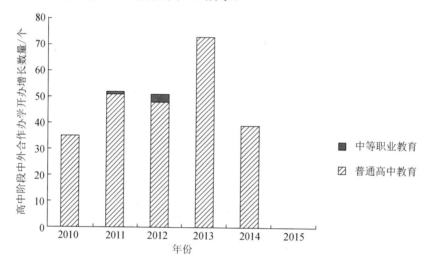

图 4-7　2010～2015 年高中阶段中外合作办学开办数量增长情况

2013 年是这一阶段高中阶段中外合作办学增加数量最多的一年，当年新增数量达 73 个。随着 2013 年教育部要求对高中国际班进行整顿清理，高中阶段中外合作办学发展速度开始放缓。2015 年全国没有批准一个高中阶段中外合作办学机构和项目。

2. 发展规范阶段的境内教育机构地区分布

从境内外双方教育机构来看，境内教育机构覆盖全国 24 个省（自治区、直辖市）。河南省、吉林省和山东省新增数量分别达到 27 个、26 个和 24 个，位列前三。具体如图 4-8 所示。

3. 发展规范阶段的境外教育机构国家/地区分布

从境外教育机构看，新增合作的境外教育机构来自 10 个国家和我国台湾地区，如图 4-9 所示。这一时期美国、加拿大和澳大利亚分别新增 136 个、55 个和 22 个，位列新增高中阶段中外合作办学前三。我国与这 3 个国家合作办学的数量占这一时期新增高中阶段中外合作办学总数的 85.2%，其中仅美国就占这一时期新增高中阶段中外合作办学总数的 54.4%。

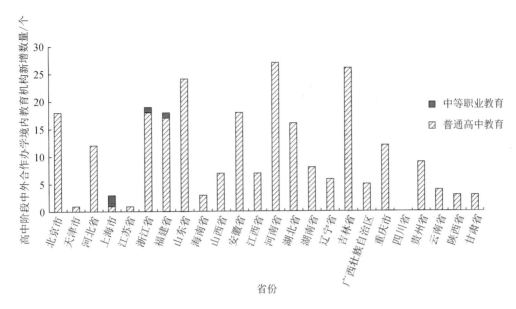

图 4-8 2010～2015 年高中阶段合作办学境内教育机构新增数量分布

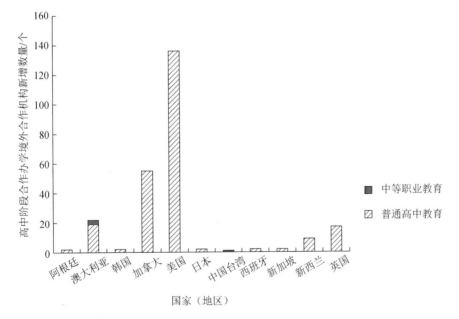

图 4-9 2011～2015 年高中阶段中外合作办学境外合作机构新增数量分布

（三）办学进展

1. 教育部和各地教育行政部门开始规范整顿违规办学活动

1）高中阶段中外合作办学政策由宽松变收紧。《教育规划发展纲要》出台以后，2010～2013 年高中阶段中外合作办学，尤其是普通高中教育中外合作办学项目，数量增加明显，但是由于存在许多问题，2013 年 9 月以后，教育部和各省级教育部门开始逐步清理整顿。例如，北京澳华学校在 2010 年经限期调整基本达到有关要求，教育部批准通过复核，可继续办学至 2015 年。如需继续举办，应向北京市教育委员会提出申请。2015 年，北京澳华学校由于生源不足被北京市教育委员会要求停止招生。又如，上海东辉职业技术学校与英国威根和莱学院合作举办计算机应用专业中等职业教育项目 2004 年起停止招生，且原就读学生已全部顺利毕业，2011 年上海市教育委员会同意该项目终止。

　　为了进一步加强防范违法违规办学行为，加强社会舆论监督，强化信息监管，维护学生权益，促进中外合作办学健康持续发展，2014 年 11 月，教育部在中外合作办学监管工作信息平台上公示了已停止办学的 252 个本科以下层次中外合作办学机构和项目。在此次公布的名单中，被停办的高中阶段中外合作办学机构和项目共 34 个，其中普通高中教育中外合作办学机构 3 个，普通高中教育中外合作办学项目 8 个，中等职业教育中外合作办学机构 6 个，中等职业教育中外合作办学项目 17 个，涉及全国 11 个省市。具体如表 4-4 所示。

表 4-4　已经停办的高中阶段中外合作办学机构和项目 [含内地（大陆）与港澳台地区合作办学机构]

序号	省份	高中阶段中外合作办学机构/项目名称
1	福建省	福州外国语学校与爱尔兰都柏林三一学院合作举办高中课程教育项目
2	河北省	石家庄第十五中学与加拿大普林斯顿学院合作举办英语培训项目
3	河北省	石家庄市第一中学与美国海岸线社区学院合作举办高中英语课程教育项目
4	河北省	唐山市经济贸易学校与澳大利亚斯特斯费尔德地区社区学院合作举办会计学专业中专教育项目
5	河南省	河南建业外国语中学
6	河南省	郑州涉外商贸专修学校
7	辽宁省	辽宁华澜学校
8	辽宁省	葫芦岛中加鸿文职业技术学校
9	山东省	山东东方美食学院
10	山东省	山东山口中日合作日语职业中专学校
11	山东省	中外合作威海外事翻译学校
12	山西省	山西省实验中学与加拿大百年理工学院合作举办百年－实中项目
13	上海市	上海交通大学医学院附属卫生学校与英国博恩茅斯国际学院合作举办护理专业中等职业教育项目
14	上海市	上海商业会计学校与澳大利亚西南悉尼技术与继续教育学院合作举办金融事务专业中等职业教育项目
15	上海市	上海市城市科技学校与澳大利亚技术与继续教育全球有限公司合作举办工业与民用建筑专业中等职业教育项目
16	上海市	上海市东辉职业技术学校与英国威根和莱学院合作举办计算机及应用专业中等职业教育项目
17	上海市	上海市工艺美术学校与德国汉堡国际传媒艺术与新媒体学院合作举办美术设计与制作专业中等职业教育项目
18	上海市	上海市商业学校与澳大利亚西南悉尼技术与继续教育学院合作举办饭店服务与管理专业中等职业教育项目
19	四川省	成都市石室中学与新西兰西方理工学院合作举办英语课程项目
20	天津市	天津市万盛高级中学
21	天津市	天津市中日正泽语言培训学校
22	天津市	天津经济技术开发区国际学校与澳大利亚半岛学校合作举办高中课程教育项目
23	天津市	天津市誉华中等职业学校与澳大利亚爱克塞斯学院合作举办国际商务专业中等职业教育项目
24	天津市	天津市誉华中等职业学校与澳大利亚爱克塞斯学院合作举办计算机及应用专业中等职业教育项目
25	天津市	天津市誉华中等职业学校与澳大利亚爱克塞斯学院合作举办市场营销专业中等职业教育项目

续表

序号	省份	高中阶段中外合作办学机构/项目名称
26	浙江省	吉安县上墅私立高级中学与加拿大派特森学院合作举办高中实验班项目
27	浙江省	杭州市中策职业学校与新加坡商业学院合作举办国际酒店管理专业中等职业教育项目
28	浙江省	宁波市职业教育中心学校与新加坡商业学院合作举办国际酒店管理专业中等职业教育项目
29	浙江省	宁波外事学校与英国柏斯学院合作举办英语试验班项目
30	浙江省	宁波外事学校与法国勒内奥弗莱旅游学院合作举办法语专业中等职业教育项目
31	浙江省	宁波职业技术教育中心学校与英国格洛斯特工艺学院合作举办动漫设计专业中等职业教育项目
32	浙江省	绍兴越秀外国语职业学院与澳大利亚西澳州中央技术与继续教育学院合作举办商务管理专业中等职业教育项目
33	浙江省	长兴县职业技术教育中心学校与德国富尔达职业教育中心合作举办数控应用技术专业中等职业教育项目
34	重庆市	重庆清华中学与澳大利亚维多利亚黑利伯瑞学校合作举办教育证书项目

2）推进示范性中外合作办学建设。上海市教育委员会于 2011 年 6 月启动了示范性中外合作办学机构和项目建设评选试点。通过自愿申报、自评、专家现场考察、复议等程序，于 2012 年 2 月评选出上海市首批办学规范、有特色并具有示范、引领效应的 8 个示范性中外合作办学机构和项目，其中包括上海市医药学校与澳大利亚博士山技术与继续教育学院合作举办药剂（药品物流）专业中等职业教育项目。

2. 高中阶段中外合作办学课程探索取得阶段性成果

北京中加学校的自主排课实验受到北京市基础教育课程改革领导小组的充分肯定。他们认为北京中加学校在 2010～2013 年实验周期内，实验指导思想明确，办学目标清晰，课程设计有一定的特色。在人才培养模式创新背景下细化课程设计和实施，各项课程定位较为准确，积极引入国际课程资源，创新课程实施方式，符合学校发展定位和学生成长需求（王本忠和薛梅，2015）。北京中加学校的课程以"培养具有中华情怀、国际视野、创新思维、应用能力、领导才能、服务社会的世界公民"的育人目标为核心，以具有创新能力、应用技巧、国际视野、领导才能及中华情怀为具体要求，而国际课程、国家课程及校本课程是北京中加学校实现育人目标的实施基础。国际课程、国家课程、校本课程 3 个部分是北京中加学校课程的主要分支，是北京中加学校实现育人目标、走向成功的第一步。具体如图 4-10 所示。

北京中加学校的课程体系日益完善，兼容并蓄了国际课程体系与国家课程内容的精华，并将课程体系区分为五大系统，以满足不同学生的需求。一是普通类，即由国内高中的全部课程、加拿大高中规定的课程及大学微积分课程组成；二是实验类，在普通类的基础上增加理科双语课程、国际竞赛类课程；三是 AP 课程类，在实验类课程的基础上增加全英文的大学先修课程；四是中美高中国际课程（professional coach program，

图 4-10　北京中加学校课程框架

PCP）类，在实验类的基础上增加 SAT、托福等课程，并且前往常青藤名校学习一个学期；五是 2 年高中加 4 年大学本科直通课程。

北京大学附属中学于 2010 年成立国际部，2012 年更名为道尔顿学院，面向全社会招收不参加中国高考、三年后准备到国外就读大学的学生。该校以"个性鲜明，充满自信，敢于负责，具有思想力、领导力、创新力的杰出公民"为培养目标，培养世界化公民。北京大学附属中学道尔顿学院借鉴道尔顿制的教育模式，小班化教学，全英文授课，提倡博雅教育，以实验室、作业和住宿学院为三大基础，开设英文课程和中外比较课程，倡导基于任务的学习，促进学生自主学习探究能力的发展。此外，学校的升学指导处负责出国方向学生的申请指导和流程管理，升学辅导中心将帮助高三年级出国学生办理有关申请事宜。

北京市第三十五中学构建依托国际部开展课改试点和孵化新课程的新模式。该校国际部开发的课程直接提供给本校高中部和初中部使用，对该校学部制、学分制、导师制、学长制、走班制"五制"课程改革发挥了重要作用。该校不以国际部作为为少数学生出国服务的部门，而是切实为促进高中教育教学改革服务。该校计划在中国和美国基础教育比较研究和国际部办学实践的基础上开发中国国际课程，让国内高考的学生也能享受国际优质教育资源。

第三节　高中阶段中外合作办学的发展情况

一、高中阶段中外合作办学的基本情况

（一）数量规模

统计结果显示，截至 2015 年 12 月，我国高中阶段中外合作办学机构和项目总数为 435 个。高中阶段中外合作办学主要以项目形式举办，数量为 402 个，机构数目较少，数量为 33 个。具体如表 4-5 所示。

表 4-5　我国高中阶段中外合作办学地区分布（截至 2015 年 12 月）

序号	地区	省份	普通高中教育中外合作办学		中等职业教育中外合作办学		总数	百分比/%
			项目/个	机构/个	项目/个	机构/个		
1	东部地区	北京市	28	5	2	1	36	8.27
2		天津市	5	2	3	1	11	2.53
3		河北省	22	0	1	0	23	5.29
4		上海市	0	1	27	3	31	7.12
5		江苏省	18	1	2	0	21	4.83
6		浙江省	31	1	8	1	41	9.42
7		福建省	23	1	2	0	26	5.98
8		山东省	26	0	0	3	29	6.67
9		广东省	0	0	0	0	0	0.00
10		海南省	3	0	0	0	3	0.69
	小计		156	11	45	9	221	50.80

续表

序号	地区	省份	普通高中教育中外合作办学		中等职业教育中外合作办学		总数	百分比/%
			项目/个	机构/个	项目/个	机构/个		
11	中部地区	山西省	8	0	0	0	8	1.84
12		安徽省	26	1	0	0	27	6.21
13		江西省	11	0	0	0	11	2.53
14		河南省	34	3	0	1	38	8.73
15		湖北省	20	0	1	0	21	4.83
16		湖南省	9	0	0	0	9	2.07
	小计		108	4	1	1	114	26.21
17	东北地区	辽宁省	7	1	0	3	11	2.53
18		吉林省	30	1	0	0	31	7.13
19		黑龙江省	0	1	0	0	1	0.23
	小计		37	3	0	3	43	9.89
20	西部地区	内蒙古自治区	0	0	0	0	0	0.00
21		广西壮族自治区	6	0	0	0	6	1.38
22		重庆市	15	0	0	0	15	3.44
23		四川省	2	0	0	0	2	0.46
24		贵州省	13	0	0	0	13	2.99
25		云南省	8	0	0	0	8	1.84
26		西藏自治区	0	0	0	0	0	0.00
27		陕西省	6	2	0	0	8	1.84
28		甘肃省	5	0	0	0	5	1.15
29		青海省	0	0	0	0	0	0.00
30		宁夏回族自治区	0	0	0	0	0	0.00
31		新疆维吾尔自治区	0	0	0	0	0	0.00
	小计		55	2	0	0	57	13.10
	总计		356	20	46	13	435	100.00
	百分比/%		81.84	4.60	10.57	2.99	100	

目前，我国高中阶段中外合作办学有以下两个特点。

1）主要集中在东部地区，占总数的50.80%；其次是中部地区，占比为26.21%。如果仅从中等职业教育中外合作办学来看，东部地区则更为集中，在全部59个中等职业教育中外合作办学项目和机构中东部地区占54个，占总数的91.53%。

2）主要集中在普通高中教育中外合作办学项目和机构，占总数的86.44%，其中项目占总数的81.84%，机构占总数的4.60%。中等职业教育中外合作办学项目和机构仅占总数的13.56%，其中项目占总数的10.57%，机构占总数的2.99%，同时，近5年来中等职业教育中外合作办学处于停滞状态，随着一些项目的停办，数量也呈下滑趋势。

高中阶段中外合作办学中方教育机构分布在全国25个省（自治区、直辖市），如图4-11所示。目前高中阶段中外合作办学数量最多的是浙江省，达到41个，占高中阶段中外合作办学总数的9.43%。其次分别是河南省、北京市，分别达到38个和36个。高中阶段合作办学境外教育机构来自18个国家和地区，主要集中在美国、加拿大、澳大利亚和英国，分别达到159个、93个、59个和38个。

省市、自治区	中等职业教育中外合作办学机构	中等职业教育中外合作办学项目	普通高中教育中外合作办学机构	普通高中教育中外合作办学项目
北京市	1	2	5	28
天津市	1	3	2	5
河北省	0	1	0	22
上海市	3	27	1	0
江苏省	0	2	1	18
浙江省	0	1	8	31
福建省	0	2	1	23
山东省	0	3	0	26
广东省	0	0	0	0
海南省	0	0	0	3
山西省	0	0	0	8
安徽省	0	0	0	27
江西省	0	0	0	11
河南省	1	0	3	34
湖北省	0	1	0	20
湖南省	0	0	0	9
辽宁省	3	0	7	9
吉林省	0	0	1	30
黑龙江省	0	0	1	0
内蒙古自治区	0	0	0	0
广西壮族自治区	0	0	0	6
重庆市	0	0	0	15
四川省	0	0	0	2
贵州省	0	0	0	13
云南省	0	0	0	8
西藏自治区				
陕西省	0	0	2	6
甘肃省	0	0	0	5
青海省	0	0	0	0
宁夏回族自治区	0	0	0	0
新疆维吾尔自治区	0	0	0	0

纵轴：高中阶段中外合作办学数量/个

图4-11　我国高中阶段合作办学数量境内地区分布（截至2015年12月）

（二）政策体系

中外合作办学作为教育国际合作与交流的一种重要形式，对推动中国办学体制改革、拓宽人才培养途径、促进教育对外开放有积极作用（刘奕湛，2013）。我国高中阶段中外合作办学从 20 世纪 90 年代开始，逐渐形成完整的政策与法规体系。与高中阶段中外合作办学有关的政策与法律体系框架可以分为 3 个层次。

1. 国际层面的相关政策

在乌拉圭回合谈判中，我国对教育服务贸易的市场开放做出一系列承诺，这些承诺是中外合作办学立法初期的主要依据，也是我国政府支持中外合作办学政策的具体体现。2001 年 12 月 11 日，中国加入 WTO，在《中华人民共和国加入世界贸易组织服务贸易具体承诺减让表》中，允许国外组织或个人到中国办学，承诺有限开放高等教育、成人教育、高中阶段教育、学前教育和其他教育市场；允许商业存在，即允许中外合作办学，并允许境外获得多数拥有权。基础教育的市场不完全开放，高中和幼儿教育两个阶段允许中外合作办学，但是不能改变其国有教育资产性质，同时义务教育则不开放。

2. 国家层面的相关政策

我国教育法治建设，尤其是相关教育法律的颁布为中外合作办学提供了法律基础。全国人民代表大会于 1995 年颁布的《教育法》和 1996 年颁布的《中华人民共和国职业教育法》（以下简称《职业教育法》）等都涉及中外合作办学，尤其是 2015 年 12 月修订的《教育法》第六十七条规定："国家鼓励开展教育对外交流与合作，支持学校及其他教育机构引进优质教育资源，依法开展中外合作办学，发展国际教育服务，培养国际化人才。"这是对中外合作办学的充分肯定。全国人民代表大会常务委员会于 2002 年颁布的《中华人民共和国民办教育促进法》（以下简称《民办教育促进法》）对于合理回报、学校产权等问题进行了界定，具体如表 4-6 所示。此外，2004 年国务院颁布的《中华人民共和国民办教育促进法实施条例》（以下简称《民办教育促进法实施条例》）第五十三条也规定"本条例规定的扶持与奖励措施适用于中外合作办学机构"。这些规定为中外合作办学的发展创造了良好的环境政策。

表 4-6　国家层面中外合作办学相关法律

序号	时间	名称	法律性质	内容要点
1	1982 年 12 月 4 日	《中华人民共和国宪法》	法律	国家鼓励集体经济组织、国家企事业组织和其他社会力量依照法律规定举办各种教育事业
2	1996 年 5 月 15 日	《职业教育法》	法律	国家鼓励事业组织、社会团体、其他社会组织及公民个人按照国家有关规定举办职业学校、职业培训机构。境外的组织和个人在中国境内举办职业学校、职业培训机构的办法，由国务院规定
3	2002 年 12 月 28 日	《民办教育促进法》	法律	国家机构以外的社会组织或者个人，利用非国家财政性经费，面向社会举办学校及其他教育机构的活动，适用本法。境外的组织和个人在中国境内合作办学的办法，由国务院规定

序号	时间	名称	法律性质	内容要点
4	2015 年 12 月 27 日	《教育法》	法律	国家鼓励开展教育对外交流与合作，支持学校及其他教育机构引进优质教育资源，依法开展中外合作办学，发展国际教育服务，培养国际化人才

1993 年 6 月 30 日，国家教委下发《关于境外机构和个人来华合作办学问题的通知》，为中外合作办学提出了初步的框架。1995 年 1 月 26 日，国家教委正式颁布《中外合作办学暂行规定》，这是《关于境外机构和个人来华合作办学问题的通知》后续的一个比较完整的政策。2003 年，国务院颁布的《中外合作办学条例》指出，中外合作办学是中国教育事业的组成部分。这是对 1995 年国家教委《中外合作办学暂行规定》中"中外合作办学是中国教育对外交流与合作的重要形式，是对中国教育事业的补充"的重大突破。2004 年 6 月，教育部发布《中外合作办学条例实施办法》作为对条例的配套规章，同时废止《中外合作办学暂行规定》，具体如表 4-7 所示。2010 年出台的《教育规划发展纲要》也指出，要引进优质教育资源；鼓励各级各类学校开展多种形式的国际交流与合作，办好若干所示范性中外合作学校和一批中外合作办学项目；支持一批示范性中外合作办学机构；深化办学体制改革试点，探索中外合作办学改革试验。

表 4-7　国家层面中外合作办学相关法规、规章和文件

序号	时间	名称	法律性质	内容要点
1	1993 年 6 月 30 日	《关于境外机构和个人来华合作办学问题的通知》（已废止）	规范性文件	①教育对外交流与国际合作是我国改革开放政策的一个重要组成部分；②要在有利于我国教育事业的发展的前提下，有选择地加以引进和利用境外的管理经验、教育内容和资金；③开展中外合作办学应坚持"积极慎重，以我为主，加强管理，依法办学"的原则；④规定中外合作办学的范围、类别、主体等要遵守我国的法律；⑤贯彻我国的教育方针，经过教育主管部门批准并接受其监督和管理
2	1995 年 1 月 26 日	《中外合作办学暂行规定》（已废止）	部门规章	中外合作办学的意义、性质、必要性、应遵循的原则、审批标准及程序、办学主体及领导体制、证书发放及文凭学位授予、监督体制等
3	2003 年 3 月	《中外合作办学条例》	行政法规	国家对中外合作办学实行"扩大开放、依法办学、规范管理、促进发展"的方针，并规定国家鼓励引进外国优质教育资源的中外合作办学；鼓励在高等教育、职业教育领域开展中外合作办学；鼓励中国高等教育机构与外国知名的高等教育机构合作办学；国家鼓励中外合作办学机构引进国内急需、在国际上具有先进性的课程和教材
4	2004 年 6 月	《中外合作办学条例实施办法》	部门规章	明确中外合作办学机构享受的同级同类民办学校的优惠政策；进一步明确有关中外合作办学的管理和规范方面的制度

此外，《教育部关于做好中外合作办学机构和项目复核工作的通知》《教育部关于若干中外合作办学机构和项目政策意见的通知》《教育部关于当前中外合作办学若干问题的意见》《教育部关于进一步规范中外合作办学秩序的通知》等对高中阶段中外合作办学也具有政策指导意义。

与此同时，我国部分教育法律的修改对高中阶段中外合作办学产生重要影响。例如，2016年，第十二届全国人大常委会第二十四次会议决定对《中华人民共和国民办教育促进法》进行修改，将第十八条改为第十九条，修改为："民办学校的举办者可以自主选择设立非营利性或者营利性民办学校。但是，不得设立实施义务教育的营利性民办学校。非营利性民办学校的举办者不得取得办学收益，学校的办学结余全部用于办学。营利性民办学校的举办者可以取得办学收益，学校的办学结余依照公司法等有关法律、行政法规的规定处理。民办学校取得办学许可证后，进行法人登记，登记机关应当依法予以办理。"将第三十七条修改为第三十八条，修改为："民办学校收取费用的项目和标准根据办学成本、市场需求等因素确定，向社会公示，并接受有关主管部门的监督。非营利性民办学校收费的具体办法，由省、自治区、直辖市人民政府制定；营利性民办学校的收费标准，实行市场调节，由学校自主决定。民办学校收取的费用应当主要用于教育教学活动、改善办学条件和保障教职工待遇。"

3. 地方层面的相关政策

各地省级教育主管部门在执行政策过程中出台的有关高中阶段中外合作办学的规范性文件，对于高中阶段中外合作办学具有重要的政策指导意义，这些规范性文件绝大多数是关于普通高中的中外合作办学的规范性文件，涉及管理、收费和招生等许多方面。具体如表4-8所示。

表4-8　地方层面高中阶段中外合作办学相关政策文件

序号	日期	文件名称	部门/机构
1	2006年5月31日	《省教育厅关于加强普通高中中外合作办学管理的通知》	湖北省教育厅
2	2008年1月8日	《教育厅关于对高中中外合作办学项目进行复核的通知》	湖北省教育厅
3	2010年3月18日	《山东省教育厅关于进一步做好中外合作办学工作的意见》	山东省教育厅
4	2010年4月19日	《贵州省教育厅关于加强中外合作办学管理的意见》	贵州省教育厅
5	2011年5月9日	《关于规范普高国际班收费的通知》	江苏省物价局、财政厅
6	2011年5月18日	《浙江省教育厅关于规范普通高中学校中外合作办学项目管理的意见》	浙江省教育厅
7	2011年6月15日	《关于加强普通高中中外合作办学管理的通知》	河南省教育厅
8	2011年7月1日	《关于对郑州市第七中学国际班违规招生情况的通报》	河南省教育厅
9	2011年7月13日	《关于加强安徽省普通高中国际班管理工作的通知》	安徽省教育厅
10	2011年10月18日	《关于加强普通高中国际班管理的意见》	黑龙江省教育厅
11	2012年5月10日	《关于进一步规范普通高中中外合作办学项目招生宣传的通知》	浙江省教育厅
12	2012年6月4日	《关于规范普通高中学校涉外办学项目管理的通知》	湖南省教育厅
13	2012年7月3日	《南宁市高中阶段学校国际课程实验班管理暂行办法》	广西壮族自治区南宁市教育局
14	2012年7月18日	《关于加强普通高中国际班管理的意见》	安徽省教育厅
15	2012年8月24日	《海南省教育厅关于加强我省中外合作办学工作的意见》	海南省教育厅

续表

序号	日期	文件名称	部门/机构
16	2012 年 8 月 27 日	《浙江省教育厅办公室关于开展普通高中中外合作办学检查的通知》	浙江省教育厅
17	2012 年 10 月 19 日	《关于进一步加强南宁市高中阶段学校国际课程实验班管理的通知》	广西壮族自治区南宁市教育局
18	2013 年 2 月 18 日	《重庆市教育委员会关于加强普通高中国际班管理的通知》	重庆市教育委员会
19	2013 年 3 月 5 日	《福建省教育厅关于开展高中阶段中外合作办学年审评估的通知》	福建省教育厅
20	2013 年 5 月 1 日	《关于开展普通高中中外合作办学情况调研的通知》	安徽省教育厅
21	2013 年 5 月 10 日	《关于开展普通高中国际课程试点工作的通知》①	上海市教育委员会
22	2013 年 7 月 5 日	《关于加强山西省普通高中学校中外合作办学项目管理的意见》	山西省教育厅
23	2014 年 5 月 29 日	《甘肃省高中国际实验班管理办法》	甘肃省教育厅
24	2014 年 7 月 4 日	《郑州市公办高中阶段中外合作办学教育定价成本监审暂行办法的通知》	河南省郑州市物价局
25	2014 年 10 月 13 日	《安徽省教育厅关于开展 2014 年安徽省普通高中国际班教育教学质量监测工作的通知》	安徽省教育厅
26	2014 年 11 月 25 日	《广西壮族自治区教育厅普通高中国际课程实验班管理办法（试行）》	广西壮族自治区教育厅
27	2015 年 5 月 15 日	《福建省教育厅关于开展 2015 年中外合作办学年审评估工作的通知》	福建省教育厅

　　近年来，一些地方也出台相关指导意见，规范办学行为，引导高中阶段中外合作办学健康可持续发展。这些指导意见主要针对普通高中教育中外合作办学的发展，对高中阶段中外合作办学具有重要指导意义。这些指导意见都强调高中阶段中外合作办学必须坚持社会主义办学方向，依法办学，规范管理；高中阶段中外合作办学要引进国外优质教育资源，如国外先进的教育思想和教学理念等，促进我国高中教学理念、课程内容、教育方法和人才培养模式创新，提高我国教育水平，对普通高中教育中外合作办学的规模做出限制，同时对中等职业教育中外合作办学给予鼓励。具体如表 4-9 所示。

表 4-9　部分省（直辖市）关于高中阶段中外合作办学的指导意见

序号	省份	指导意见	来源文件
1	山东省	普通高中开展中外合作办学要为我省基础教育的教学改革服务，把中外合作办学作为学习、研究国外基础教育办学理念、课程设置及教学方法的平台，在有条件的市和学校进行试点，不宜普遍开展。鼓励有条件的中等职业学校开展中外合作办学，培养高水平的技术工人	《山东省教育厅关于进一步做好中外合作办学工作的意见》
2	黑龙江省	举办国际班是普通高中办学多样化的探索和创新。国际班办学必须以科学发展观为统领，坚持社会主义办学方向，认真贯彻国家教育方针，全面实施素质教育，坚持在《中华人民共和国教育法》等法律法规的范围内开展教育的国际交流与合作	黑龙江省教育厅《关于加强普通高中国际班管理的意见》

---

　　① 虽然上海市普通高中国际课程试点不是按照中外合作办学项目审批的，但是其指导意见对高中阶段中外合作办学仍有借鉴意义。

续表

序号	省份	指导意见	来源文件
3	重庆市	国际班办学必须坚持党的教育方针,坚持社会主义办学方向,全面实施素质教育,必须在《中华人民共和国教育法》《中华人民共和国中外合作办学条例》及其实施办法等法律法规的范围内组织教育教学工作。普通高中学校未经市级教育行政部门依法审批,不得举办国际班、出国预科班和国际证书班(A-Level, AP班)等	《重庆市教育委员会关于加强普通高中国际班管理的通知》
4	安徽省	国际班办学必须以科学发展观为统领,坚持社会主义办学方向,认真贯彻国家教育方针,全面实施素质教育,坚持在《中华人民共和国教育法》和《中华人民共和国中外合作办学条例》等法律法规的范围内开展教育的国际交流与合作	《安徽省教育厅关于加强普通高中国际班管理的意见》
5	贵州省	在高等教育、职业教育和普通高中教育领域开展中外合作办学,能够在较短时间和较少投入的情况下,充分利用国外优质教育资源,借鉴国外有益的教学和管理经验,学习和引进国外先进的教育思想和教学理念,快速增加我省的优质教育资源,并且能在教学改革、培养经济建设需要的复合型人才和紧缺人才等方面起到积极作用	《贵州省教育厅关于加强中外合作办学管理的意见》
6	湖北省	我省普通高中的国际交流与合作也日趋活跃,引进了国外优质的教育资源和师资力量,促进了教学改革和课程国际化,对于提高教师队伍素质、扩大我省教育的国际影响也起到了一定的积极作用,同时也出现了一些不规范的现象。 中外合作办学是我省教育事业的重要组成部分,也是教育改革开放的重要形式,必须坚持社会公益性事业的根本特征。各普通高中的中外合作办学项目要保证教学质量,不得以赢利为目的,不得损害国家、人民和社会的公共利益	湖北省教育厅《省教育厅关于加强普通高中中外合作办学管理的通知》
7	山西省	普通高中学校举办中外合作办学项目(以下简称"合作项目"),坚持规范办学、依法管理、积极稳妥、促进发展的原则,始终坚持党的教育方针,坚持社会主义办学方向,坚持以引进国外优质教育资源、推动我省教育教学改革为宗旨,着眼于促进我省普通高中教学理念、课程内容、教育方法和人才培养模式创新,努力提高我省高中学校教学管理水平和教育水平	山西省教育厅《关于加强山西省普通高中学校中外合作办学项目管理的意见》
8	浙江省	普通高中学校举办中外合作办学项目,必须始终坚持"把握方向、规范管理、有序发展"的原则;必须始终坚持党的教育方针,坚持社会主义办学方向不动摇;必须坚持以"引进国外优质教育资源,推动我省教育教学改革"为宗旨,着眼于推动我省普通高中教学理念、课程内容、教育方法和人才培养模式创新,努力提高我省高中学校教学管理水平和教育水平	《浙江省教育厅关于规范普通高中学校中外合作办学项目管理的意见》

    总的来看,我国高中阶段中外合作办学的政策与法规体系正在逐步完善当中,但高中阶段中外合作办学的政策还存在一些需要完善之处。如《教育法》明确规定,在中华人民共和国境内的各级各类教育适用本法。关于教育对外交流与合作主要是一些原则性的规定,对于具体不同学段的中外合作办学具有导向性而非针对性。《中外合作办学条例》对于大力鼓励和不得举办的领域均有明确规定,而高中阶段中外合作办学恰好处于政策的模糊地带,一些地方出台的意见是允许高中阶段中外合作办学的。尽管部分地方出台地方规范文件,如安徽省、浙江省、重庆市、广西壮族自治区等,然而在高中阶段

中外合作办学发展规模不断扩大、急需提升质量的趋势下，国家层面对此加以规范管理很有必要。

（三）办学模式

选择适合学校实际情况的办学模式是保障高中阶段中外合作办学质量的根本。高中阶段中外合作办学机构和项目根据其组织结构可分为 3 种模式。

1. 办学机构

高中阶段中外合作办学机构有 3 种办学模式。

1）综合教育集团模式。境内教育机构在教育集团化办学过程中，与境外教育机构合作，成立高中阶段合作办学机构，该机构成为境内教育机构下属的独立学校。例如，上海七宝德怀特高级中学 2014 年正式开办并加入上海七宝中学教育集团。

2）连锁教育集团模式。境内教育机构和境外教育机构合作，在全国不同城市设立高中阶段合作办学机构，如枫叶教育集团在大连、武汉、天津、重庆等多个城市建有枫叶国际学校，高中阶段按照中外合作办学要求举办，同时延伸至幼教、小学、初中等多个学段，并举办外籍人员子女学校，使高中阶段中外合作办学和其他办学形式有机结合。

3）独立设置机构模式。境内教育机构和境外教育机构合作设立单一的独立高中阶段合作办学机构。例如，上海长乐职业学校与澳大利亚霍尔姆斯学院签约合作创办上海长乐霍尔姆斯职业学校。

2. 办学项目

高中阶段中外合作办学项目有 3 种办学模式。

1）国际部独立模式。举办高中阶段中外合作办学项目的学校成立独立的国际部对通过高中阶段中外合作办学录取的学生进行单独编班、独立管理，高中阶段中外合作办学项目录取的学生不论是高考还是出国，均不能进入普通高考班级就读。

2）国际部非独立模式。举办高中阶段中外合作办学项目的学校成立独立的国际部进行管理，国际部主要负责对选择出国方向的学生进行管理，包括开设相关课程、出国申请指导等工作；选择参加高考的学生进入普通高考班级就读。学生管理主要由各年段负责。

3）非国际部模式。举办高中阶段中外合作办学项目的学校不成立国际部，而是指定专人，如办公室主任等中层干部，兼任该校高中阶段中外合作办学项目的管理工作，具体的课程与教学、学生服务、升学指导等工作主要由境外派驻学校的管理团队负责。

（四）课程和专业情况

1. 普通高中教育中外合作办学

我国普通高中教育中外合作办学的课程分为 3 类：第一类是中国普通高中课程；第二类是高中国际课程；第三类是语言强化课程。具体如表 4-10 所示。

表 4-10 普通高中中外合作办学主要课程类型

课程类别	课程名称
中国普通高中课程	按高考要求开设的中国普通高中课程
	按会考要求开设的中国普通高中课程
高中国际课程	美国 AP 课程
	英国 A-Level 课程
	IBDP 课程
	澳大利亚 VCE 课程
	加拿大高中课程
	新西兰教育评鉴国家级证书（National Certificate of Education Achievement，NCEA）课程
	PGA 课程
	GAC 课程
	奥地利音乐、艺术和体育专业课程
语言强化课程	英语课程
	日语课程
	汉语课程
	西班牙语课程
	韩语课程

我国普通高中教育中外合作办学的课程组织方式可分为 3 种。

1）以国际课程为主，国内课程学习语文、历史、政治和地理 4 门学科及其他会考科目，如北京市第四中学在教学美国 AP 课程的同时，逐步实行走班制。高一年级还保留普通高中行政班制式，整个行政班走班，即一个班的学生根据课程表去不同的教室上课；高二年级则以 8 人为一个小组，每个小组有一名负责老师，除每周有一节课由负责老师上课之外，其余时间学生根据自己的课程表去不同的教室上课。高三年级则实行完全走班制，由统一的管理老师负责。

2）以国内课程为主，学习中国普通高中课程，但提供英语、日语等外语课程，突出国际特色。例如，日章学园长春高中在开设中国普通高中课程的同时，为有意赴日本升学的学生增开英语和日语等第二外语，学生达到中国普通高中毕业要求后，由学校统一安排赴日本学习，一年后可以直接考入日本大学。

3）双轨制课程。高一年级以中国普通高中课程为主，国际课程以强化外语能力为主，高二年级分为高考班和出国班，高考班继续学习中国普通高中课程，参加国内高考，而出国班则只学习中国普通高中课程会考科目，国际课程科目数量开始大量增加。

2. 中等职业教育中外合作办学

我国中等职业教育中外合作办学从奥地利、澳大利亚等 13 个国家和地区共引进酒店管理、国际商务等 33 个专业，具体如表 4-11 所示。

表 4-11　中等职业教育中外合作办学专业

专业类	专业	数量
能源与新能源类	供用电技术（高级）	1
土木水利类	工业与民用建筑	1
加工制造类	机电技术应用	1
	数控应用技术	1
	模具设计与制造	1
	汽车维修与检测	1
	电气技术应用	1
轻纺食品类	食品生物工艺	1
交通运输类	现代交通车流管理	1
	智能交通应用技术	1
信息技术类	计算机及应用	3
	电子技术应用	1
医药卫生类	护理	1
	药剂（药品营销）	1
	制药技术（药物制剂）	1
休闲保健类	美容美发与形象设计	1
财经商贸类	会计学	1
	金融事务	2
	市场营销	1
	国际商务	5
	法语	1
	英语	2
	商品经营	1
	商务管理	1
旅游服务类	酒店管理	7
	旅游管理	2
	烹饪	1
文化艺术类	动漫设计	2
	美术设计与制作	1
	珠宝玉石加工与经营	1
公共管理与服务类	文秘	1
其他	室内设计	1
	广告设计	1

总的来看，我国中等职业教育中外合作办学引入的专业大多数是短平快的专业，财经商贸类占 14 个，而理工类专业相对较少。

二、高中阶段中外合作办学的主要问题

（一）高中阶段中外合作办学不同形式的数量严重不均衡

目前，我国高中阶段中外合作办学435个机构和项目中，普通高中教育中外合作办学占总数的86.44%，其中项目占比为81.84%，达356个；机构占比为4.60%，共有20个，而中等职业教育中外合作办学自2003年以来，发展缓慢，仅占高中阶段中外合作办学总数的13.57%，其中：项目占比为10.57%，为46个；机构占比为3%，为13个。同时，近年来中等职业教育中外合作办学处于停滞状态，随着一些项目的停办，数量也呈下滑趋势。2014年11月，教育部公布的对已停止办学的34个高中阶段中外合作办学机构和项目中，普通高中教育有11个，中等职业教育中外合作办学达23个。由此可见，目前还在办学的中等职业教育中外合作办学机构和项目仅为36个，数量大大低于普通高中教育中外合作办学。

职业教育是国家鼓励中外合作办学开展的领域，目前，我国高等教育中外合作办学成绩显著，普通高中中外合作办学尽管质量需要提升，但规模初显。中等职业教育中外合作办学的发展明显滞后，面临困境，成为实现"到2020年建成中国特色、世界水平的现代职业教育体系"的短板。由此可见，中等职业教育中外合作办学迫切需要得到更大的发展。

（二）高中阶段中外合作办学的监管体系还不够完善

高中阶段中外合作办学，尤其是以普通高中教育中外合作办学项目形式举办的高中国际班，近年来发展迅速，面对迅速发展的办学形势，监管体系稍显滞后。

1）对参与高中阶段中外合作办学的教育中介机构监管不足。高中阶段处于《中华人民共和国义务教育法》和《中华人民共和国高等教育法》法定管辖范围的中间地带，属于法律规定的盲区，对高中学校举办中外合作办学项目的限制少，所以许多教育中介机构希望借助与重点高中合作实现华丽转身。目前，许多高中阶段合作办学有教育中介机构作为境外的代表参与其中，它们与重点高中合作以后，招生与教学场所在合作的重点高中校园内，其信赖度与美誉度骤然提升（李剑平，2013）。这些教育中介机构的办学行为亟须加强监管。

2）高中阶段中外合作办学的质量监管不足。在课程设置上，缺乏完善的监督机制，如高中国际课程引进、实施缺乏监督。在项目管理上，缺乏有效的退出机制。在师资建设上，一些学校只能通过与教育中介机构合作外聘教师，这类教师流动性大，教学水平不稳定，易引发学生、家长不满。

（三）以普通高中教育中外合作办学形式举办的公立高中国际班被质疑有违教育公平

高中阶段中外合作办学的发展，尤其是2010年以来，伴随着以普通高中教育中外合作办学形式举办的公立高中国际班数量迅速增加。笔者统计发现，近年来，《人民日报》《中国青年报》《人民政协报》《中国教育报》等重要新闻媒体都曾发文关注过这一问题。

普通高中教育中外合作办学被质疑影响教育公平性主要有 3 个原因。

1）收费高昂。普通高中教育中外合作办学需要引入国外课程、原版教材、国际师资等资源，办学成本高，缺乏政府财政支持，仅依靠学费收入，因此许多学校收取了高额的学费来支付办学成本（吴昊和张建，2014a，2014b）。以北京市为例，2015 年北京市公立普通高中以中外合作办学形式举办的国际班学费最低每年 8 万元，最高可达每年11.8 万元，书本费、住宿费、出国交流费用等还需要另外支付。在一些二线和三线城市，每年收费为四五万元。

高额学费产生两个问题。首先，学校通过高额学费弥补高昂的办学成本是可以理解的，但办学成本核算和收费标准缺乏法律依据，学费的实际使用情况也缺乏有效监管。这不仅导致优质教育资源向少数人集中，而且难免被人质疑用公共教育资源为少数人牟利，这违背了中外合作办学的公益性原则。高额学费导致家庭经济状况的好坏成为能否有机会学习国际课程的前提条件，导致入学机会不平等。如何将其控制在合理的范围之内，以保障教育的公益性和维护教育公平是公立学校不得不面对的问题（莫丽娟，2012）。其次，虽然普通高中教育中外合作办学项目满足了部分学生的选择性需求，收费也具有一定的合理性，但目前严格规范公办高中收费已经成为一个基本的政策取向，我国正在清理规范高中改制学校，各地公办高中招收"择校生"的比例在逐年降低甚至消失。公办普通高中教育中外合作办学项目现行的高额收费模式显然难以持续。从规范的角度看，公办高中只有以中外合作办学项目的方式举办国际班，才可以按照相关的收费政策执行，因此收费政策迫切需要完善（汪明，2013）。

2）挤占公办教育资源。普通高中教育中外合作办学项目大部分是由各地公立示范性高中开办的，培养目标、课程设置和毕业出口和普通高考班不同，其课程和师资几乎不可能与普通高考班共享，但部分课程需要境内学校教师提供。境内学校教师数量本是按照普通高中在校生规模配置的，并未将中外合作办学项目的特殊情况纳入考虑范围，因此，普通高中教育中外合作办学项目不得不占用学校的教师资源开设部分课程。除此以外，学校还要提供办学场所，这也存在公办普通高中挤占生均占地面积、生均建筑面积、生均预算内教育事业费支出等情况。许多人认为这是公办高中对公共资源的不合理占用，将导致普通高中班的授课质量受到影响。还有的学校的中外合作办学项目高一年级时和普通高考班没有区别，高二年级才分为高考和出国两个方向，这存在明显占用国家拨付的生均经费、挤占国家公共教育资源的问题。

甚至普通高中教育中外合作办学被质疑涉嫌国有资产流失。公立高中的校舍、师资等属于国有资产，开办普通高中教育中外合作办学项目后收取高额学费，似乎这些收入是用于学校发展的，但由于财务信息不公开，加上收取的学费不是先到教育部门财务后由教育部门统筹，而是由学校和境外合作方按比例分配的，显然很难确定这些收费是真正用于学校发展还是导致国有资产流失（熊丙奇，2015）。公办学校具有先天的资源优势，它们利用已有的声誉和优质资源办学，普通高中教育中外合作办学项目为学校创收，学生毕业之后出国留学，没有发挥促进我国高中新课改的作用（解艳华，2013）。

3）涉嫌利用公共教育资源为出国留学服务。普通高中教育中外合作办学项目学生多以申请国外大学为目标，学校每年招生宣传往往以海外名校成功案例和数据来吸引学生报考，实际上，这样的中外合作办学项目往往办成出国留学预科班，并没有达到预期的促进国内高中教育教学改革的效果。例如，以籍之伟为代表的一些学者认为公办高中不应该举办国际班，学生的多种升学需求，应该由民办教育机构承担，而不应该由公办学校承担（赵婀娜，2013a）。公办学校的办学资金来自政府财政拨款，应该用于全体学生，保证人民群众的基本教育服务与教育均衡。公立普通高中教育中外合作办学项目挤占了本已稀缺的优质高中教育资源，可能变为教育中介机构的营利工具，加剧社会矛盾及人们对教育的焦虑（李剑平，2013）。

（四）以普通高中教育中外合作办学形式举办的公立高中国际班质量有待提高

一些普通高中以中外合作办学项目形式举办的公办高中国际班教育教学质量不高的问题亟待解决，主要体现在 4 个方面。

1）这些项目的课程设置不够科学。表现之一是放弃学生课程选择权。学校给学生提供多种课程选择是许多国际课程的优势，然而一些普通高中教育中外合作办学项目在实施过程中放弃了给予学生课程选择权，并要求学生学习规定课程，重复传统课程模式，没有起到促进课改的作用。表现之二是中外课程融合度不高，课程整合不够。一些学校引入高中国际课程后，按照西方的教育评价标准，全盘引进或照搬国外现成的国际课程体系，没有把中国文化元素融入课程，缺少对国际课程选择性吸收、借鉴、再创新的过程（深洵安，2015）。还有一些学校用国际课程完全替代本土课程，放弃母语教育和中国文化与历史教育，完全脱离国内高中学制和高中课程体系，有全盘西化和"去中国化"的倾向。甚至还有少数学校片面追求名校和学生的升学率，仅开设学生进入外国大学前的考前培训课程，成为国外大学的"预科班"，而不重视对学生社会责任的培养。这些行为严重违背了开展高中阶段中外合作办学的初衷。

2）项目管理面临挑战。部分学生忙于参加各种培训及 SAT、托福等标准化考试，笔者访谈的一位教师曾说："高二年级上学期期中考试后，班里很多学生去培训机构突击学习，为 SAT、ACT 等标准化考试做准备。为短期内提高托福、雅思等语言类考试成绩，从高一年级开始很多学生就去社会培训机构上托福、雅思培训课，集中精力应付考试。新东方的'精英计划'培训收费为 3 年 20 万元，但还是有许多学生报名参加。许多老师反映，这个班的课不好上，尤其是理科的数学、物理和化学，但是如果缺课，就难以跟上进度。"

3）教学中出现了明显的应试倾向，没有达到通过课程引进、推动课程改革、拓宽高中生国际视野的目的。这些国际课程体系不是真正在考查学生知识掌握情况，没有通过教学和测试培养学生的兴趣、能力和批判性思维，没有提高人才培养质量（邱晨辉，2013）。例如，我国开设较多的美国 AP 课程、英国 A-Level 课程，原本提供了几十门课程供学生选择，但许多学校考虑到师资力量和办学成本，往往只开设容易取得好成绩、门槛较低的课程，而且开设的课程数量较少。这样的课程培养的学生存在许多问题，最突出的是学生学完这些课程以后到国外上大学仍然无法适应国外大学的学习生活。此外，在国际课程体系设置上，不少学校只开设与升学密切相关的国际课程，其他科目基本上采取少开或者不开的办法（易鑫和李凌，2013）。

2013 年 10 月 24 日《中国教育报》的一篇报道这样写道:"离 11 月份的 SAT(学术能力评估测试)考试还有不到 10 天的时间,正在天津市某重点高中国际班读高三的郭瑞(化名)已经将自己的全部时间花到备考上,花了 6 万元聘请的私教每天会为他'一对一'辅导两小时,剩下的时间,他自己背单词、做试卷……越来越多打算出国的高中生都像郭瑞这样,将大量的时间和精力投入到应对 SAT、ACT(美国大学入学考试)中去。逃课复习、参加培训、题海战术……应试味道之浓,丝毫不亚于国内高考。"

4)中外课程体系无法形成合力,教学效果不佳。有的高中国际班托福课和雅思课等语言类课程非常多,课程设置不科学,课程体系不完整(中国教育在线,2014)。有的高中国际班以国际课程作为噱头,与国内课程呈"两张皮"状态,办学出发点是赢利(李爱铭和彭薇,2013)。有的高中师资力量不足,却开设多个办学项目,最终导致难以驾驭不同功能及难度的不同类型的国际课程,尤其是外籍教师流动性大,招聘难度大,这对国际课程的质量造成较大影响。这些情况导致教学质量无法得到充分保障。

第五章　福建省和上海市高中阶段
中外合作办学个案研究

福建省经济发展水平适中，高中阶段中外合作办学起步较早，已经形成一定的办学规模，办学形式比较多样，办学比较规范。2015 年，福建省建成国内首个省级中外合作办学监测体系，实现对全省中外合作办学常态监测。上海市地处我国东部沿海，不仅是我国的经济和金融中心，还是教育改革和发展的前沿阵地。2009 年和 2012 年上海市中学生连续两次参加国际学生评估项目（program for international student assessment，PISA）并获得世界第一。上海市高中阶段中外合作办学起步早，以中等职业教育中外合作办学为主，具有鲜明的特点。本章以福建省和上海市高中阶段中外合作办学的发展为本书的个案，分别研究基于福建省 2015 年中外合作办学年审评估材料和上海市中外合作办学2010 和 2011 年度报告书中的数据。

第一节　福建省高中阶段中外合作办学研究

福建省现辖福州、厦门、漳州、泉州、三明、莆田、南平、龙岩、宁德 9 个设区市及平潭综合实验区。福建省土地总面积为 12.4 万平方千米。2017 年年末，全省常住人口 3911 万人。2017 年全省中等职业教育（不含技工校）招生 13.7 万人，在校生 38.05万人，毕业生 13.84 万人。成人高等教育招生 3.37 万人，在校生 13.67 万人。全省普通高中招生 21.71 万人，在校生 63.47 万人，毕业生 19.7 万人。2017 年，福建省地区生产总值为 32 182.09 亿元，排列全国第 10 位（不含香港、澳门和台湾地区）。人均地区生产总值为 7.04 万元，排列全国第 6 位（不含香港、澳门和台湾地区）。

一、福建省高中阶段中外合作办学概况

福建省高中阶段中外合作办学起步于我国加入 WTO 以后的 2003 年，根据福建省教育厅公布的数据统计，截至 2015 年 12 月，福建省共审批高中阶段中外合作办学机构和项目 27 个，其中中外合作办学项目 26 个，中外合作办学机构 1 个；普通高中教育中外合作办学项目 24 个、机构 1 个，中等职业教育中外合作办学项目 2 个。具体如表 5-1所示。

在这些高中阶段境内外合作办学中，福州外国语中爱课程班和福州高级中学中新班2 个普通高中教育中外合作办学项目已停办，在以下详细信息统计中均不列入。此外，永安职专中新班已申请停办，仙游一中中澳班 2014 年审批后未招生。因此，截至 2015年 12 月，福建省实际在运行的高中阶段中外合作办学共 23 个。此外，自 2016 年起，

厦门市 4 个中外合作办学项目停止招生[①]。

表 5-1　福建省高中阶段中外合作办学基本信息（截至 2015 年 12 月）

序号	地区	中外合作办学机构/项目名称［含内地（大陆）与港澳台地区合作办学机构］
1	福州市	福州第三中学爱迪生中加友好实验班（以下简称福州三中中加班）
2		福建师范大学附属中学中美高中课程实验班（以下简称福师大附中中美班）
3		福州第八中学中澳课程实验班（以下简称福州八中中澳班）
4		福州第八中学中美课程实验班（以下简称福州八中中美班）
5		福州外国语学校与爱尔兰都柏林三一学院合作举办高中课程教育项目（以下简称福州外国语中爱课程班）
6		福州高级中学与新西兰国立西方理工学院合作举办中新友好实验班（以下简称福州高级中学中新班）
7	厦门市	厦门第一中学与美国华盛顿州爱尔格英迪中学高中合作办学项目（以下简称厦门一中中美班）
8		厦门外国语学校与美国林登高中合作中美高中课程实验班（以下简称厦门外国语中美班）
9		厦门集美中学与澳大利亚坎宁学院合作中澳高职课程实验班（以下简称厦门集美中学中澳班）
10		厦门电子职业中专学校与台中市私立慈明高级中学合作举办内地与港澳台合作办学项目（以下简称厦门电子职中内地与港澳台合作办学项目）
11		厦门双十中学与澳大利亚霍尔姆斯学院合作创办中澳高中课程实验班（以下简称厦门双十中学中澳班）
12	莆田市	莆田第十中学与英国沃辛学院合作举办中英高中课程合作实验班（以下简称莆田十中中美班）
13		仙游第一中学与澳大利亚罗尼中学合作举办高中合作办学项目（以下简称仙游一中中澳班）
14		莆田第五中学与加拿大皇冠中学合作举办中加高中课程实验班（以下简称莆田五中中加班）
15		莆田第一中学与美国比索里昂学校中美高中课程实验班（以下简称莆田一中中美班）
16	三明市	三明第二中学与美国福特罗德中学中美高中课程实验班（以下简称三明二中中美班）
17		三明市沙县第一中学与美国瓦萨琪中学合作举办中美高中课程实验班（以下简称沙县一中中美班）
18		福建永安职业中专学校与新西兰狮王商科学院合作举办酒店管理专业项目（以下简称永安职专中新班）
19	泉州市	泉州第七中学中美合作高中课程实验班（以下简称泉州七中中美班）
20		泉州第五中学与美国劳雷尔斯普林斯学校合作学项目（以下简称泉州五中中美班）
21		晋江市养正中学与加拿大圣约翰学校合作举办中加高中课程实验班合作办学项目（以下简称养正中学中加班）
22	漳州市	漳州立人中美合作学校
23		漳州第一中学与英国南安普顿市伊钦学院合作中英高中课程实验班（以下简称漳州一中中英班）
24	南平市	建瓯第一中学与澳大利亚塔斯马尼亚伊丽莎白学院合作举办中澳高中课程项目（以下简称建瓯一中中澳班）
25	龙岩市	未开展高中阶段中外合作办学
26	宁德市	福安市第一中学与美国温莎中学中美高中课程实验班（以下简称福安一中中美班）
27		福安市第二中学与英国格劳斯凯特学院合作举办中英高中课程实验班（以下简称福安二中中英班）
28		柘荣县第一中学与新西兰罗托鲁阿男子高中合作举办中新高中课程实验班项目（以下简称柘荣一中中新班）

---

① 厦门市 4 个停止招生的中外合作项目分别是厦门一中中美班、厦门外国语中美班、厦门集美中学中澳班、厦门双十中学中澳班。

福建省已经审批的 27 个高中阶段中外合作办学机构和项目均属于学历教育。在办学类型上，属于普通高中教育中外合作办学的有 24 个项目和 1 个机构，属于中等职业教育中外合作办学的有 2 个项目，呈现普通高中教育中外合作办学占据绝对优势、中外合作办学项目占据绝对优势的特点。尽管中等职业教育数量较少，但是颇具规模，厦门电子职中内地与港澳台合作办学项目开设动漫设计、室内设计和广告设计 3 个专业，2014～2015 学年度共有 9 个班级约 350 名学生在读。2003～2014 年福建省高中阶段中外合作办学每年新批数量如表 5-2 所示。

表 5-2　2003～2014 年福建省高中阶段中外合作办学每年新批数量

年份	2003	2004	2005	2006	2007	2008	2009	2010	2011	2012	2013	2014
数量/个	2	0	2	1	0	0	2	2	2	3	10	3

从表 5-2 可知，2013 年是数量增加最多的一年，当年新批高中阶段中外合作办学数量达到 10 个，占到当年全国新批数量（73 个）近 1/7。2015 年，和全国其他地区一样，福建省没有新批高中阶段中外合作办学机构和项目。总体来看，福建省高中阶段中外合作办学项目经历了从无到有、不断发展的过程并形成了一定的规模。这都是福建省高中阶段中外合作办学不断探索和进步的体现。

二、福建省高中阶段中外合作办学结构

（一）区域结构

福建省高中阶段中外合作办学地区分布如表 5-3 所示。

表 5-3　福建省高中阶段中外合作办学地区数量分布

地区	福州市	厦门市	莆田市	三明市	泉州市	漳州市	南平市	龙岩市	宁德市
数量/个	6	5	4	3	3	2	1	0	3

如表 5-3 所示，从城市分布看，福州市已审批项目最多，达 6 个，其次是厦门市和莆田市，分别达到 5 个和 4 个。从地域分布看，宁德、福州、莆田、泉州、厦门、漳州 6 个沿海城市共有 21 个，平均每个城市为 3.5 个，占福建省高中阶段中外合作办学总数的 84%[①]，龙岩、三明和南平 3 个非沿海城市仅有 4 个，平均每个城市仅 1.3 个，其中龙岩市是唯一一个没有开展高中阶段中外合作办学的城市。此外，福建省有 8 个高中阶段中外合作办学是在县级城市举办的，占已审批总数的近 1/4。总体来看，福建省高中阶段中外合作办学主要集中在经济、文化较发达的东部沿海地区，其他地区中外合作办学项目较少，这符合当地经济和社会发展对各类人才的需求，说明福建省的中外合作办学项目（机构）的空间分布是与当地的经济发展水平及社会对人才的需求相适应的，总体布局基本合理，但局部仍有改善空间。

---

① 此数据未计算已经停办的项目。

（二）合作对象结构

福建省高中阶段中外合作办学项目（机构）的境外合作者来自美国、澳大利亚、英国、加拿大、新西兰、爱尔兰和中国台湾等国家和地区。这些国家和地区经济发达、科技和教育先进。其中，中国与美国合作的办学项目最多，有 10 个，占福建省中外合作办学项目（机构）的 37.04%。其次是澳大利亚、英国和加拿大，与中国合作办学的项目分别是 5 个、4 个、3 个，分别占比为 18.52%、14.81%、11.11%。从合作类型看，中等职业教育中外合作办学项目分别与新西兰和中国台湾合作开办。中国台湾地区的职业教育颇具特色，福建省充分利用闽台两地"地缘相近、血缘相亲、文源相承、商缘相连和法缘相循"的优势，在职业教育领域开展合作，这一点值得肯定。具体如表 5-4 所示。

表 5-4　福建省高中阶段中外合作办学合作对象结构

国家/地区	美国	澳大利亚	英国	加拿大	新西兰	爱尔兰	中国台湾
数量/个	10	5	4	3	3	1	1

（三）生源结构

2015 年，中等教育中外合作办学在校生总人数为 5229 人，同比上一年度增长 15.6%，近五年累计增长 302.2%，如图 5-1 所示。

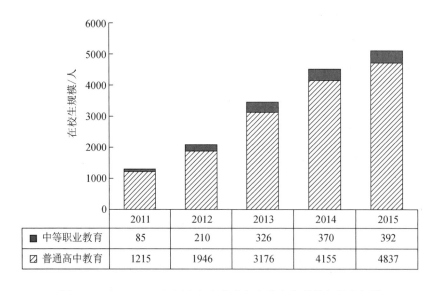

	2011	2012	2013	2014	2015
■ 中等职业教育	85	210	326	370	392
▨ 普通高中教育	1215	1946	3176	4155	4837

图 5-1　2011～2015 年福建省高中阶段中外合作办学在校生规模

按实际报到人数，2015 年招生人数为 1793 人。其中，普通高中教育为 1646 人，占 91.8%；中等职业教育为 147 人，占比为 8.2%。

当年招生计划完成率为 93.3%，录取报到率为 99.6%。招生录取的完成情况较好。

2014 年，除养正中学中加班、福州三中中加班和集美中学中澳班外，其余 21 所学校的报到人数都为 100%，这 3 所学校的报到率也分别达到 97.96%、98.89% 和 92.86%，可见报到总体情况比较理想，具体如表 5-5 所示。

表 5-5　2015 年高中阶段中外合作办学招生的统计情况

招生类别	计划招生人数	录取人数	计划完成率/%	报到人数	录取报到率/%
普通高中教育	1781	1651	92.70	1646	99.70
中等职业教育	150	150	100.00	147	98.00
总计	1931	1801	93.27	1793	99.56

（1）招生范围

从招生范围看，高中阶段中外合作办学招生主要分为 3 种类型。

1）只招收本地生源。例如，莆田市 3 个办学项目的招生对象均为莆田市应届初中毕业生，此外，福州三中中加班、福师大附中中美班等 5 所高中明确规定只招收本地区初中应届毕业生。福州八中中澳班和中美班的招生生源要求为学籍在福州市五区学校的应届初中毕业生。福州市将招生对象限定为本地，缩小了招生范围，难以吸引外地优秀初中毕业生。

2）以本地生源为主。部分学校开办部分招生名额给本省其他县市，但仍然以本地生源为主，如养正中学中加班于 2014 年招生 100 名，其中面向晋江生源 60 名，面向晋江市外招生 40 名。

3）本地生源和外地生源各半。厦门双十中学中澳班 2014 年招收生源 120 名，其中厦门市 60 名，厦门以外地市 60 名。

（2）招生方式

从招生方式看，高中阶段中外合作办学招生主要分为 3 种类型。

1）提前招生。提前招生主要是由举办高中阶段中外合作办学的学校在中考前自主招生。例如，福安一中中美班采用中考前自主、提前单独招生方式，学生报考学校安排综合素质测试，凡被录取的学生，不再参加福安市中考。

2）中考招生。采用中考招生形式的地区，制订县市普通高中招生计划，通过参加中考招生、学生自愿报名、择优录取的方式，实行单独划线，独立招生，以中考成绩为基本依据，组织面试，确定最终录取名单。例如，厦门电子职中内地与港澳台合作办学项目的招生主要是通过中招择优录取。

3）提前招生和中考招生结合。例如，厦门市 4 所举办高中阶段中外合作办学项目的普通高中在厦门市教育局的统一安排下，在中考前组织四校联考，每校面向本省外地市招收 45 名学生，而厦门市的生源则通过招考的方式录取，每校录取 45 名学生。

（四）管理人员与师资队伍结构

1. 管理队伍

2014～2015 学年，参与高中阶段中外合作办学的管理人员共 218 人。其中，参与普通高中教育合作办学的管理人员达 210 人，占比达 96.33%；参与中等职业教育合作办学的管理人员为 8 人，占比为 3.67%。

（1）按管理人员的来源划分

按管理人员的来源划分，境内人员 165 人，占比为 75.69%；境外人员 53 人，占比为 24.31%。具体如表 5-6 所示。

表 5-6　2014～2015 学年管理人员的统计情况

类别	境内人员	境内人员占管理人员总人数的百分比/%	境外人员	境外人员占管理人员总人数的百分比/%	总人数
普通高中教育	157	74.76	53	25.24	210
中等职业教育	8	100.00	0	0.00	8
总计	165	75.69	53	24.31	218

（2）按学位结构划分

从学位结构来看，具有硕士以上学位的管理人员有 54 人，占比为 24.76%；从职称结构来看，具有中级以上职称的管理人员有 110 人，占比为 50.46%。管理队伍的学位、职称结构较令人满意。具体如表 5-7 所示。

表 5-7　管理人员的学位、职称结构

类别	硕士以上学位人数	硕士以上学位人数占管理人员总人数的百分比/%	中级以上职称人数	中级以上职称人数占管理人员总人数的百分比/%
普通高中教育	52	24.76	105	50.00
中等职业教育	2	25.00	5	62.50
总计	54	24.77	110	50.46

2. 师资队伍

2014～2015 学年，师资队伍总人数为 630 人。其中，普通高中教育 608 人，占比为 96.51%；中等职业教育 22 人，占比为 3.49%。按师资的来源区分，境内选派教师 496 人，占比为 78.73%；境外选派教师 134 人，占比为 21.27%。境外选派师资的比例未达到中外合作办学要求的 1/3 的要求，仍有待提高。具体如表 5-8 所示。

表 5-8　2014～2015 学年师资队伍的统计情况

类别	境内选派教师	境内教师占师资队伍人数的百分比/%	境外选派教师	境外教师占师资队伍人数的百分比/%	总人数
普通高中教育	488	80.26	120	19.74	608
中等职业教育	8	36.36	14	63.64	22
总计	496	78.73	134	21.27	630

从学位结构来看，具有硕士以上学位的任课教师有 119 人，占比为 18.89%；从职称结构来看，具有中级以上职称的任课教师有 395 人，占比为 62.70%。师资队伍的职称结构较令人满意。具体如表 5-9 所示。

表 5-9　师资队伍的学位、职称结构

类别	硕士以上学位人数	硕士以上学位人数占师资队伍人数的百分比/%	中级以上职称人数	中级以上职称人数占师资队伍人数的百分比/%
普通高中教育	108	17.76	375	61.68
中等职业教育	11	50.00	20	90.91
总计	119	18.89	395	62.70

（五）学费标准

各学校高中阶段中外合作办学的学费收取标准均遵循当地物价局规定，主要集中于 3 万元以下。具体如表 5-10 所示。

表 5-10　2014～2015 学年福建省高中阶段中外合作办学项目学费标准

学费/（元/年）	<3 万	3 万～5 万	>5 万
学校数量/个	18	3	2

如表 5-11 所示，泉州五中中美班学费为每年 3 万元，福师大附中中美班学费为每年 4 万元，福州三中中加班学费为每年 4.2 万元。学费每年在 5 万元以上的学校仅有 2 所，漳州立人中美合作学校学费为每年 6.8 万元，福州八中中美班学费为每年 5.6 万元。与北京市和上海市等一线城市相比，福建省高中阶段中外合作办学的收费相对较低。厦门电子职中内地与港澳台合作办学项目不收学费，每年仅向学生收取代办费 1000 元，学校每年投入财政预算生均学费 2600 元，公共办学经费每人 7000 元。根据福建省高中的收费管理办法，大部分高中项目的学费收入上缴所属市区财政系统，办学支出由市区财政系统统一划拨，因此大部分办学项目未设立财务专项。

表 5-11　2014～2015 学年福建省高中阶段中外合作办学学费收入

单位：万元

序号	中外合作办学机构/项目名称	学费标准	学费收入
1	漳州立人中美合作学校	6.8	256
2	福州八中中美班	5.6	258
3	福州三中中加班	4.2	590
4	福师大附中中美班	4	701
5	泉州五中中美班	3	192
6	泉州七中中美班	2.8	210
7	漳州一中中英班	2.63	500
8	养正中学中加班	2.5	522
9	集美中学中澳班	2.5	248
10	双十中学中澳班	2.5	588
11	厦门外国语中美班	2.5	658
12	厦门一中中美班	2.5	888
13	福安一中中美班	2.4	480

续表

序号	中外合作办学机构/项目名称	学费标准	学费收入
14	三明二中中美班	2.4	125
15	沙县一中中美班	2.3	50.6
16	福安二中中英班	2.2	257
17	莆田五中中加班	2.2	389
18	莆田一中中美班	2.2	759
19	柘荣一中中新班	2.2	273
20	福州八中中澳班	2	200
21	建瓯一中中澳班	2	310
合计			8454.6

三、福建省高中阶段中外合作办学情况

（一）管理与组织

福建省高中阶段中外合作办学项目主要采用 3 种管理模式。一是独立的国际部。它区别于学校普通班的教务部门，成立国际部管理国际班日常事务。例如，泉州五中中美班就采用中西文化融合的管理体制，严格实行"管理委员会—国际教育部—班主任"的三级矩阵管理模式，具有独立的编制，享受与其他同等级教师相同的待遇。国际部主要负责合理研究和设置国内与国际课程，做好国内外课程的深度融合，负责课程项目的常规管理，设置各项管理制度，把常规管理与现代管理紧密结合起来。福师大附中中美班成立了以校党委书记为核心的管理小组，由一名副校长分管，同时由一名固定的专项负责人负责具体事务。二是非独立的国际部。它是指国际部内部机构设置上由学校其他部门工作人员兼任，如福建八中成立联合管理委员会，该委员会委派常务人员进行日常管理，由校长兼任主任，一名副校长任副主任，国际部不设固定编制，教师或主任均在学校其他机构担任职务。三是半独立的国际部。它是指成立国际部和国际班，第一年成立相应班级，高二年级时分为国内高考班和出国班，参加国内高考的学生回到普通班进行学习，与普通日常教学工作未完全脱离。

福建省高中阶段中外合作办学机构只有漳州立人中美合作学校一所，该校以学校理事会作为学校的最高决策机构，理事会成员中中方代表 3 名，美方代表 2 名。首届理事会理事长由中方担任，下设校务管理机构，由漳州立人学校校长兼任该校校长。

（二）课程与教学

1. 课程设置

福建省高中阶段中外合作办学的课程分为中方课程、外方课程和共同开发课程。就共同开发课程开设情况而言，有 6 所学校是共同开发课程的，其共同开发课程门数在 1～4 门。具体如表 5-12 所示。

表 5-12　福建省高中阶段境内外合作办学课程设置情况

序号	机构/项目名称	中方课程门数	外方课程门数	共同开发课程门数	外方课程占比/%
1	养正中学中加班	13	4	3	20.00
2	泉州七中中美班	7	3	3	23.08
3	莆田一中中美班	7	3	3	23.08
4	莆田五中中加班	13	14	1	50.00
5	莆田十中中英班	14	4	0	22.22
6	厦门电子职中内地与港澳台合作办学项目	11	18	0	62.07
7	福州三中中加班	8	14	0	63.64
8	福州八中中澳班	11	6	0	35.29
9	福州八中中美班	11	24	0	68.57
10	福师大附中中美班	14	18	0	56.25
11	厦门一中中美班	14	21	0	60.00
12	厦门外国语中美班	13	10	0	43.48
13	双十中学中澳班	17	8	0	32.00
14	沙县一中中美班	14	4	0	22.22
15	建瓯一中中澳班	21	4	4	13.79
16	福安一中中美班	13	4	0	23.53
17	柘荣一中中新班	24	11	0	31.43
18	漳州立人中美合作学校	12	9	0	42.86
19	三明二中中美班	48	4	1	7.55

从表 5-12 可以看出，以外方课程门数是否大于中方课程和共同开发课程门数的总和，即外方课程占比以 50% 为界。可以明显地发现，莆田五中中加班、厦门电子职中内地与港澳台合作办学项目、福州三中中加班、福州八中中美班、福师大附中中美班、厦门一中中美班 6 个项目的外方课程占比不低于 50%，其他项目中外方课程占比低于 50%。

2. 教学理念

教学理念相对比较统一，即培养具有国际视野的综合素质较高的人才。一般来说，对学生进行分流培养。对有意参加国内普通高考的学生则目标定位于教学高中课程；对有意申请国外名牌大学的学生，则为他们申请名校做准备，为学生提供指导与服务。致力于满足学生的需求，以实现学生学习的最终目标。

3. 双语教学模式分类

通过对表 5-12 进行分析，发现福建省中外合作办学项目大多实行双语教学，并且多为英语与中文。这主要是在实验班实行，并且在规定的几门课上的要求是双语教学，多数课程只是中文教学，对英语水平的要求大多集中在开设英语角，对雅思、托福的要求上。例如，漳州立人中美合作学校通过引进先进的教育理念和美方课程，采用美国原版教材，由外国专家担任美国高中课程教学，引进美国的教育理念、教学方法和课堂模式，每学期通过问卷调查测评学生的满意度。

4. 教学方法和教材质量

教学方式都是采取小班教学，区别仅在于人数的规定，一般为 25～40 人。有的设置实验班，在实验班内进行教学。

大部分项目的教材是中国普通高中教材加相应合作办学学校的部分教材或者参照合作国家的高中课程的教材。按国别分类主要有中美、中加、中澳、中英等几种类型的教材模型。

5. 教学评价体系

考核方式不一。根据学生最终选择方向的不同，有的直接参加国内高考，这样的学生考核就比较直接，就是以高考成绩来评价学生的接受教学效果。而针对申请国外大学的学生，由于申请要求不一，需要进行的考核相对来说较多，涉及学校组织的考试、英语为第二语言（English as a second language，ESL）英语、AP 英语、学校的考试、A-Level 课程、托福、雅思等，类型较多，标准不一。

此外，通过国际化交流活动促进学生发展。例如，举办中美跨文化活动，仅 2014 年就有三批次美国教育界知名人士访问福州第三中学。同时成功组织了两期师生赴美国参加夏令营，深度接触包括哈佛大学、普林斯顿大学等在内的 10 所世界顶尖大学，学生通过寄宿美国家庭，学习美国中学部分课程，提升了英语学习能力，开阔了国际化视野。此外，学校还通过英语角、各类中西结合的素质拓展活动、社团活动，切实保障学生的学习和生活。

（三）教师队伍建设

优质的教师团队是中外合作办学质量保障的关键。福建省高中阶段中外合作办学采取多种措施加强教师队伍建设。

2014～2015 学年，高中阶段项目（机构）共聘用专职或兼职教师 608 人次。其中，境内教师 523 人次，占比 86.02%；境外教师 85 人次，占比 13.89%。

其中，境内选派教师 488 人次。从学位结构来看，硕士以上学位的教师 73 人次，占比为 14.96%；从职称结构来看，具有高级职称的教师 153 人次，具有中级职称的教师 199 人次，中级以上职称教师的百分比为 72.13%。具体如表 5-13 所示。

表 5-13　福建省高中阶段中外合作办学中方选派教师的统计情况

序号	项目（机构）名称	总人数	学位结构情况		职称结构情况		
			硕士以上学位人数	硕士以上学位百分比/%	高级职称人数	中级职称人数	中级以上职称百分比/%
1	莆田一中中美班	64	15	23.44	21	17	59.38
2	福州八中中澳班	44	2	4.55	14	18	72.73

续表

序号	项目（机构）名称	总人数	学位结构情况			职称结构情况		
			硕士以上学位人数	硕士以上学位百分比/%	高级职称人数	中级职称人数	中级以上职称百分比/%
3	莆田五中中加班	40	6	15.00	3	10	32.50
4	厦门外国语中美班	38	10	26.32	11	15	68.42
5	福安一中中美班	32	1	3.13	13	16	90.63
6	养正中学中加班	32	0	0.00	15	16	96.88
7	厦门一中中美班	29	1	3.45	12	17	100.00
8	泉州五中中美班	23	14	60.87	3	2	21.74
9	柘荣一中中新班	23	1	4.35	4	17	91.30
10	建瓯一中中澳班	22	1	4.55	13	9	100.00
11	福师大附中中美班	20	7	35.00	7	10	85.00
12	三明二中中美班	17	0	0.00	10	7	100.00
13	双十中学中澳班	14	5	35.71	4	8	85.71
14	泉州七中中美班	14	3	21.43	3	4	50.00
15	福安二中中英班	14	0	0.00	7	5	85.71
16	集美中学中澳班	14	0	0.00	5	5	71.43
17	福州八中中美班	12	2	16.67	5	7	100.00
18	漳州一中中英班	9	0	0.00	1	6	77.78
19	福州三中中加班	8	2	25.00	2	6	100.00
20	漳州立人中美合作学校	19	3	15.79	0	4	21.05
	合计	488	73	14.96	153	199	72.13

外方选派的教师 120 人次。从学位结构来看，硕士以上学位的教师 35 人次，占比 29.17%；从职称结构来看，具有高级职称的教师 7 人次，具有中级职称的教师 16 人次，中级以上职称的教师百分比为 19.17%。具体情况如表 5-14 所示。

综合中外双方选聘教师的情况，我们发现，从教师团队规模和中外教师比例看，根据机构和项目规模的不同，教师团队规模不同。人数最多的莆田一中中美班中外教师团队有 70 名教师，规模小的中外教师团队也有 11 名教师，多数集中在 10～30 人。教师团队总人数为 10～20 人的机构有 6 个，占总数的 30.00%；教师团队总人数为 20～30 人的机构有 7 个，占总数的 35%；其余 7 个机构的教师团队总人数为 30～70 人，分布较为分散。

所有的机构和项目均为中外教师团队组成，大多以中方选聘教师为主，外方选聘教师为辅。莆田一中中美班教师团队总人数最多，但其外方选聘教师的比例仅为 8.57%。又如福州三中中加班教师总人数虽然只有 29 人，但其外方选聘教师占 72.41%。总的来说，外方选聘教师占教师团队总人数的比例满足《中外合作办学条例》的要求，但大多数的比例不是很高。比例介于 10%～30% 的项目机构就有 15 个，占总机构数的 75%。

表 5-14　福建省高中阶段中外合作办学境外选派教师统计情况

序号	项目（机构）名称	总人数	学位结构情况		职称结构情况			境内外情况	
			硕士以上学位人数	硕士以上学位百分比/%	高级职称人数	中级职称人数	中级以上职称百分比/%	境内人数	境外人数
1	福州三中中加班	21	6	28.57	1	13	66.67	15	6
2	福州八中中澳班	13	3	23.08	0	0	0.00	0	13
3	福州八中中美班	10	8	80.00	0	0	0.00	6	4
4	厦外国语中美班	8	3	37.50	0	1	12.50	5	3
5	厦门一中中美班	8	2	25.00	0	0	0.00	1	7
6	养正中学中加班	8	0	0.00	0	0	0.00	5	3
7	福师大附中中美班	6	3	50.00	0	0	0.00	2	4
8	莆田一中中美班	6	0	0.00	0	0	0.00	0	6
9	泉州五中中美班	6	0	0.00	0	0	0.00	0	6
10	建瓯一中中澳班	5	2	40.00	3	1	80.00	1	4
11	莆田五中中加班	4	3	75.00	0	0	0.00	0	4
12	福安一中中美班	4	2	50.00	0	0	0.00	0	4
13	双十中学中澳班	4	0	0.00	0	0	0.00	0	4
14	集美中学中澳班	4	0	0.00	0	0	0.00	0	4
15	泉州七中中美班	3	2	66.67	2	1	100	0	3
16	柘荣一中中新班	3	0	0.00	0	0	0.00	0	3
17	漳州一中中英班	2	0	0.00	0	0	0.00	0	2
18	三明二中中美班	2	0	0.00	0	0	0.00	0	2
19	福安二中中英班	2	0	0.00	0	0	0.00	0	2
20	漳州立人中美合作学校	1	1	100	1	0	100	0	1
	合计	120	35	29.17	7	16	19.17	35	85

（四）培养质量

2015 年，福建省高中阶段中外合作项目毕业人数为 874 人，毕业率为 97.65%（2012 年招生人数为 895 人）；2015 年毕业生中，33.87% 的学生选择境外升学，66.13% 的学生选择在境内升学，这样的比例是比较合适的，学生有两种升学选择，有助于学生的多样化发展。具体如表 5-15 所示。

表 5-15　2015 届福建省中阶段中外合作办法项目学生毕业统计情况

序号	项目名称	招生人数	毕业人数	毕业率/%	境内升学人数	境外升学人数
1	双十中学中澳班	131	131	100.00	108	23
2	厦门一中中美班	118	118	100.00	83	35
3	莆田一中中美班	117	112	95.73	78	34
4	漳州一中中英班	104	104	100.00	80	24

续表

序号	项目名称	招生人数	毕业人数	毕业率/%	境内升学人数	境外升学人数
5	福州八中中澳班	100	100	100.00	85	15
6	厦门外国语中美班	88	80	90.91	14	66
7	泉州五中中美班	79	79	100.00	34	45
8	养正中学中加班	76	76	100.00	68	8
9	福州三中中加班	43	42	97.67	2	40
10	集美中学中澳班	39	32	82.05	26	6
	合计	895	874	97.65	578	296

（五）社会效益

高中学校举办中外合作办学所创造的内部效益主要是为境内教师出国交流、学习拓宽渠道，为教学理念革新的探索提供素材，为中学国际化办学探索了宝贵经验。

举办中外合作办学的外部效益主要是满足了部分出国留学的增长需求；大批学生通过项目（机构）入读海外名校，提高了项目（机构）及举办高中的办学知名度。

四、高中阶段中外合作办学项目满意度问卷调查

（一）调查基本情况

1. 研究对象

本书的研究对象为 XMFLS 中学中外合作办学项目（以下简称国际班）高一年级至高三年级的学生。本次调查以纸质问卷调查为主，高三年级学生采用"问卷星"在线填写问卷。共回收问卷 145 份，剔除无效问卷后，得到有效问卷 124 份，有效率为 85.52%。在有效问卷中，男生占比为 44.35%，女生占比为 55.65%。高一年级学生占比为 75.00%，高二年级学生占比为 16.13%，高三年级学生占比为 8.87%。

2. 研究方法

本书采用自行编制的福建省普通高中国际班办学质量情况调查问卷。通过中国知网检索相关文献作为参考资料，为本书提供理论依据。同时通过访谈各年级学生收集意见，形成问卷原稿。问卷原稿经过测试并修正后，形成正式问卷，最后进行正式调查。

问卷分为 3 个部分，第一部分为个人基本情况，包括是否优先考虑出国、性别、年级、就读的国际课程类型、英语平均水平、进入国际班就读的时间。第二部分为就读国际班的动机及对参加国内高考的态度，细化为 10 道选择题。第三部分为学生对国际班期待的满意度调查，共 24 道题，其中主要包括 5 个维度：课程安排、教师教学、班级管理、出国服务、活动安排，共 23 道题；另有一道题为总体满意度调查（本题的有效问卷数为 121 份）。主要采用非常不满意、比较不满意、基本满意、比较满意、非常满意 5 种不同满意程度评定。根据项目分析结果，问卷中每道题的 t 值均为显著，表示测试问卷 24 道题均具有鉴别度。

将调查结果的数据按需要分类并进行统计学处理和综合分析。本书采用 SPSS 20.0 统计软件对调查数据进行描述性统计、相关分析、方差分析等统计分析。

（二）数据分析与结论

1. 数据分析

（1）信度检验分析

信度检验统计量如表 5-16 所示。

表 5-16 信度检验统计量

维度	α（克龙巴赫系数）	统计项数
总量表	0.952	23
课程安排	0.894	6
教师教学	0.943	7
班级管理	0.859	3
出国服务	0.919	4
活动安排	0.798	3

为进一步了解问卷的可靠性与有效性，笔者针对本次问卷的满意度做了信度检验，并且同时对满意度部分的总量表和各个维度分别做了信度分析，采用的是常用的信度检验方法——计算克龙巴赫系数。根据学者的普遍观点，α 在 0.9 以上表示量该表具有不错的信度。α 在 0.7 以上表示该量表的信度可以接受。本问卷总体量表 α 为 0.952，总体信度颇佳，各维度量表的 α 均在 0.79 以上，"教师教学"和"出国服务"维度的 α 更是达到了 0.9 以上，证明本次调查具有较高的可信度。

（2）因素分析

本次因素分析采用主体元件分析撷取方法和具有 Kaiser 正规化的斜交转轴法，在 20 迭代中收敛循环，并划分维度。此时，比较变量间相关系数的统计量 KMO=0.917，Bartlett 检验值为 2304.634，共含有 5 个维度，分别为课程安排、教师教学、班级管理、出国服务、活动安排。因素分析如表 5-17 所示。本数据的累积解释率为 75.71%。通过对各个维度的数值进行单样本 t 检验，发现各个维度在双尾检验显著性水平为 0.05 时，都区分显著，说明维度划分后数据之间具有区分度。

表 5-17 因素分析

维度	题目	元件矩阵				
		元件				
		1	2	3	4	5
课程安排	英语强化课程（听说读写类课程）数量情况		0.642		0.407	
	英语强化课程（听说读写类课程）难度		0.702		0.317	
	双语课程（如数学、经济、历史等）数量情况		0.702			
	双语课程（如数学、经济、历史等）难度		0.823			

续表

维度	题目	元件矩阵				
		元件				
		1	2	3	4	5
课程安排	双语课程（如数学、经济、历史等）对出国有帮助情况		0.662			
	双语课程（如数学、经济、历史等）原版外文教材		0.628	0.368		
教师教学	国际班教师语言逻辑性	0.705				
	国际班教师语言通俗性	0.775				
	国际班教师选用的教学方法	0.696				
	国际班教师多媒体的使用情况	0.732				
	国际班教师培养学生解题能力的情况	0.637				
	国际班教师在课堂上与学生的互动情况	0.679				
	国际班教师课后辅导学生的情况	0.504				
班级管理	国际班班级凝聚力					0.892
	国际班管理方式					0.821
	国际班对使用电子设备的管理					0.674
出国服务	国际班提供出国咨询的数量情况			0.828		
	国际班提供出国咨询的质量			0.750		
	国际班提供出国咨询的途径			0.741		
	国际班学校帮助学生拟订的出国规划			0.504		
活动安排	国际班活动资源（如圣诞晚会、万圣节等活动）的数量情况				0.785	
	国际班活动资源（如圣诞晚会、万圣节等活动）的质量情况				0.784	
	国际班提供的志愿者服务（社区服务）机会			0.380	0.544	

撷取方法：主体元件分析

转轴方法：具有 Kaiser 正规化的斜交转轴法

因素分析：在 20 迭代中收敛循环

（3）各维度满意度分析

各维度满意度如表 5-18 所示。

表 5-18　各维度满意度

项目	课程安排	教师教学	班级管理	出国服务	活动安排
平均数	3.591 5	3.987 4	4.064 8	3.553 4	4.166 1
标准差	0.859 54	0.812 18	0.931 77	0.924 91	0.831 43

在问卷调查前期，结合访谈情况，国际班学生普遍反映需要提早知道出国资讯，并对目前相关资讯有一定的不满，据此笔者对调查结果进行了假设：国际班学生对出国服务项目上的满意度最低，其他满意度较高。从表 5-18 可以发现，满意度从高到低分别为活动安排、班级管理、教师教学、课程安排、出国服务。这与前期的假设相同。当然，

我们也要看到，出国服务的平均数也达到了 3.5534，说明在整体上，学生也对国际班的质量给予了一定程度的肯定，因此可以认为各维度都达到了由"基本满意"到"比较满意"转变的程度。

在整个调查过程中，笔者发现有不少学生反映国际班的服务有待完善。例如，有学生认为现在分班较晚，学生在高一年级时并未明确未来的发展规划，他希望学校能早一点分班，并为他们做好出国规划。有学生认为学校发布的出国资讯应该更加面向低年级的学生，以方便他们了解出国信息，做好心理准备。此外，还有学生认为，目前学校关于考取普通类大学的资讯比较多，而考取艺术类院校的资料比较少，这样不方便他们进行学习与规划。根据综合访谈相关信息，我们知道，改进出国服务也许是改善国际班办学质量的一个重要方面。另外，在课程安排方面，有学生反映课程安排不太合理，表现在：①中方与外方的课程比重不合理，外方课程偏少；②外方课程偏简单；③课程时间安排与考试需要不匹配，有的课程安排滞后于考试；④引进的课程内容与国外的课程有一定程度上的偏差。

问卷中还编有一道题让学生对国际班的总体满意度打分。笔者将总体满意度与各维度的满意度进行了相关分析，具体如表 5-19 所示。

表 5-19　各维度满意度与总体满意度相关分析

维度		总体满意度	课程安排	教师教学	班级管理	出国服务	活动安排
总体满意度	皮尔森（Pearson）相关	1	0.513**	0.668**	0.652**	0.617**	0.618**
	显著性水平（双尾）		0.000	0.000	0.000	0.000	0.000
	问卷数	121	121	121	121	121	121
课程安排	皮尔森（Pearson）相关	0.513**	1	0.624**	0.454**	0.542**	0.452**
	显著性水平（双尾）	0.000		0.000	0.000	0.000	0.000
	问卷数	121	124	124	124	124	124
教师教学	皮尔森（Pearson）相关	0.668**	0.624**	1	0.632**	0.637**	0.606**
	显著性水平（双尾）	0.000	0.000		0.000	0.000	0.000
	问卷数	121	124	124	124	124	124
班级管理	皮尔森（Pearson）相关	0.652**	0.454**	0.632**	1	0.580**	0.586**
	显著性水平（双尾）	0.000	0.000	0.000		0.000	0.000
	问卷数	121	124	124	124	124	124
出国服务	皮尔森（Pearson）相关	0.617**	0.542**	0.637**	0.580**	1	0.643**
	显著性水平（双尾）	0.000	0.000	0.000	0.000		0.000
	问卷数	121	124	124	124	124	124
活动安排	皮尔森（Pearson）相关	0.618**	0.452**	0.606**	0.586**	0.643**	1
	显著性水平（双尾）	0.000	0.000	0.000	0.000	0.000	
	问卷数	121	124	124	124	124	124

**在 0.01 显著水平下，极度相关。

从表 5-19 可以发现，学生对国际班的总体满意度与各维度满意度都呈现一定程度的正相关，其中与课程安排的相关度最低，与教师教学的相关度最高。也就是说，要想提高学生的满意度，提高教师的教学能力是一个较大的突破口。

（4）性别对总体满意度影响分析

性别的独立样本 t 检验如表 5-20 所示。

表 5-20　性别的独立样本 t 检验

总体满意度		显著水平
F 检验	t 检验	0.104
2.712	0.933	

为验证性别是否与满意度相关，笔者对其进行了独立样本 t 检验，从表 5-20 可以看出，显著性水平为 0.104，远大于 0.05，所以，拒绝原假设，我们可以得出结论：国际班学生总体满意度受性别影响不显著。也就是说，学生性别对国际班的满意度没有差别。

（5）不同年级总体满意度分析

年级的方差齐性检验如表 5-21 所示。

表 5-21　年级的方差齐性检验

F 检验总体满意度	显著性水平
13.883	0.000

多重比较（Tukey HSD）如表 5-22 所示。

表 5-22　多重比较（Tukey HSD）

年级	各年级两两对比显著性差异		
	高一年级	高二年级	高三年级
高一年级		0.000	0.000
高二年级	0.000		0.767
高三年级	0.000	0.767	

不同年级的总体满意度如表 5-23 所示。

表 5-23　不同年级的总体满意度

年级	平均数	问卷数	标准误差
高一年级	127.945 5	93	20.640 34
高二年级	107.689 8	20	14.329 28
高三年级	102.363 6	11	27.335 96
总计	122.409 1	124	22.482 47

由以上各表可知，对总体满意度进行方差分析，显著性水平为 0.000，小于 0.05，所以国际班不同年级总体满意度有显著性差异，对其做两两比较分析得知，高一年级与高二年级、高三年级的满意度之间存在显著性差异，而高二年级与高三年级的满意度之间不存在差异。其中高一年级总体满意度最高，平均数为 127.9455；高三年级总体满意度最低，平均数为 102.3636。

结合对国际班学生进行的访谈，笔者发现数据显示的结果与访谈得到的内容相吻合。在访谈过程中，笔者发现高一年级、高二年级学生对国际班的办学质量评价都较为模糊，其更多的是对某位教师、某些知识内容的局部评价，很难看到全貌。这可能与本书的调查时间有关。因为本书的调查时间为下半年的第一学期，此时高一年级学生刚进入国际班，高二年级的学生也并未学习很多的外方课程，所以他们在国际班学习的时间不太长、对出国相关事宜不太了解，这导致他们无法对国际班的办学质量进行全面的评价。而高三年级的学生，大多参加过一定的出国相关考试，对国际班的课程安排有了一些亲身体会，他们能够更加全面地评价国际班的办学质量。这也从另一个方面说明，国际班有必要加强出国相关资讯的宣传，使低年级学生更清晰地了解出国信息。在高三年级学生的访谈记录中，可以看出，学生认为现在的课程安排滞后于相应的考试安排，如高二年级学生已经参加了 AP 考试，而学校在高三年级时才会为学生开设相应的课程。高一年级、高二年级学生对国际班不满意的地方大多是课程安排、教师教学，而高三年级除此之外还对国际班的出国服务颇有不满，因此满意度稍低。据此，笔者进行了进一步的分析。具体如表 5-24 所示。

表 5-24　不同年级学生在各维度上的满意度情况

维度		问卷数	平均数	标准差	均值标准误差	平均值的 95% 置信区间		最小值	最大值
						下限	上限		
课程安排	高一年级	93	3.711 6	0.861 64	0.089 35	3.534 1	3.889 0	1.00	5.00
	高二年级	20	3.241 7	0.706 02	0.157 87	2.911 2	3.572 1	1.17	4.17
	高三年级	11	3.212 1	0.879 05	0.265 04	2.621 6	3.802 7	1.67	4.67
总计		124	3.591 5	0.859 54	0.077 19	3.438 7	3.744 3	1.00	5.00
教师教学	高一年级	93	4.167 5	0.781 98	0.081 09	4.006 5	4.328 6	2.00	5.00
	高二年级	20	3.507 1	0.646 36	0.144 53	3.204 6	3.809 6	2.86	5.00
	高三年级	11	3.337 7	0.682 95	0.205 92	2.878 9	3.796 5	2.57	5.00
总计		124	3.987 4	0.812 18	0.072 94	3.843 0	4.131 8	2.00	5.00
班级管理	高一年级	93	4.301 5	0.805 84	0.083 56	4.135 6	4.467 5	2.00	5.00
	高二年级	20	3.600 0	0.722 24	0.161 50	3.262 0	3.938 0	2.33	5.00
	高三年级	11	2.909 1	1.136 18	0.342 57	2.145 8	3.672 4	1.33	5.00
总计		124	4.064 8	0.931 77	0.083 68	3.899 2	4.230 5	1.33	5.00
出国服务	高一年级	93	3.708 3	0.913 98	0.094 77	3.520 0	3.896 5	1.00	5.00
	高二年级	20	3.162 5	0.431 30	0.096 44	2.960 6	3.364 4	2.25	4.50
	高三年级	11	2.954 5	1.249 09	0.376 61	2.115 4	3.793 7	1.00	5.00
总计		124	3.553 4	0.924 91	0.083 06	3.389 0	3.717 8	1.00	5.00
活动安排	高一年级	93	4.394 3	0.693 21	0.071 88	4.251 5	4.537 0	2.33	5.00
	高二年级	20	3.529 9	0.659 04	0.147 36	3.221 5	3.838 4	2.67	4.67
	高三年级	11	3.393 9	1.143 27	0.344 71	2.625 9	4.162 0	1.33	5.00
总计		124	4.166 1	0.831 43	0.074 66	4.018 3	4.313 9	1.33	5.00

维度		问卷数	平均数	标准差	均值标准误差	平均值的95%置信区间		最小值	最大值
						下限	上限		
各维度满意度总分	高一年级	93	127.945 5	20.640 34	2.140 30	123.694 7	132.196 4	69.00	159.00
	高二年级	20	107.689 8	14.329 28	3.204 13	100.983 5	114.396 1	79.00	130.00
	高三年级	11	102.363 6	27.335 96	8.242 10	83.999 1	120.728 2	60.00	157.00
	总计	124	122.409 1	22.482 47	2.018 99	118.412 7	126.405 6	60.00	159.00
总体满意度	高一年级	91	4.26	0.758	0.079	4.11	4.42	3	5
	高二年级	19	3.74	0.806	0.185	3.35	4.13	2	5
	高三年级	11	3.27	1.104	0.333	2.53	4.01	1	5
	总计	121	4.09	0.856	0.078	3.94	4.25	1	5

由表 5-24 可知，各维度满意度上皆出现了"高一年级>高二年级>高三年级"的情况，并且在出国服务和班级管理维度上尤为明显。如何"在国际班办学过程中保持学生满意度"是一个值得探讨的话题。结合访谈，笔者发现在高三年级学生升学服务上，主要问题是学校未能帮助学生制订较好的升学规划，导致学生在考试时间安排或其他方面遇到一定程度的阻碍。在班级管理上，主要是学校在请假及电子设备的管理上给学生带来了很大的不便。而且到了高三年级，大部分学生需要参加各种考试，班级凝聚力在某种程度上下降了，也是一种可能的原因。

（6）就读动机对总体满意度影响分析

为了了解学生就读国际班的动机，笔者基于此部分 123 份有效问卷做了相关统计。学生在选择到国际班就读时，对国际班的了解程度一般。也就是说，学生进入国际班不一定是因为对国际班的了解，而是有其他的动机。学生选择国际班主要的动机如图 5-2 所示。

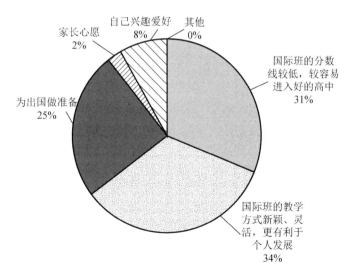

图 5-2　学生选择国际班主要的动机

如图 5-3 所示，学生确实对国际班的教学方式给予了肯定。也就是说，学生选择就读国际班主要的原因可以归结为享受更新颖的教学方式，将国际班作为"跳板"从而享受更优质的教育资源，为出国做准备。在选择的过程中，我们可以看到学生的 3 种倾向：第一种是出国与否不重要，只希望拥有好的教育资源；第二种是出国意愿不明确，主要是想就读于一所好的高中；第三种主要是希望出国。

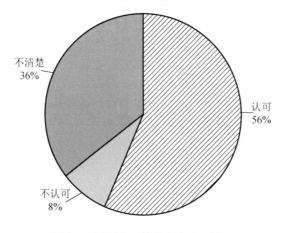

图 5-3　国际班对教学方式认可情况

但是根据调查，笔者发现，大多数就读于国际班的学生是以"能否有利于出国"作为衡量国际班办学质量的标准的。据此，笔者进行了就读动机的进一步分析。由表 5-25 可以看出，学生在选择国际课程类型时更看重自己的兴趣，认为影响其选择国际课程类型的最重要的因素为"自己的兴趣"（52.8%），远超其他选项；其次是"录取分数线"（15.4%）、"其他"（8.1%）。而选择了"其他"选项的学生，大多反映由于受"四校联考"限制，而只能进入国际班。"自己的兴趣"和"录取分数线"成为影响学生选择国际课程类型的两个主要因素。

表 5-25　选择国际课程类型时考虑的因素

选项	选择"最重要"		选择"第二重要"		选择"第三重要"		未选择	
	次数	有效百分比/%	次数	有效百分比/%	次数	有效百分比/%	次数	有效百分比/%
自己的兴趣	65	52.85	19	15.45	12	9.76	27	21.95
父母的决定	7	5.69	32	26.02	16	13.01	68	55.28
老师的建议	8	6.50	12	9.76	12	9.76	91	73.98
录取分数线	19	15.45	12	9.76	15	12.20	77	62.60
是否有利于转入普通班	2	1.63	4	3.25	7	5.69	110	89.43
相应课程对应国家的出国难易程度	6	4.88	9	7.32	9	7.32	99	80.49
就业情况	3	2.44	3	2.44	10	8.13	107	86.99
随意报的	3	2.44	1	0.81	5	4.07	114	92.68
家庭的经济承受能力	4	3.25	8	6.50	8	6.50	103	83.74
其他	10	8.13	0	0.00	3	2.44	110	89.43

（7）学生对参加国内高考的态度分析

根据图 5-4 和图 5-5，我们发现，多数国际班的学生对待高中会考和国内高考的态度是"觉得很重要，并认真学习"。这和我们发现的学生就读国际班的动机相符合。国际班学生一方面希望国际班能办得更有利于出国，另一方面希望自己能参加高考，在国内就读一所好大学。在学生的两大需求之间，国际班要权衡利弊来开展办学活动。

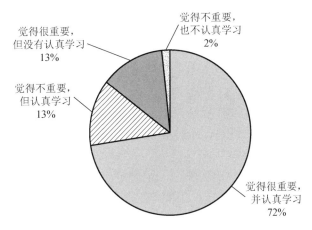

图 5-4　对待高中会考科目的态度

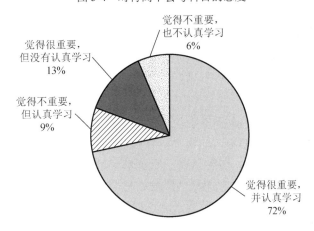

图 5-5　对待国内高考科目的态度

2. 分析与思考

国际班并不是"出国班"，不一定是为了出国而开设的班级。国际班是致力于引进国外优秀教育资源的平台，学生在这里可以自主选择将来是"参加高考"还是"出国"。为此，国际班可从以下几个方面进行改进。

1）课程安排更加弹性化。现有的国际班国外课程与国内课程结合的类型较为单一，主要为嫁接型。高中国际班在进行课程安排时主要考虑学生将来的去向。但是现有的课程安排中有着某些缺陷，如课程安排滞后于考试。因此，学校在安排课程时，可以综合考虑本年级国际班内学生的需求,在与学生达成共识之后确定课程安排或者调整课程安排。据现状来看,国际班内学生人数较少,比较适合调整课程安排,课程安排也可以更加弹性化。

2)教师教学更加灵活化。根据问卷分析,我们知道教师教学与总体满意度的相关性最大,提升教师教学能力和教学质量将会在很大程度上影响学生对国际班办学质量的评价。目前,国际班内教师的教学方式获得学生的好评,但是也存在着某些问题,如教师教的内容过于简单,无法满足学生的学习需要;教师不注意教授学习方法,学生无法应对问题变式。针对此问题,笔者认为教师应该在上课前了解本班学生的学习情况,在对学情有了基本了解的情况下开展教学;教师应注重将学习方法教授给学生,而不是专注于某些题目。此外,在信息技术高速发展、教学模式逐步创新的情况下,教师要紧跟时代潮流,积累新的教学经验,在自己的教学中运用大数据分析学情,开展翻转课堂、个性化教学等活动,用更加灵活的教学方式为学生开展更加有效的教学。

3)班级管理更加人性化。国际班是一个比较特殊的班级,这里的学生既有准备出国的,也有选择留在国内的。基于此,国际班内的管理应该更加人性化,给学生充分的选择空间。在调查过程中,部分学生认为目前国际班的管理过于严格,如请假难、禁止使用计算机等给他们带来了很多不便。国际班在办学的过程中,应该注意学生的真实情况,使学生有更多的自由。只有这样才能让学生在选择过程中拥有更多的自主权。而对那些选择留在国内的学生,也要保障其有学习、复习高考科目的时间和机会。

4)出国服务更加细致化。在所有的维度中,出国服务的满意度最低。尤其是到了高三阶段,学生对此表现出"比较不满意"的倾向。在国际班的办学过程中,出国服务主要体现在提供出国资讯上。学生认为国际班应该提前让学生了解出国的相关情况和要求,提前帮助学生做好规划,而不是让学生随意地做出选择。有些学生甚至因为没有规划好考试时间,而错过了参加考试的机会,导致需要中断一年才能出国。

5)活动安排更加丰富化。国际班是一个能够了解更多文化的平台,在这里学生能体会不同国家的文化,有更多去参加社区服务的机会。学校应该保证学生享有这些资源,一方面,国际班需要为学生开展相应的活动、提供更多的机会和资源;另一方面,国际班要考虑到这些活动的必要性和价值,争取开展丰富多彩而又有意义的活动。

第二节　上海市高中阶段中外合作办学研究

上海市辖 16 个区,总面积为 6340 平方千米,是中国的经济、交通、科技、工业、金融、会展和航运中心。2015 年上海市地区生产总值为 25 123.45 亿元,人均生产总值为 10.38 万元,人均生产总值首次突破 10 万元。上海市是我国中外合作办学起步早、规范化程度高的地区。

一、上海市高中阶段中外合作办学数量

上海市高中阶段中外合作办学起步很早，早在1985年，上海电子工业学校就与德国慕尼黑汉斯·赛德尔基金会合作，引进德国"双元制"职业技术教育模式。1996年，上海九洲集团与日本天富株式会社合作开办上海九洲现代艺术职业技术学校。到2003年，上海市中等职业教育中外合作办学已有独立设置的中外合作中等职业学校3所，中外合作举办专业的中等职业学校14所，合作方扩展到德国、加拿大、澳大利亚、英国、法国、新西兰、日本等国家。截至2015年12月，上海市共审批高中阶段中外合作办学机构和项目31个，包括普通高中教育中外合作办学机构1个，即：上海七宝德怀特高级中学；中等职业教育中外合作办学30个，其中中外合作办学机构3个，中外合作项目27个。已经停办的高中阶段中外合作办学机构和项目10个，包括中等职业教育中外合作办学机构1个（即上海九洲现代艺术职业技术学校），中等职业教育中外合作办学项目9个。具体如表5-26所示。

表5-26 上海市高中阶段中外合作办学基本信息（截至2015年12月）

序号	地区	境内外合作办学机构/项目名称
1	宝山区	上海鸿文国际职业高级中学
2	奉贤区	上海电子工业学校与德国普法基尔辛国立职业学校合作举办电气技术应用专业中等职业教育项目
3		上海电子工业学校与德国普法基尔辛国立职业学校合作举办机电技术应用专业中等职业教育项目
4		上海电子工业学校与德国普法基尔辛国立职业学校合作举办计算机网络专业中等职业教育项目
5		上海电子工业学校与德国普法基尔辛国立职业学校合作举办模具设计与制造专业中等职业教育项目
6		上海电子工业学校与德国普法基尔辛国立职业学校合作举办电子技术应用专业中等职业教育项目
7	虹口区	上海市南湖职业学校与澳大利亚新南威尔士西南悉尼技术与继续教育学院合作举办酒店运营与管理（邮轮服务与管理）专业中等职业教育项目
8	黄浦区	上海商业会计学校与澳大利亚西南悉尼技术与继续教育学院合作举办国际商务专业中等职业教育项目
9		上海商业会计学校与澳大利亚西南悉尼技术与继续教育学院合作举办金融事务专业中等职业教育项目（已停办）
10		上海长乐霍尔姆斯职业学校
11	金山区	上海食品科技学校和澳大利亚新南威尔士州技术与继续教育北悉尼学院合作举办食品生物工艺专业中等职业教育项目
12	闵行区	上海电力工业学校与澳大利亚启思蒙学院合作举办供用电技术专业中等职业教育项目
13		上海七宝德怀特高级中学
14		上海市公用事业学校与法国国家职业汽车学院合作举办智能交通应用技术课程非学历教育项目（已停办）
15		上海市公用事业学校与法国国家职业汽车学院合作举办汽车维修与检测课程非学历教育项目（已停办）
16		上海市公用事业学校与法国国家职业汽车学院合作举办现代交通车流管理课程非学历教育项目（已停办）

续表

序号	地区	境内外合作办学机构/项目名称
17	浦东新区	上海市医药学校与澳大利亚博士山技术与继续教育学院合作举办制药技术（药物制剂）专业中等职业教育项目
18		上海市医药学校与澳大利亚博士山技术与继续教育学院合作举办药剂（药品物流）专业中等职业教育项目
19		上海市医药学校与加拿大百年理工学院合作举办药剂（药品营销）中等职业教育项目
20		上海市临港科技学校与意大利对外烹调学院合作举办烹饪课程非学历教育项目
21		上海市东辉职业技术学校与英国威根和莱学院继续举办国际商务专业中等职业教育合作项目
22		上海市东辉职业技术学校与英国威根和莱学院合作举办计算机及应用专业中等职业教育项目（已停办）
23		上海交通大学医学院附属卫生学校与英国博恩茅斯国际学院合作举办护理专业中等职业教育项目（已停办）
24	静安区	上海市商业学校与澳大利亚西南悉尼技术与继续教育学院合作举办国际商务专业中等职业教育项目
25		上海市商业学校与韩国美容职业专门学校合作举办美容美发与形象设计专业中等职业教育项目
26		上海市商业学校与加拿大希尔克学院合作举办珠宝玉石加工与经营专业中等职业教育项目
27		上海市商业学校与澳大利亚西南悉尼技术与继续教育学院合作举办饭店服务与管理专业中等职业教育项目（已停办）
28	嘉定区	上海市工艺美术学校与德国汉堡国际传媒艺术与新媒体学院合作举办美术设计与制作专业中等职业教育项目（已停办）
29	松江区	上海市城市科技学校与澳大利亚技术与继续教育全球有限公司合作举办工业与民用建筑专业中等职业教育项目（已停办）
30	普陀区	上海信息技术学校与澳大利亚布里斯本北部技术与继续教育学院合作举办文秘专业中等职业教育项目
31	长宁区	上海九洲现代艺术职业技术学校（已停办）

从表 5-26 可知，上海市已经审批的 31 个高中阶段中外合作办学机构和项目中，截至 2015 年 12 月仍在开展办学活动的有 12 个学校开办的 21 个高中阶段中外合作办学机构和项目。在办学类型上，属于普通高中教育中外合作办学仅有 1 个机构；属于中等职业教育中外合作办学的有 20 个，包括中等职业教育中外合作办学机构 2 个，中等职业教育中外合作办学项目 18 个。开设中等职业教育中外合作办学项目数量最多的是上海电子工业学校，开办数量达到 5 个。

总体来看，呈现中外合作办学项目占据绝对优势，中外合作办学机构较少，中等职业教育中外合作办学占据绝对优势、普通高中教育中外合作办学极少的特点。此外，上海市中等职业教育中外合作办学形式也比较多样，已经审批的 30 个中等职业教育中外合作办学中机构既有项目也有机构，既有学历教育也有非学历教育。具体如表 5-27 所示。

表 5-27　1995~2014 年上海市高中阶段中外合作办学每年新批数量

年份	1995	1996	1997	1998	1999	2000	2001	2002	2003	2004
数量/个	1	1	1	0	2	2	2	2	4	9
年份	2005	2006	2007	2008	2009	2010	2011	2012	2014	
数量/个	1	2	0	0	1	0	0	2	1	

总体来看，上海市中外合作办学在 20 世纪 90 年代以中等职业教育中外合作办学机构为主，2003 年随着《中外合作办学条例》的颁布，2004 年成为审批数量最多的一年，当年新批高中阶段中外合作办学项目达 9 个，此后，上海市高中阶段中外合作办学进入稳步发展和质量提升阶段。值得一提的是，上海市医药学校与澳大利亚博士山技术与继续教育学院合作举办药剂（药品物流）专业中等职业教育项目被评为上海市 2012 年度示范性中外合作办学机构（项目）。

二、上海市高中阶段中外合作办学结构[①]

（一）区域结构

1994～2015 年上海市高中阶段中外合作办学地区分布如表 5-28 所示。

表 5-28　上海市高中阶段中外合作办学地区分布（2015 年 12 月）

区/县	高中阶段中外合作办学地区分布	区/县	高中阶段中外合作办学地区分布
黄浦区	2	宝山区	1
徐汇区	0	闵行区	2
长宁区	0	嘉定区	0
静安区	3	浦东新区	5
普陀区	1	松江区	0
虹口区	1	金山区	1
杨浦区	0	青浦区	0
崇明县	0	奉贤区	5

注：崇明县在 2016 年 7 月改为崇明区。

从表 5-28 可以看出，截至 2015 年 12 月上海市仍在开展办学活动的 21 个高中阶段中外合作办学机构和项目分布在上海市所辖的 9 个区，占上海市 16 个区县的 56.25%，比较集中的区域是浦东新区和奉贤区，分别达到 5 个。浦东新区的 5 个中等职业教育中外合作办学包括上海市东辉职业技术学校和上海市临港科技学校各 1 个项目，上海市医药学校的 3 个项目。奉贤区的 5 个中等职业教育中外合作办学项目均为上海电子工业学校与德国普法基尔辛国立职业学校合作举办。

（二）合作对象结构

上海市高中阶段境外合作办学合作对象结构如表 5-29 所示。

表 5-29　上海市高中阶段境外合作办学合作对象结构

国家/地区	德国	澳大利亚	英国	加拿大	美国	意大利	韩国	中国台湾
数量/个	5	9	1	2	1	1	1	1

上海市境内外合作办学项目（机构）的境外合作者来自德国、澳大利亚、英国、加

---

① 已停办的高中阶段中外合作办学机构和项目均未纳入统计。

拿大、美国、意大利、韩国等 7 个国家和中国台湾地区,均为经济发达、科技和教育先进的国家和地区。其中,境内与澳大利亚合作的办学项目最多,有 9 个,占上海市境内外合作办学项目(机构)的 42.9%。其次是德国和加拿大,与中国合作办学的项目分别是 5 个和 2 个,所占比例分别为 23.8% 和 9.5%。从合作类型看,2 个中等职业教育中外合作办学机构分别与澳大利亚和中国台湾地区合作开办。澳大利亚的技术与继续教育职业教育体系和中国台湾地区的职业教育都颇具特色,在职业教育领域开展合作,值得肯定。1 个普通高中教育中外合作办学机构是与美国纽约州德怀特中学合作举办,这是我国第一所中美合作举办的普通高中教育中外合作办学机构。

（三）生源结构

上海市的高中阶段中外合作办学在招生计划中,各校具有明显的生源倾向性,各校将更多地倾向于招收本地学生。根据各校 2011 年度办学报告和学校网站公布的招生数据,上海市高中阶段中外合作办学机构和项目共招收学生 1672 人,上海七宝德怀特高中从 2014 年开始招生,每年招收 150 人。高中阶段中外合作办学机构中招生人数最多的是上海鸿文国际职业高级中学,2011 年招收 517 人,高中阶段中外合作办学项目中招生人数最多的是上海电子工业学校与德国普法基尔辛国立职业学校合作举办电气技术应用专业中等职业教育项目,招收 128 人,而招生人数最少的是上海信息技术学校与澳大利亚布里斯班北部技术与继续教育学院合作举办文秘专业中等职业教育项目,招收 25 人。2011 年上海市高中阶段境内外合作办学招生人数如表 5-30 所示。

表 5-30　2011 年上海市高中阶段境内外合作办学招生人数

序号	境内外合作办学机构/项目名称	招生人数
1	上海鸿文国际职业高级中学	517
2	上海长乐霍尔姆斯职业学校	195
3	上海电子工业学校与德国普法基尔辛国立职业学校合作举办机电技术应用专业中等职业教育项目	128
4	上海商业会计学校与澳大利亚西南悉尼技术与继续教育学院合作举办国际商务专业中等职业教育项目	120
5	上海食品科技学校和澳大利亚新南威尔士州技术与继续教育北悉尼学院合作举办食品生物工艺专业中等职业教育项目	94
6	上海电子工业学校与德国普法基尔辛国立职业学校合作举办计算机网络专业中等职业教育项目	77
7	上海市临港科技学校与意大利对外烹调学院合作举办烹饪课程非学历教育项目	72
8	上海电力工业学校与澳大利亚启思蒙学院合作举办供用电技术专业中等职业教育项目	68
9	上海市医药学校与澳大利亚博士山技术与继续教育学院合作举办制药技术(药物制剂)专业中等职业教育项目	56
10	上海市商业学校与加拿大希尔克学院合作举办珠宝玉石加工与经营专业中等职业教育项目	40
11	上海市南湖职业学校与澳大利亚新南威尔士西南悉尼技术与继续教育学院合作举办酒店运营与管理(邮轮服务与管理)专业中等职业教育项目	40
12	上海市商业学校与澳大利亚西南悉尼技术与继续教育学院合作举办国际商务专业中等职业教育项目	39
13	上海电子工业学校与德国普法基尔辛国立职业学校合作举办电气技术应用专业中等职业教育项目	32

续表

序号	境内外合作办学机构/项目名称	招生人数
14	上海市商业学校与韩国美容职业专门学校合作举办美容美发与形象设计专业中等职业教育项目	30
15	上海市东辉职业技术学校与英国威根和莱学院继续举办国际商务专业中等职业教育合作项目	30
16	上海电子工业学校与德国普法基尔辛国立职业学校合作举办模具设计与制造专业中等职业教育项目	28
17	上海市医药学校与澳大利亚博士山技术与继续教育学院合作举办药剂（药品物流/药品营销）专业中等职业教育项目	28
18	上海电子工业学校与德国普法基尔辛国立职业学校合作举办电子技术应用专业中等职业教育项目	27
19	上海市医药学校与加拿大百年理工学院合作举办药剂（药品营销）中等职业教育项目	26
20	上海信息技术学校与澳大利亚布里斯班北部技术与继续教育学院合作举办文秘专业中等职业教育项目	25
	总计	1672

从招生范围看，主要分为 3 种生源：一是本地生源，上海市各区参加中考的初中应届毕业生；二是随迁子女，即在上海市进城务工人员的子女；三是外地生源和国际学生。

从招生方式看，主要分为两种类型：一是自主招生。由举办高中阶段中外合作办学的学校在中考前自主招生。例如，上海七宝德怀特高级中学招收的上海生源参照上海市实验性示范性高中提前招生录取政策，综合学校测试、中考成绩和素质评价等，择优录取。非上海生源则通过上海七宝德怀特高级中学的招生综合评价体系择优录取。学生的综合素养、英语能力和学业水平需达到学校标准。二是中考招生。采用中考招生形式的项目需要被纳入上海市中等职业学校招生计划，可通过参加中考招生、学生自愿报名、择优录取的方式，以中考成绩为基本依据决定是否被录取。

（四）教师队伍结构

2011 学年公布年度报告的 12 个高中阶段中外合作办学机构和项目的师资队伍总人数为 216 人，其中，具备高级职称的为 77 人，中级职称的为 90 人，初级职称的为 49 人。按师资的来源区分，境内选派教师 200 人，占比为 92.59%；境外选派教师 16 人，占比为 7.41%。境内外合作办学境外选派师资的比例远未达到 1/3 的要求，仍有待提高。2010～2011 年上海市部分高中阶段境内外合作办学教师职称结构如表 5-31 所示。

表 5-31　2010～2011 年上海市部分高中阶段中外合作办学教师职称结构

序号	境内外合作办学机构/项目名称	具备高级职称人数		具备中级职称人数		具备初级职称人数		总数
		境内选派教师	境外选派教师	境内选派教师	境外选派教师	境内选派教师	境外选派教师	
1	上海鸿文国际职业高级中学	7	1	12	4	15	2	41
2	上海长乐霍尔姆斯职业学校	8	0	12	0	19	2	41
3	上海市商业学校中韩美容美发与形象设计专业	6	0	13	0	2	0	21
4	上海信息技术学校中澳文秘专业	4	0	10	0	4	0	19

续表

序号	境内外合作办学机构/项目名称	具备高级职称人数		具备中级职称人数		具备初级职称人数		总数
		境内选派教师	境外选派教师	境内选派教师	境外选派教师	境内选派教师	境外选派教师	
5	上海市医药学校与中澳制药技术（药物制剂）专业	8	1	5	0	2	0	16
6	上海市东辉职业技术学校中英国际商务专业	4	2	7	0	1	0	14
7	上海市商业学校中加珠宝玉石加工与经营专业	7	0	4	0	1	0	12
8	上海市医药学校中澳药剂（药品物流）专业	4	1	6	0	1	0	12
9	上海市医药学校中加药剂（药品营销）	10	0	2	0	0	0	12
10	上海商业会计学校中澳国际商务专业	1	2	7	0	0	0	10
11	上海市公用事业学校中法智能交通应用技术课程	5	0	4	0	0	0	9
12	上海市公用事业学校中法汽车维修与检测课程	5	0	4	0	0	0	9
	总数	69	8	86	4	45	4	216

（五）学费标准

各学校高中阶段中外合作办学的学费收取标准均遵循当地物价局规定，主要集中于 3 万元以下。2011 年上海市高中阶段中外合作办学学费结构如表 5-32 所示。

表 5-32　2011 年上海市高中阶段中外合作办学学费结构

学费/（元/年）	<6 000	6 000～10 000	>10 000
学校数量	5	5	10

注：上海市临港科技学校与意大利对外烹调学院合作举办烹饪课程非学历教育项目 2011 年没有招生，因此未纳入统计。

2011 年，上海市高中阶段中外合作办学学费最低的是每年 5200 元，4 个项目都是上海电力工业学校的中等职业教育中外合作办学项目，其中机电技术应用专业学生还享受市政府每年 3000 元的奖励，学费最高的是唯一的普通高中教育中外合作办学机构——上海七宝德怀特高级中学，2015 年学费达 13.6 万元。学费每年超过 1 万元的其余 9 个项目都属于中等职业教育中外合作办学，学费均为每年 1.2 万元。2011 年上海市高中阶段中外合作办学学费标准如表 5-33 所示。

表 5-33　2011 年上海市高中阶段境内外合作办学学费标准

序号	境内外合作办学机构/项目名称	学费/（元/年）
1	上海电力工业学校与澳大利亚启思蒙学院合作举办供用电技术专业中等职业教育项目	12 000
2	上海商业会计学校与澳大利亚西南悉尼技术与继续教育学院合作举办国际商务专业中等职业教育项目	12 000
3	上海市商业学校与澳大利亚西南悉尼技术与继续教育学院合作举办国际商务专业中等职业教育项目	12 000
4	上海市商业学校与加拿大希尔克学院合作举办珠宝玉石加工与经营专业中等职业教育项目	12 000
5	上海市医药学校与澳大利亚博士山技术与继续教育学院合作举办制药技术（药物制剂）专业中等职业教育项目	12 000
6	上海市医药学校与澳大利亚博士山技术与继续教育学院合作举办药剂（药品物流/药品营销）专业中等职业教育项目	12 000
7	上海市医药学校与加拿大百年理工学院合作举办药剂（药品营销）中等职业教育项目	12 000
8	上海信息技术学校与澳大利亚布里斯班北部技术与继续教育学院合作举办文秘专业中等职业教育项目	12 000
9	上海市南湖职业学校与澳大利亚新南威尔士西南悉尼技术与继续教育学院合作举办酒店运营与管理（邮轮服务与管理）专业中等职业教育项目	12 000
10	上海市商业学校与韩国美容职业专门学校合作举办美容美发与形象设计专业中等职业教育项目	10 000
11	上海市东辉职业技术学校与英国威根和莱学院继续举办国际商务专业中等职业教育合作项目	10 000
12	上海食品科技学校和澳大利亚新南威尔士州技术与继续教育北悉尼学院合作举办食品生物工艺专业中等职业教育项目	7 800
13	上海电子工业学校与德国普法基尔辛国立职业学校合作举办模具设计与制造专业中等职业教育项目	7 000
14	上海鸿文国际职业高级中学	6 000
15	上海长乐霍尔姆斯职业学校	5 400
16	上海电子工业学校与德国普法基尔辛国立职业学校合作举办电气技术应用专业中等职业教育项目	5 200
17	上海电子工业学校与德国普法基尔辛国立职业学校合作举办机电技术应用专业中等职业教育项目	5 200
18	上海电子工业学校与德国普法基尔辛国立职业学校合作举办计算机网络专业中等职业教育项目	5 200
19	上海电子工业学校与德国普法基尔辛国立职业学校合作举办电子技术应用专业中等职业教育项目	5 200

三、上海市高中阶段中外合作办学情况

（一）管理模式与组织制度建设

上海市高中阶段中外合作办学机构主要采取董事会（理事会）领导下的校长负责制，学校重大事务都由董事会讨论决定。例如，上海长乐霍尔姆斯职业学校设置校长领导下的办公室、德育处、教导处、总务处及党支部（隶属于中华职业学校）领导下的工会、

团支部等。在管理中坚持发挥党组织的监督保障作用,推行董事会管理、校长负责制下的岗位目标责任制及"公平、公开"的民主管理制度。又如,上海七宝德怀特高级中学实行理事会领导下的校长负责制。理事会成员由七宝中学委派4位和德怀特学校委派3位成员共同构成,七宝中学仇忠海校长担任理事长。校长由七宝中学选派,副校长由德怀特学校选派。

上海市高中阶段中外合作办学项目全部属于中等职业教育中外合作办学项目,采用项目联合管理委员会管理制度。例如,上海电子工业学校与德国普法基尔辛国立职业学校共同举办的5个专业中等职业教育项目均成立项目联合管理委员会,中德双方各派出管理人员,学校每年定期举行中德联合管理委员会会议。联合管理委员会由上海仪电控股(集团)公司领导、汉斯·赛德尔基金会上海项目专家、普法基尔辛国立职业学校代表和上海电子工业学校领导等组成。联合管理委员会会议总结年度工作,提出新一年度工作计划,并对重点工作进行考核、商议及决策。上级主管单位上海仪电控股(集团)公司财务部对学校年度资产及收支情况进行审核。又如,上海商业会计学校项目的联合管理委员会由合作的双方(上海商业会计学校5人、澳大利亚西南悉尼技术与继续教育学院4人)共同组成。联合管理委员会的每次重要会议都形成书面会议纪要,凡达成一致的地方都成为双方必须遵守的条款。

(二)课程体系与教学质量建设

引进国外新进的课程体系和教学方法等优质教育资源是我国举办中外合作办学的重要目的。

上海七宝德怀特高级中学作为唯一的普通高中教育中外合作办学机构,探索构建中外融合的具有国际水平的课程体系,由合作双方根据培养目标、学生发展需求共同设置。其中既保留了中国核心课程(语文、历史、地理、政治)和优势课程(数学),又引进了国际文凭教育的先进理念,力图构建适合中国学生学习的IBDP项目的课程体系。学生接受六大学科领域的课程教育:①中国语言文学;②第二语言(英语及其他语言);③社会研究;④实验科学;⑤数学与计算机科学;⑥艺术与体育。

每一学科领域均开设多门课程,每门课程均设置高级水平和标准水平,满足不同志趣、不同潜质、不同能力水准学生的学习需求。此外,学校还开设国际文凭课程IBDP3门核心课程:知识论、拓展论文、创新实践服务。除此以外,学校课程体系还有3个特色:一是德怀特学校在全球已有纽约学校、加拿大学校、伦敦学校和首尔学校等,而上海七宝德怀特高级中学的学生在3年中可以选择到这些校区修读部分课程学分、开展各种项目交流和主题研修。德怀特其他校区的学生也可以到上海七宝德怀特高级中学修读。二是学生可以利用网络平台,共享德怀特纽约学校的课程图谱,其中包括全球IB在线课程开发的课程资源。三是学生在假期里可以参与德怀特学校的全球项目,如赴德怀特加拿大学校参与德怀特全球领导力项目;赴德怀特伦敦学校体验文化/剧场艺术;参加德怀特全球夏令营、"世界教室"等活动。目前,七宝德怀特高级中学政治、历史、地理3门学科老师,进行上海课程核心内容梳理和专题开发,希望在此基础上融入国际文凭课程要求,开发出"中国社会研究"这门课程。数学学科将运用上海教材,而物理、化学、生物等学科以国际文凭课程为主，约 50%内容为实验课，在实验室完成。上海七宝德怀特高级中学课程体系如表 5-34 所示。

表 5-34　上海七宝德怀特高级中学课程体系

课程框架	基于 IBDP 六大学科领域课程和核心课程，设置不同水平的课程
授课语言	语文、政治、历史、地理的授课语言为汉语，其他课程为英语授课或双语授课
特色课程	数字媒体、经济、青年理财、视觉艺术、机电工程等
课外活动	微电影、数字摄影、音乐剧、合唱、乐团、网球、篮球、太极、跆拳道、拉丁舞、瑜伽、户外运动、书法、文学社、家政、服装设计等
升学指导	学校设立升学指导助理，与德怀特学校升学指导团队一起，从 2010 级开始设立升学讲座，提供"一对一"升学指导，帮助学生和家长了解申请国外大学或报考国内大学的流程，以及适合的大学及专业，制订个人升学及生涯发展规划
办学特色	多选择的课程，小班化的教学，走班制的管理，个性化的升学指导，德怀特全球资源的共享；背景多元的中外教师群体，构建完善的学生导师社区，让每一个学生都有可能获得基于个性的全面发展

资料来源：上海七宝德怀特高级中学网站相关内容。

上海市中等职业教育中外合作办学重点引进了德国"双元制"职业教育体系和澳大利亚技术与继续教育职业教育体系，此外还有加拿大职业教育体系和英国商业与技术教育委员会（Business and Technology Education Council，BTEC）职教体系。

中德合作主要是通过上海电子工业学校中德职业技术教育合作办学项目进行的。该项目是由教育部立项，上海市教育委员会、上海仪电控股（集团）公司和德国汉斯·赛德尔基金会合作的办学项目。该项目旨在探索并且试验性运行一套适合中国国情的针对中等职业教育（相当于德国的技术工人培训）的职业教育体系。该项目在课程与教学上具有 7 个突出特点。

1）引进德国职业教育课程，实现教育资源优化配置。在专业课程的开发上，借助德国优质的职业教育资源，引进先进课程及教材，创新课程教学方法。由中德双方教师和企业人员对培养目标、行业需求、岗位素质及能力要求等进行分析，设计本专业教学的具体实施方案，实现了教育资源的优化配置。

2）学习先进管理方式，提升职业教育管理理念。学校的教学管理、考试组织及成绩评价体系均按照德国合作学校的要求进行，通过中外交流学习，将职业资格考核要求与专业课程合理衔接，转变了教师的职业教育理念和教学方法，培养了学生自主学习、主动学习的能力，为教育教学改革奠定了一定的基础。

3）实施小班化教学模式，确保教学质量和效果。在中外合作办学中，以学生为本位，所有专业实施"十周学校、十周企业"的双元制"板块式"培养模式，实行小班化教学，课程设置贴近学生基础、学生特点，在保持中德合作特色的同时，更有利于学生个性化的发展，满足就业需求。

4）开展职业资格能力培训，增强就业竞争力。在教学工作中突出了"理论重实践、实践重体验"的特色，加强学生的职业能力培训，组织毕业生参加德国工商大会海外商会（Auslandshandelskammern，AHK）考试，AHK 试卷由德国工商大会提供，由考试委员会决定选用具体试卷，德方相关专家或教授参与有关工作并对考试全过程实施监控。考核合格可获得 AHK 证书和相关职业资格（四级）证书，为学生就业提供有利条件。

5）积极组织学生参加职业技能资格等级考核。例如，2011 年度，该校 61% 的 2008 级电气技术应用专业学生获得由劳动局颁发的职业资格（四级）证书。

6）持久推进双边交流，全面提升师生质量。每年度，上海电子工业学校与德国普法基尔辛国立职业学校都会互派师生开展交流、访问活动，共同学习、增进沟通、互促进步。

7）借助职业教育集团平台优势，拓展校企合作利用校企联合管理委员会，使企业与学校之间建立起良好的沟通桥梁，不仅为学生的实习和就业创造了条件，而且为学校的课程改革提供了有力的佐证。学校加强双元板块的监控体系，实行学生企业实习专人负责制和跟踪制度，建立了较为完善的双元实习和就业操作体系。

上海市的多所中等职业学校与澳大利亚西南悉尼技术与继续教育学院、澳大利亚博士山技术与继续教育学院、澳大利亚启思蒙学院、澳大利亚新南威尔士州技术与继续教育北悉尼学院和澳大利亚霍尔姆斯学院 5 所院校，合作举办了 9 个中等职业教育中外合作办学项目。课程和教学主要通过充分依托上海的相关行业优势，有针对性和建设性地引进澳大利亚先进的技术与继续教育职业培养体系。在对学生未来工作岗位充分调研的基础上，联合开发符合上海相关行业及经济社会发展对职业人才需要的培养计划，针对性地引进并优化课程模块和教学方法。例如，上海信息技术学校与澳大利亚布里斯班北部技术与继续教育学院举办文秘专业中等职业教育项目，其主干专业课程有英语口语、秘书英语、争端解决、管理技巧、人力资源培训与发展、质量管理。该专业学生需要学习布里斯班北部技术与继续教育学院四级课程的 10 个专业模块，中国和澳大利亚教师共同承担教学任务，部分专业课程由外籍教师任教。学生毕业将获得本校毕业证书及合作方布里斯班北部技术与继续教育学院颁发的技术与继续教育四级商务证书及联合证书。澳方教师教授 10 门澳方课程中的 4 门，中方教师教授 6 门。在 2011 年度的教学中，2008 级毕业生全部通过并全部获得技术与继续教育四级证书。又如，上海市医药学校与澳大利亚博士山技术与继续教育学院合作举办药剂（药品物流）专业中等职业教育项目，其合作方澳大利亚博士山技术与继续教育学院是一所由澳大利亚政府建立的公立学院，该校有着丰富的示范性教学、创新性项目及国际合作办学经验，在 200 多个专业和 300 多个短期课程中，涵盖物流与交通、生物技术与制药、商业、管理、旅游、电子和应用科学等社会文化经济的各个方面；澳大利亚博士山技术与继续教育学院也是澳大利亚较大的、综合性技术与继续教育学院之一，其高质量及多样化的课程受到政府、企业及学生的广泛好评。本专业在博士山学院有着悠久的办学历史，并以其高质量和国际水平的教育赢得了良好的声誉。合作办学项目充分利用澳大利亚优质教育及管理资源，引进澳大利亚先进的办学模式和国际认证的技术与继续教育课程体系，造就一支观念新、素质高、技术精、英语好、创新能力强的师资队伍，培养具有药品物流基础理论、先进管理理念和较强实践能力的中等职业人才，以便更好地为医药生产和一线经营服务。

（三）教师队伍建设

1）构建高素质的中外融合的教师队伍。例如，上海电子工业学校为确保教学工作的顺利实施，建立了切实可行的师资队伍管理制度来推动专业师资队伍建设的规范化与科学化。2011 年上海电子工业学校中外合作办学项目师资情况如表 5-35 所示。

表 5-35 2011 年上海电子工业学校中外合作办学项目师资情况

专业	师资情况
电气技术应用	专任教师 10 人，其中具有高级职称的教师 3 人，高级技师 6 人，讲师 6 人，硕士 1 人，硕士在读 1 人，双师型教师 7 人
机电技术应用	专任教师 8 人，其中具有高级职称的教师 1 人，高级技师 1 人，讲师 4 人，硕士 1 人，硕士在读 1 人，双师型教师 3 人
计算机网络技术	专任教师 9 人，其中具有高级职称的教师 2 人，讲师 2 人，硕士 2 人，硕士在读 2 人，双师型教师 6 人
模具制造	专任教师 6 人，其中具有高级职称的教师 1 人，高级技师 1 人，讲师 5 人，硕士 1 人，双师型教师 4 人
电子技术应用	专任教师 11 人，其中具有高级职称的教师 3 人，高级技师 4 人，讲师 7 人，硕士在读 1 人，双师型教师 7 人

又如，上海市医药学校中澳合作办学项目由中方选派教师和外方选派教师共同承担教学任务，语文、数学、德育、体育等基础课的教学由境内教师承担；英语及引进专业课程的教学由中外教师共同承担。参与英语及引进专业课程教学的境内教师都具有研究生学历或获得硕士学位，而且这些教师经澳大利亚博士山技术与继续教育学院培训并获得相应的资格证书。为了确保教学质量，专门配有英语和专业教学主管，组织教研活动，每周境内、境外教师和班主任进行沟通，探讨存在的问题及如何因材施教等，澳大利亚博士山技术与继续教育学院委派项目主管负责课程的实施和评价，完善教学管理制度，保证教学质量。

2）加强教师培训。例如，上海电子工业学校电气技术应用专业，上半年学校为教师举办了专业培训班，主要由德方专家就专业教学工作、教学计划的制订等为全体专业教师进行专业培训。学校选派了 3 名教师参加上海市骨干教师培训，2 名教师到企业实践，5 名教师参加德方举办的电气 AHK 中间考试准备及实施工作培训班，均取得了较好的效果。另外，1 名教师在全国信息化教育教学比赛中荣获三等奖。

3）实施学校名师工程，严格考核，动态管理，不断培育新秀。例如，上海市医药学校开拓灵活多样化的教师培训渠道，包括市级骨干培训、企业实践锻炼、赴澳培训、全景互动式培训及全员师德培训等，有效地提高了项目教师的综合素质。目前已有多名教师获得澳方技术与继续教育体系教师资格和培训师资格。该项目已形成一支凝聚力强、乐于奉献、具有国际化职业教育理念的优秀教师团队。

第三节 对两省市高中阶段中外合作办学的分析与思考

通过对福建省、上海市高中阶段中外合作办学的研究分析，本书认为两省市中外合作办学分别代表了普通高中教育和中等职业教育中外合作办学的发展模式，从中能够反映高中阶段中外合作办学发展中的一些问题。

一、两省市高中阶段中外合作办学类型结构差异带来不同挑战

通过对福建省和上海市的中外合作办学研究分析可知，福建省和上海市高中阶段中外合作办学选择了不同的办学重点。福建省高中阶段中外合作办学以普通高中教育中外合作办学项目为主，这也是我国绝大多数省份的发展模式，而上海市高中阶段中外合作办学以中等职业教育中外合作办学项目为主，也是我国高中阶段中外合作办学唯一以中等职业教育中外合作办学为主的省级行政区。在取得一定成绩的同时，两省市的高中阶段中外合作办学都面临着一些挑战和困难。

福建省高中阶段中外合作办学以普通高中教育中外合作办学项目为主的特点在全国具有一定的代表性。福建省的经济发展水平属于中上水平。从办学历史来看，福建省高中阶段中外合作办学是从 2003 年《中外合作办学条例》出台后开始发展的，这也是我国大多数省份的情况；从社会需求上看，随着生活水平的提高，部分家长和学生有海外升学的需求，普通高中教育中外合作办学的需求比较大；从学校自身来看，也有通过中外合作办学提高学校国际化水平、推动学校办学国际化的考虑。因此，学校办学的积极性较高。

和全国许多地区一样，福建省普通高中教育中外合作办学的发展同样受到学校办学水平和教育体制的影响和制约。一方面，引进的大部分师资并非境外教育机构在职的优秀师资；另一方面，高中阶段巨大的升学压力使引进的课程和原有的课程体系之间互为独立系统，两者之间缺乏相互借鉴和交流。课程的不兼容使高中院校被迫划分"国内班"与"出国班"以实现将学生分流的目标。这一模式严重削弱了中外合作办学的举办意义。而办学者对此缺乏有效的化解方法，导致一些办学方式出现争议。另外，在普通高中教育中外合作办学项目举办实施过程中，不少的学生家长视其为进入中方教育机构学习的捷径，希望利用"国际班""实验班"降分录取的政策取得子女的入学资格。一方面，在现有招生录取的制度流程下，缺少杜绝此类现象的有效方式；另一方面，少数高中并没有坚持正确的招生宣传导向。个别项目在举办过程中，由"国际班"分流回"国内班"的比重达到 90% 以上，致使中外合作办学的价值和功能被严重扭曲。此外，受到办学水平、生源数量与质量等方面的制约，目前民办高中学校在中外合作办学方面的参与度仍较低。

在中等职业教育中外合作办学方面，目前，我国中等职业学校采取免收学费的政策，福建省的中等职业学校的中外合作办学专业也暂未向学生收取学费。但在办学经费来源上主要靠财政支持，学校还需克服经费来源的困难，只有厦门信息学校一个中外合作办学项目还在运营。

上海市高中阶段中外合作办学以中等职业教育中外合作办学项目为主的原因主要有两个。

1）从上海市高中阶段中外合作办学的历史看，早在 1985 年，上海市就开展了中国和德国合作的中等职业教育政府合作项目，这一项目延续至今，取得了很好的社会效益。同时，上海市中等职业学校在 20 世纪 90 年代就开始探索中外合作办学，起步很早。上海市中等职业学校也有通过中外合作办学提升办学水平和学校国际化水平的需要，因

此，上海市中等职业教育中外合作办学的发展得到政府和学校的鼓励和支持；上海中等职业教育中外合作办学的收费能够达到 1 万元左右，保证了经费来源，对于中等职业教育中外合作办学项目的持续发展有利；上海市属于我国经济发达的城市，国际化程度很高，国际教育资源丰富，提供给家长和学生可以选择的海外升学渠道非常丰富，以民办学校、民办非学历教育机构、公立高中国际课程班试点等形式提供的普通高中国际课程可以满足社会对普通高中学生海外升学的需要。

2）为了规范办学行为，从 2014 年开始，上海市在 21 所学校试点开办普通高中国际课程班，其中公办 11 所、民办 10 所。上海市还建立了第一所中美合办的普通高中教育中外合作办学机构——上海七宝德怀特高级中学。这些举措对其他地区也有参考价值。

上海市中等职业教育中外合作办学最大的挑战来自生源，这也是中等职业学校的普遍问题。首先，生源不足。中考和高考报名人数总体呈下降趋势，如上海市的高考报名人数就从 2008 年的 9.93 万人下降到 2010 年的 6.6 万人，学生选择就业、出国、复读、待业和学习的渠道也越来越多，一些项目由于生源不足只能停办。其次，生源总体素质较差。由于客观原因，中等职业学校招收的一般是中考分数比较低的学生，学生的英语听、说、读、写能力还不能完全满足专业学习的需要，而中外合作办学专业对于学生英语的要求比较高，这在教学中很容易出现问题。学生学习中有困难又会导致其学习动力和热情不足，这就需要教师帮助学生树立自信心，激发他们的学习热情，也需要在教学中针对性解决问题。再次，境外选派教师授课量严重不足也是比较突出的问题。前面部分项目的数据显示，境外选派教师占所有教师的比重仅为 8%，远远低于 1/3 的要求。最后，中等职业教育中外合作办学的收费相对低廉，仍需要政府给予大力支持，保障教学资源充足，尤其是职业教育非常强调实训，必须尽量满足实训教学的相关教学资源配备。

总的来说，两省市的高中阶段中外合作办学结合当地实际教育发展情况，选择适宜本地区的高中阶段中外合作办学政策，为推进当地教育发展起到了积极促进作用，但其办学结构存在进一步优化的空间。

二、两省市高中阶段中外合作办学管理制度应进一步完善

两省市教育行政部门都严格执行中外合作办学年检制度，每年开展中外合作办学年检工作和实地调研工作。中外合作高中和项目学校每年都提交自评报告。尽管两省市高中阶段中外合作办学的管理制度基本完备，但是通过深入分析可以发现，现有的管理制度与高中阶段中外合作办学的发展还不相适应，仍有进一步优化的空间。

1）两省市高中阶段中外合作办学评估标准需要完善。目前，福建省各层次中外合作办学评估均使用同样的标准进行评价的合理性有待商榷，标准中的部分评价标准并不适合普通高中学校，如课程信息需要填写公共课、专业基础课、专业核心课、选修课、实践课等课程中的中方课程数、外方课程数、中外合作开发课程数等信息，而根据普通高中课程方案，普通高中课程由学习领域、科目、模块 3 个层次构成。这让许多高中学校在填写表格时难以准确填报，影响评估结果的准确性。上海市示范性中外合作办学机构（项目）评选标准也有类似的问题。因此，我国还需要针对高中阶段中外合作办学的合格

性和示范性评估制定合适的评估标准，以进一步推动高中阶段中外合作办学的发展。

2) 两省市高中阶段中外合作办学的信息公开工作还需要加强。从 2015 年开始，福建省教育厅委托福建省教育评估研究中心对全省中外合作办学进行评估，并对全省中外合作办学机构和项目年度办学报告进行公示，这无疑是一个进步，然而该中心网站仍然没有专门的板块查询福建省中外合作办学信息相关内容。上海市教育委员会网站虽然开辟了专门的中外合作办学板块，以公示高中阶段中外合作办学相关政府文件、机构和项目基本信息、年度办学自评报告等内容，但是其公示的主要是高中阶段中外合作办学机构和项目的名单，关于项目办学报告等具体信息仅有部分机构和项目 2010 年及 2011 年的信息，公示的内容比较少，还需要增加。只有新闻及时发布，信息主动公开，才能满足社会公众对高中阶段中外合作办学的知情、参与和监督需求，正确引导舆论。此外，从两省市学校提交的年度报告来看，各校在填写报告时都存在填写不够规范的问题，年度报告的填写质量有待提高，如招生人数、毕业人数等一些数据统计不够完整，提交的材料不够规范等。

3) 两省市高中阶段教育学校现行的管理制度、管理模式与办学要求之间仍存在一定的偏差，在一定程度上影响了项目管理的规范性。首先，在财务管理制度上可以进一步完善。在办学资金的筹措和使用方面，福建省大部分市（区）属高中所收取的费用需依法上缴所属市（区）财政系统，费用开支由财政系统统一划拨，但并未依照《中外合作办学条例实施办法》的规定设立专项，统一办理收支业务。其次，教学质量评价制度可以进一步完善。例如，一些普通高中教育中外合作办学的中方学校派出的教师不仅负责教授国际课程班的中方高中课程教学，还要负责普通高考班的教学，教师对国际课程班的教学显然没有那么重视，缺乏针对性，学校对其国际课程班的教学也很难评价，同时由于学生更重视国际课程学习，教学也更具有挑战，这样的结果是国际课程班的境内课程教学质量成为教学质量评价的盲区。境外学校派出的教师教学质量也不乐观，笔者访谈的一位普通高中教育中外合作办学项目教师说："（境外）课程没有学生上，没有课，课时费还是照付，又如雅思课，课程表上面原来没有，后来增设了该课程，学生学了一段时间不来了，没上课，还是给课时费。"显然，这不仅仅是教学质量的问题，更暴露出一些项目教学质量管理的缺失。对于教学质量问题，应该从学校、同行教师、学生 3 个方面加强对教师的考评，确保教学质量。

三、两省市高中阶段中外合作办学还有进一步提升的空间

从福建省和上海市高中阶段中外合作办学的个案可以看到，两省市高中阶段中外合作办学已经具有一定规模，但随着我国经济社会发展，基础教育改革的推进及国际化程度的不断提高，还有许多进一步提升和发展的空间。

1) 两省市高中阶段中外合作办学引进的境外课程和专业还有优化空间。福建省高中阶段中外合作办学引入的境外课程主要是美国 AP 课程和英国 A-Level 课程，从教材、教学模式、科目数量和师资等方面比较系统地进行了引进，而其他的如新西兰、加拿大和澳大利亚等国课程则不够系统，引进的学科数量和系统性还有不足，同时，福建省还没有引入国际文凭课程的学校。上海市中等职业教育中外合作办学引入的专业尽管有 33

个，但是大多数是财经贸易类的商务、会计、法律等第三产业专业，对国内需求量比较大的第一产业和第二产业专业鲜有关注；中外合作办学项目数量越来越多，项目质量却没有实质性的提高。同时，境外合作机构比较集中，如上海电子工业学校开办的 5 个专业都是与德国普法基尔辛国立职业学校合作的。

2）高中阶段中外合作办学人才队伍建设需要进一步加强。一方面，高中阶段中外合作办学在客观上为我国培养了一批熟悉中西教育，对中西教育有深刻理解的基础教育人才队伍。我国应加强对这些具有中外合作办学经验的骨干人才进行系统培训，拓宽他们的国际视野，提升他们的双语沟通能力、跨文化沟通能力、规划及运行能力，使他们在未来国际教育领域中发出中国教育者的声音。另一方面，高水平的中外师资团队是高中阶段中外合作办学质量的根本保障。当前，境外师资的引进存在困难。以福建省为例，从地域角度来看，福州市、厦门市以外的其他地区因缺乏区位优势，在境外教师的招募上更加困难，部分项目难以达到中外合作办学所要求的外方教师比例。从职称结构来看，具有中级以上职称的境外教师比例较小，引进外教的教学水平和能力有待检验，同时，境外教师流动性较大，对外教管理带来困难。中外合作办学对于高中学校的意义，绝不仅限于输出学生，引进教育资源的意义更加重要。高中阶段中外合作办学因升学压力、招生方式等因素所带来的办学困惑，需得到解决。加强中外师资交流应是举办高中阶段中外合作办学的重要方面，应予以鼓励。

3）政府对民办学校参与中外合作办学的实际困难应予以正视，并提出鼓励发展的方针措施，给予适度的支持。随着新《民办教育促进法》的施行，未来将有更多的民办学校参与到中外合作办学中，相关配套措施应尽早规划、尽早出台。

第六章 韩国、日本和新加坡国际高中的发展与启示

研究我国高中阶段中外合作办学，需要把它放到世界同类事物的整体中进行比较。尽管其他国家没有和我国高中阶段中外合作办学完全一样的办学形式，但是一些国家成立的招收本国学生学习国际课程的国际高中或者国际型高中与其有许多共同之处。比较我国高中阶段中外合作办学与国外国际高中的异同，有助于我们制定适宜的发展目标，探索其发展趋势。

世界上许多国家在积极推动高中教育的国际化。与我国同处亚洲地区的韩国、日本和新加坡，为了培养国际化人才，满足本国发展需要和社会对教育的多样化需求，也采取了相应的政策措施，引进了 IBDP 课程、AP 课程等国际课程，推进本国国际高中的建设和发展。它们的发展经验对推动我国高中阶段中外合作办学发展具有重要的参考价值和启发意义。

第一节 韩国国际高中发展概述

一、韩国国际高中发展动因和发展情况

（一）韩国国际高中发展动因

韩国国际高中的发展动因主要有 3 个。

1）韩国赴海外升学的中小学生人数增加明显。为了让更多的处于韩国基础教育阶段的学生能够在本国完成高中学业，减少外汇流失，同时更好地适应在国外大学的本科学习，韩国开始允许国内高中开设国际课程。从图 6-1 可知，从 2000 年开始，韩国中小学生赴海外升学的人数明显增加，此后一直到 2006 年，韩国中小学生赴海外升学的人数从数千人上升到近 3 万人。根据韩国教育开发院（Korean Education Development Institute，KEDI）年度报告（2010），韩国 2008 学年赴海外就读的学生人数为 27 349 人，其中高中生为 5930 人。由于受国际金融危机的影响，2009 学年赴海外升学的人数为 18 118 人，其中高中生为 4026 人。韩国赴海外接受大学本科及以上学位教育的总人数在 2011 年达到峰值 262 465 人，占高等教育适龄人口的 6.7%；政府统计数据显示，这一数字 2014 年下降至 214 696 人，占总适龄人口的 5.8%。对于年龄较小的学生来说，这一下降尤其明显：2014 年出国留学的韩国小学生和中学生人数为 10 907 人，比 2006 年的峰值下降了近 2/3。

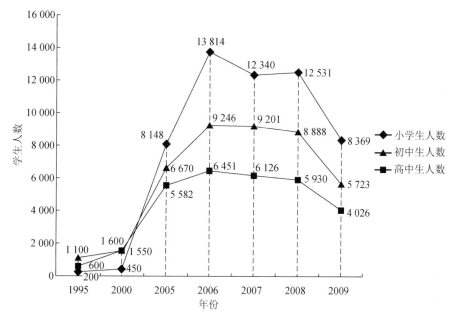

图 6-1 1995～2009 年韩国中小学生出国留学人数走势图

2）吸引国外学生来韩国就读。韩国在全国设立了自由经济区（Free Economic Zone，FEZ），许多国际学校和外国人学校就设立于这些自由经济区中。2007 年，济州道政府为了营造国际水准的英语学校及教育环境，吸引海外学生，引入外资，正式开始教育城的建设。韩国政府投资 17 806 亿韩元，交由济州道国际自由城市开发中心（Jeju Free International City Development Center，JDC）启动并推进，建设 12 所可容纳 9000 名学生的小学、中学、高中国际学校。2011 年 9 月，英国的北伦敦国际学校济州分校（North London Collegiate School Jeju）正式开校。2012 年，加拿大的布兰克森霍尔女子学院亚洲分校、公立的韩国国际学校济州分校先后建成竣工。2017 年，美国的圣约翰学院也落户济州教育城内。现有 4 所国际知名英语学校供学生选择，使这里真正成为"教育中心"。济州岛的国际学校除了吸引韩国学生就读外，也辐射中国和日本等周边国家，韩国重金打造的国际教育城，不仅为了截留韩国每年大量外流的留学生，而且把目光投向整个东北亚地区。中国是世界上最大的留学生来源国，韩国政府考虑在济州岛重点打造国际教育城的一个目的就是吸引更多的中国学生前来就读。济州岛距离首尔、东京、北京、香港和上海 5 个亚洲重要城市都只有不到两小时的飞行时间。"两小时飞行圈"覆盖中国、韩国和日本 3 国，圈内有 17 座人口超过 500 万的城市，市场潜力巨大（赵笑梅，2013）。

3）培养具有国际视野的韩国未来人才。韩国设立特殊目的高中中的国际型高中是为该国在国际化、信息化时代培养国际专业人才。从 1998 年开始，韩国政府陆续在全国范围内建立 7 所国际型高中。这些国际型高中大多数引入了 AP 课程，同时所有国际型高中都有海外升学的学生。

（二）韩国国际高中发展情况

1. 韩国国际高中的类型

韩国国际高中的类型主要有以下 3 种。

1）韩国普通高中。韩国普通高中主要开设 AP、SAT 课程。这些课程主要在下午的课后学习计划（after-school program）实施。开设 IBDP 课程的普通高中主要有 2 所。韩国的私立学校京畿道外国语高中 2011 年正式开设 IBDP 课程，是韩国最早开设 IBDP 课程并得到认证的高中。2009 年，韩国革新教育课程公布以后，首尔市教育厅指定公立学校中的首尔国际高中作为国际课程试点学校。自 2012 年起，韩国普通高中正式开设 IBDP 课程，同时继续开设 AP 课程。

2）韩国的国际学校。根据韩国的法律，国际学校的韩国籍学生比例不得超过学校总人数的 30%，经过道级教育厅批准可以提高到 50%。这些国际学校主要集中在仁川和济州等地的自由经济区内。这些学生由于学习的是国外课程，一般只能获得国外文凭，申请国外大学。

3）国外学校韩国分校。2005 年，韩国颁布法律允许并积极吸引国外教育机构到韩国设立分校。截至 2015 年，基础教育阶段的国外学校韩国分校仅有 2 所。一所是 2012 年成立的查德威克国际学校，该校开设 IB 课程，韩国籍学生毕业可以获得韩国和美国的高中学历。另一所是获得美国新英格兰院校协会（New England Association of Schools and Colleges，NEASC）认证的德怀特学校韩国分校[①]，该校开设 AP 课程（陈晓慧，2015）。

2. 韩国国际高中公办和民办情况

上述第一类韩国国际高中（即韩国普通高中）主要是特殊目的高中当中两种类型的学校。一是特殊目的高中当中的外国语高中，如大元外国语高中和京畿道外国语高中，这两所高中同时是民办高中。二是特殊目的高中当中的国际型高中，至 2019 年，共计开办有 7 所，其中只有清心国际高中是民办高中，其他都是公办高中。开设的国际课程主要是 AP、SAT 课程（表 6-1）。韩国的自律型高中也有部分学校开设国际课程，如民族史观高中自 1998 年以来，开设了 19 门 AP 课程。其他的民办学校还有韩国科学英才学校、大一外国语学校、海云台高中、现代青云高中等（陈晓慧，2012）。韩国国际高中当中的第二类和第三类学校属于非国民教育系列的学校，绝大多数是民办学校，只有济州岛的韩国国际学校是公办学校。总体来说，开办国际课程的学校主要还是民办学校。

表 6-1　韩国国际型特殊目的高中名单

学校名称	建校时间	学校性质	国际课程
釜山国际高中	1998 年	公立	未提供国际课程
清心国际高中	2006 年	私立	AP 课程、SAT 课程

---

① 在中国，德怀特学校与上海七宝中学合作开设上海七宝德怀特高级中学。

续表

学校名称	建校时间	学校性质	国际课程
首尔国际高中	2008 年	公立	AP 课程、IBDP 课程
仁川国际高中	2008 年	公立	AP 课程、SAT 课程
高阳国际高中	2011 年	公立	SAT 课程
东滩国际高中	2011 年	公立	SAT 课程、AP 课程
世宗国际高中	2013 年	公立	AP 课程、ACT 课程、IBDP 课程

资料来源：https://namu.wiki/w/%EA%B5%AD%EC%A0%9C%EA%B3%A0%EB%93%B1%ED%95%99%EA%B5%90。

笔者对韩国国际高中的调查发现，在韩国普通高中开设 IBDP 或者 AP 等课程的学校中比较有代表性的是首尔国际高中、京畿道外国语高中、大元外国语高中和民族史观高中。从学校数量看，韩国国际学校有 53 所，国外学校韩国分校仅 2 所。从课程类型看，韩国开设 IBDP 课程的学校有 11 所，开设 AP 课程的学校有 41 所。韩国的加拿大不列颠哥伦比亚省海外高中有 6 所，SAT 考点有 13 个。韩国目前开设的国际课程当中，IBDP 课程受认可程度较高。

3. 国际课程认可情况

韩国国际高中的学生是否还要修习韩国本土部分课程取决于其是否希望获得韩国高中文凭。由于普通高中开设的 AP 课程、SAT 课程不是文凭课程，因此学生主要学习韩国高中课程，获得韩国高中文凭，但一些开设 IBDP 课程的学校，学生毕业可同时获得 IB 文凭。国际学校和国外学校韩国分校的学生一般只能获得外国文凭申请海外大学，只有查德威克国际学校比较特殊，该校韩国籍学生毕业可以获得韩国和美国的高中学历。

韩国国际高中的毕业生如果只获得外国文凭，无法申请韩国的大学；只能在取得韩国高中毕业证后，参加韩国高考，但是之后的大学自主招生阶段可以把 AP 课程、托福和雅思成绩作为个人能力证明材料提交。韩国的某些大学也承认 AP 课程，如延世大学（Yonsei University）。目前，韩国教育部不认可 IBDP 文凭和韩国高中毕业文凭具有等同效力。在韩国读书的韩国籍学生必须参加韩国高考才能申请韩国大学，但是韩国学生如果在济州自由经济区内的 IB 学校就读，可以不参加韩国高考而直接进入韩国大学。

二、韩国国际高中发展特点

（一）政府制定管理政策，规范国际高中发展

2009 年以前，韩国只有外语类特殊目的高中、自律型私立高中的国际班（留学班）和外国人学校可以开设国际课程。2009 年，韩国出台《初、中等学校教育课程总论（2009 年修订课程）》，并相应修改了《初等与中等学校教育课程总论》，其中规定"学校可根据需要开设大学预科课程，国际公认教育课程或科目可以作为选修课获得认可"。放开了对高中开设国际课程的限制。韩国教育部不再干涉高中开设国际课程，而具体的审批

权限下放到了道级教育厅。道级教育厅根据本地区情况及《教育课程编制及运营方针》进行规范。各校需在开学前将要开设的课程上传至教育厅工作平台，如欲增加课程需书面申请并获得批准。

（二）通过国际认证保障办学质量

韩国国际高中积极通过国际认证，如美国西部学校与学院教育联盟（Western Association of Schools and Colleges，WASC）、新英格兰学校学院协会、国际学校委员会（Council of International Schools，CIS）国际认证，提高学校的办学水平；WASC 在韩国认证的学校都是私立学校，国际学校有百年基督教国际学校、查德威克国际学校、大邱国际学校、首尔德威学校、江南国际学校、全球先进学校、京畿道水原国际学校。2015年 7 月 1 日，首尔国际高中成为韩国教育部所属学校中第一所被 WASC 认证的公立学校。韩国 WASC 认证学校如表 6-2 所示。

表 6-2　韩国 WASC 认证学校

序号	学校名称
1	釜山外国人学校 Busan Foreign School (PK-12)
2	釜山外国人国际学校 International School of Busan (PK-12)
3	百年基督教国际学校 Centennial Christian School International (PK-12)
4	查德威克国际学校 Chadwick International School (PK-10)
5	青罗道尔顿外国人学校 Cheongna Dalton School (PK-12)
6	大邱国际学校 Daegu International School (PK-12)
7	首尔德威学校 Dulwich College Seoul (PK-10)
8	江南国际学校 Gangnam International School (1-12)
9	全球先进学校 Global Prodigy Academy (9-12)
10	京畿道水原国际学校 Gyeonggi Suwon International School (PK-12)
11	庆尚南道外国人国际学校 Gyeongnam International Foreign School (PK-12)

资料来源：WASC 官方网站。

注：PK-12 指学生从幼儿园至十二年级；PK-10 指学生从幼儿园至十年级；1-12 指学生从一年级至十二年级；9-12 指学生从九年级至十二年级。

（三）学校采取多种措施提升办学质量

1）营造国际化的校园文化。韩国国际高中积极营造国际化的校园文化，除韩语课外，学校不允许说韩语，日常交流要求用英语进行，并且划定专门的只能说英语的区域（English Only Zone）以提高学生语言能力。

2）建设国际化的教师队伍。韩国政府积极组织聘请高质量的外籍教师，根据韩国政府 2008 年 11 月的统计，韩国公立中小学目前共有 4332 名英语外籍教师。这些外籍教师均来自以英语为母语的国家，包括美国、英国、加拿大、澳大利亚、爱尔兰、新西兰和南非，其中美国籍教师 1812 名，加拿大籍教师 1295 名。此外，所有外籍教师均具有大专以上学历。除了扩充外籍教师队伍外，韩国政府从 2009 年起对申请英语教师职位的外籍人士进行英语论文写作和英语教学法考试。以全球先进学校为例，该校招收的学生都是韩国籍学生，该校的 15 名教师中有 14 名为外籍教师。2006 年建校以来毕业的 71 名学生，95%进入国外大学就读，其中绝大多数进入美国大学学习。

3）控制师生比。采用小班化和启发式的教学。许多韩国的国际高中，师生比较低，如青罗道尔顿外国人学校，师生比在 1∶8 左右，全球先进学校师生比为 1∶6。这样的师生比，使每个学生都能够得到教师的关注，保证了学生和教师的充分互动，家长的期望值也能得到满足。经济条件较好的家庭会认为这样的教育值得他们花更高的学费。此外，韩国政府也大力支持引进外籍教师来保障较低的师生比。

4）采取一校双轨的办学模式。例如，韩国大元外国语高中实行一校双轨模式，即韩国课程（国内）体系和全球领导项目（国际）体系。国际体系学生组成英语部，国内体系学生组成其他语言部。国际体系是一个特别的学术模块计划，目的是让报考国外大学的学生做好准备。课程围绕批判性思维和学术英语，包括英语文学和英语写作等。学生须在申请时在国际国内体系中选择其一。虽然学习中途学生转移到另一个体系是允许的，但这种情况很少。根据韩国政府的规定，现在这两个体系已经整合，这意味着两种体系的界限不再明显。2013 级学生是严格区分两种体系的最后一届学生。2015 年，国内体系学生和国际体系学生比例大致为 20∶1。

第二节　日本国际高中发展概述

一、日本国际高中发展动因和发展情况

（一）日本国际高中发展动因

日本国际高中的发展主要有以下 4 个原因。

1）社会需求。20 世纪 60 年代末，日本成为资本主义世界第二经济大国，提出国际化时代培养"国际人"的新教育目标，努力开展教育的国际交流和合作并加强国内学校的国际化教育。20 世纪 80 年代兴起了国际教育的热潮。进入 21 世纪以来，日本经济增长速度明显放缓，人口老龄化问题进一步加剧，日本迫切希望再次走上经济强劲增长的轨道。通过全球化教育培养全球化人才成为日本教育的必经之路。根据美国《2014 门户开放报告》，美国 2014 年日本留学生人数为 1.93 万人。根据经济合作与发展组织（Organisation for Economic Cooperation and Development，OECD）的统计，1986 年，日本仅有 14 297 名学生于海外就读，到 2004 年达到最高值 82 945 人，此后人数有所下降。

2）教育改革和课程改革的需要。近年来，为了迎接全球化、知识经济对社会体系的挑战，日本文部科学省展开了一系列大规模改革，包括大学入学考试及高等教育的改革，始终将"培育国际化人才"纳入政策考虑范围。2013 年 5 月，日本文部科学省决定

引进国际文凭教育课程。日本即将展开的大学入学考试制度改革，多方参考国际文凭制订明确且客观的成绩标准，借此建立新的学历资格认定基准。日本还尝试把 IBDP 改造成日语版，使更多日本中学生有机会通过两年的学习，获取国际承认的大学入学资格，实现日本学生赴海外留学人数倍增，同时提高日本学生的国际理解力和全球化素养。同时，注重促进教材本土化，防止价值观渗透，确保教育主权。2012 年夏，日本东京国际学校校长坪谷女士就任国际文凭组织亚太地区理事一职，负责整合国际文凭课程纳入日本的高中学校的大计划。这项改变包括推动废除统一考试、协助日本国内设置 200 所高中采用 IBDP 课程，以及实现 2018 年日本的大学入学考试采纳国际文凭的评鉴标准等。根据 IBO 组织官网数据显示，截至 2019 年年底，有 313 所日本大学接受学习 IBDP 课程。

3）培养国际化人才。20 世纪 80 年代，日本东京都教育厅就提出要培养 21 世纪活跃在国际社会的人才，设立了新型国际高中并于 1988 年正式开学。学校培养的毕业生能直接进入外国大学，或能通过考试升入世界各国"加盟大学"。在课程设置上，除一般必修课程外，学校还侧重外国语和国际学科学习，后者要占 1/3 比例，国际学科包括世界文化、外国文学、外国知识和外国语会话等。国际学科教师要尽量聘用外籍教师或专职外国教师，学生也可招收归侨或者外国人子女，促进学习上的国际交流。21 世纪以后，日本为了在国际舞台上发挥更大的作用，加上归国子女人数的增加、常住日本的外国人口增加和满足国际交流和理解的需要。2002 年，日本文部科学省公布了《培养"能用英语的日本人"的战略构想》，提出在三年内建立 18 所超级英语高中，作为高中改革中的一环，其目的是提高日本国民的普遍英语水平。为了培养"能用英语的日本人"，2003 年，日本文部科学省颁布了《培养"能用英语的日本人"行动计划》，这两个文件是日本 21 世纪英语教育改革的纲领性文件。2011 年，日本内阁府、外务省、文部科学省、经济产业省等部门召开推进全球化人才培养联席会议，提出通过实施全球化教育培养全球化人才。2014 年，日本文部科学省开始发展超级全球化高中，在高中阶段推进全球化教育，培养外语能力优秀、知识素养丰厚、有解决实际问题能力的现代素质，培养未来能够在国际政治、经济、法律、科研等领域产生影响的全球化领军人才。为此，日本的超级全球化高中通过与国内外大学、科研机构、企业及社会组织等合作，培养学生发现并解决区域和国际社会问题能力，政府也资助这些学校研究、开发和实践优质教育课程，构建完善的教育体系（裘晓兰，2014）。

4）吸引赴日求学的留学生。一些日本教育界人士认为，只要国内的高中引进日语作为教学语言的 IBDP 课程，就能促使愿意接受 IBDP 课程毕业生的日本大学急速增加。2013 年 10 月，日本教育再生执行会议第四次建言指出，大学在选拔入学者时，可积极采用国际文凭证书及其成绩，国家除给予所需协助外，也鼓励各大学视情况加以利用。这种情况下，可以吸引国外学习 IBDP 课程的学生报考日本大学，有利于增加赴日留学的人数。

（二）日本国际高中发展情况

1. 日本国际高中分类

日本的国际高中主要是教授 IBDP 课程的高中。日本认定的 IB 课程学校共有 35 所，其中按照《学校教育法》第一条规定设立，可以招收日本国籍学生的国际高中共有 12 所。

这些国际高中需要同时设置日本《学校教育法》等法规规定的课程和国际文凭组织规定的课程。各学校在编制、实施课程时，要设法适当处理双方的内容，如在 IBDP 课程上补充日本学习指导要领规定的内容（张德伟，2013）。各学校按照《学习指导要领》制订目标，内容和 IBDP 的课程内容比较；根据 IBDP 的内容，制定弥补《学习指导要领》的内容，两者的内容适当整合，以教育课程的办法编成实施。例如，教授 IBDP 课程的国际高中在高一年级必修课程中需要大半必修日本高中课程，高二年级以后，学校设定科目作为 IBDP 课程下的必修的科目。日本提供 IBDP 教育的国际高中名单如表 6-3 所示。

表 6-3　日本提供 IBDP 教育的国际高中名单（2015 年）

学校名称	都道府县	教学语言	备注
仙台育英学园高中	宫城县	英语	
群马国际学院	群马县	英语	
玉川学园	东京都	英语	超级全球化高中
东京学艺大学附属国际中学	东京都	日语、英语	超级全球化高中
东京都立国际高中	东京都	英语	
轻井泽町亚洲国际学校	长野县	英语	
加藤学园晓秀中学	静冈县	英语	
名古屋国际高中	爱知县	英语	
立命馆宇治高等学校	京都府	英语	超级全球化高中
AICJ 高中	广岛县	英语	
都筑学园	福冈县	英语	
冲绳尚学中学	冲绳县	英语	

2. 国际课程类型

日本的国际高中主要实施的是 IBDP 课程，此外也有美国 AP 课程、英国 A-Level 课程等，所有的学校都必须满足日本国民课程体系的要求。2016 年，开设美国 AP 课程的学校有 23 所。日本非常重视对美国 AP 课程的借鉴，但是日本的国际高中还没有开设 AP 课程的学校，开设 AP 课程的国际高中主要是在日本的国际学校，由日本文部科学省高等教育局大学振兴课大学改革推进室负责。日本开设英国 A-Level 课程的学校有 6 所，但其中也没有日本的国际高中。

二、日本国际高中发展特点

（一）重视日本高中课程与国际课程的融合

由于日本政府规定国际高中必须完成日本高中的课程，因此日本国际高中对国内课程和 IBDP 课程的融合比较重视。例如，日本 AICJ 高中的 IBDP 课程分为 3 年，为有意进入国外大学的学生而准备。学生高一年级为准备阶段，学习国际准备课程，然后在高二年级和高三年级进入正式学习 IBDP 课程阶段。国际准备课程从高一年级开学（每年 4 月）持续到 12 月，学生从次年 1 月开始学习 IBDP 课程。其间有 3 次考试，分别在 6 月、10 月、12 月。日本 AICJ 高中 IBDP 课程的整体时间安排如表 6-4 所示。

表 6-4　日本 AICJ 高中 IBDP 课程的整体时间安排

第一年		第二年	
1～3 月 高一年级	4 月～次年 3 月 高二年级	4～11 月 高三年级	11 月～次年 5 月（IBDP 考试） 高三年级

从高二年级开始，AICJ 高中提供 12 门 IBDP 课程，它们分为 6 个学科群，学生要从中选择 3 门标准水平课程和 3 门高水平课程，同时，每个学生都要学习研究性论文（the extended essay）、创造-行动-服务（creativity，action，service，CAS）和知识论（theory of knowledge，TOK）课程。具体如表 6-5 所示。

表 6-5　日本 AICJ 高中的 IBDP 课程科目

科目	每周课时数/节	教学语言
日语 Japanese	4	日语
英语 English	6	英语
经济学 Economics	2	英语
生物基础 Basic Biology	3	英语
化学 Chemistry	2	英语
物理 Physics	2	英语
数学 Mathematics	6	英语
音乐 Music	2	英语/日语
家政 Home Economics	2	日语
世界历史 World History	2	日语
信息技术 Information Technology	2	日语
体育 Physical Education	4	日语

（二）国际高中毕业生逐渐被日本国内大学认可

过去的日本大学，绝大多数将持有国际文凭的学生预设为归国子女或外籍留学生，限定某些学院才能招收。但是，日本的 IBDP 课程学生越来越获得日本大学的认可。当然，与日本全国大学的数量相比，现阶段尚未达到全面普及的地步，但是随着日语 IBDP

课程的实施，以及今后日本将推广国际文凭的风潮影响，愿意招收持有国际文凭学生的大学应越来越多。日本文部科学省为了鼓励日本大学在入学考试中采用国际文凭成绩，也积极和各大学交换意见。在考试形式上，主要通过推荐入学考试和特别入学考试等方式录取学生。

　　在大学入学资格条件方面，有些大学会设定成绩标准，如：冈山大学提出以日语修习 A 语言，学科成绩达 4 分以上；而关西大学提出学生申请时，总成绩需在 26 分以上。另外，有些大学如大阪大学或早稻田大学或国际教养大学，把 IBDP 毕业证书当作申请资格，它们虽然重视成绩，却没有在招生简章中明示成绩的标准。筑波大学宣布自 2014 年起，所有学院全面实施以 IBDP 课程毕业生为对象的国际文凭特别入学考试。这是日本首次有理工科系加上医学院等医科科系，全面接受国际文凭成绩的例子。此外，该大学所有学院都将根据国际文凭的成绩，视情况以面试与论文笔试等方式遴选学生。不仅如此，庆应义塾大学自 2014 年起开始在法学院实施国际文凭特别入学考试，综合政策学院与环境资讯学院也在研议调整中，而东京大学 2015 年度法学院、教养学院推荐入学考试招生简章内，在关于国际通用的入学资格考试取得优异成绩的证明材料项目中，明列国际文凭。以法学院为例，对推荐入学考试的学生要求是：能在现代社会中，尤其是国际场合中发挥领袖特质的学生，亦即具有优异的基础学力；同时强烈关注现代社会各种问题，并有能力从实际社会各种现象中设定应当解决的课题；能够主动与他人沟通，共同解决问题。换言之，国际文凭即被列为足以证明学生达到上述要求的有力证据之一。当然，并不是单凭国际文凭的成绩即可获准入学，不过，连日本最高学府东京大学也开始重视国际文凭，并将它列为遴选的资料，足以说明 IBDP 课程在日本越来越受到重视。日本国内大学招生条件如表 6-6 所示。

表 6-6　日本采用国际文凭入学考试的大学招生条件

性质	大学名称	学院	IB 成绩标准	补充说明	考试形式	入学时间	备注
公立	大阪大学	理学院、工学院、基础工学院、人类科学院	未指定	取得 IBDP 毕业证书者（日籍、外籍不限）	学部英语课程	秋季入学	
	冈山大学	所有学院	部分学科要 4 分以上	取得 IBDP 毕业证书者（日籍）①以日语修完 A 语言者。②修完高级程度的数学、物理、化学等学科者（因学科而异）	国际文凭入学考试（AO 考试）	春秋季入学	
	国际教养大学	所有学院	未指定	取得 IBDP 课程毕业证书者（日籍，外籍）	AO 考试	春季入学	
	筑波大学	所有学院	日后公布	取得 IBDP 课程毕业证书者（日籍）	国际文凭特别入学考试	日后公布	2014 年度入学考试
	东京大学	法学院、教养学院	未指定	将国际文凭成绩视为符合推荐条件的证明资料	推荐入学考试	春季入学	2015 年度入学考试
	横滨市立大学	国际综合科学院	未指定	取得 IBDP 课程毕业证书者（日籍）	国际文凭入学考试	春季入学	

续表

性质	大学名称	学院	IB成绩标准	补充说明	考试形式	入学时间	备注
私立	关西大学	所有学院	总成绩26分以上	取得IBDP课程毕业证书者（日籍）	国际人士入学考试	春季入学	
	庆应义塾大学	法学院（综合政策学院、环境资讯学院也在研议中）	详细规定	取得IBDP课程毕业证书者（日籍）	国际文凭入学考试	日后公布	2014年度入学考试
	上智大学	国际教养学院（理工学院英语课程会招收部分学生）	未指定	取得IBDP课程毕业证书者（日籍、外籍不限）	特别入学考试	春秋季入学	
	玉川大学	所有学院	未指定	取得IBDP课程毕业证书者（日籍、外籍不限）日语为母语者，或修完高级程度B语言（日语），学科成绩达4分以上者	国际文凭（AO考试）	春季入学	
	早稻田大学	国际教养学院（政治经济学院、社会科学院、理工三学院会招收部分学生）	未指定	取得IBDP课程毕业证书者（日籍、外籍不限）	AO考试	春秋季入学	

第三节　新加坡国际高中发展概述

一、新加坡国际高中发展动因和发展情况

新加坡小学为六年制，小学毕业参加毕业考试后进入中学。新加坡中学实行双轨制，中学为四年制，第四年参加全国统一的剑桥O水准考试（Singapore-Cambridge General Certificate of Education Ordinary Level Examinations，GCE O-Level），根据考试成绩分别升入高中、初级学院和理工学院。学生在高中（三年制）和初级学院（两年制）学习后参加剑桥A水准考试（Cambridge General Certificate of Eduaction Advanced Level，GCE A-Level），根据成绩决定升入的大学。

（一）新加坡国际高中发展动因

新加坡国际高中的发展主要有以下两个原因。

1）历史的原因。新加坡的高中教育体系一直因为其国际化而受到广泛关注，本土教育也一直走在国际化的前沿。早在1982年，剑桥大学国际考试委员会和新加坡合作共同形成了新加坡教育体系。通过一系列改革，新加坡的剑桥资格考试已成为众多学生和家长的选择。学生通过剑桥A水准考试可以申请国内外大学，也可以通过剑桥O水准考试进入初级学院学习。2006年，剑桥大学国际考试委员会与新加坡教育部合作，共同开发了新加坡的新A水准课程。该课程注重培养学生多方面的兴趣，为学生提供更多知识领域的选择，确保学生学术能力和综合素养的全面提高。新加坡的新A水准课程体

系在保持原来的课程体系重视高水平的学术能力培养和完善的教学及考试体系的优势基础上，融入东方教育理念，开设了中国历史、中国通识（英文）、中国通识（中文）、中国语言和文学等与中国文化相关的课程。

2）满足国际人士的需求。新加坡由于其重要的地理位置、优越的经济条件和人文自然环境，吸引了大批具有国际背景的专业人士和新移民，这些人为新加坡经济发展做出了突出的贡献，因此需要满足他们的子女教育需求。这些专业人士和新移民的子女必须参加新加坡国际学生入学考试（Admissions Exercise for International Students，AEIS）进入小学，进入中学、高中或者初级学院等必须分别参加小六会考和剑桥 O 水准考试。这些具有国际背景的专业人士和新移民对教育的需求也比较多元，因此，新加坡也通过发展国际高中满足他们的需要。

（二）新加坡国际高中发展情况

新加坡的国际高中主要通过未来学校和独立学校的方式设置。新加坡的未来学校是新加坡政府对未来办学模式的尝试，目的是让部分学校先行一步，闯出条新路后再逐渐普及。目前，新加坡有 8 所未来学校，其中有 5 所高中和初级学院，分别是裕廊中学、克信女中、华侨中学、新加坡科技中学和义安中学。

新加坡目前的独立学校有 15 所，分别是英华学校（Anglo-Chinese School）、华侨中学（Hwa Chong Institution）、阿裕尼伊斯兰学校（Madrasah Aljunied Al-lslamiah）、南洋女子中学（Nanyang Girls' High School）、北烁学校（Northlight School）、莱佛士女子中学（Raffles Girls' School）、莱佛士书院（Raffles Institution）、圣约瑟国际书院（St. Joseph's Institution International School）、圣约瑟书院（St. Joseph's Institution）、新加坡科技中学（School of Science and Technology, Singapore）、新加坡体育学校（Singapore Sports School）、新加坡国立大学附属数理中学（NUS High, Science & Math）、新加坡华人女中（Singapore Chinese Girls' School）、新加坡艺术学校（School of the Arts, Singapore）、美以美女子学校（Methodist Girls' School）。新加坡的独立学校在教材和教案上独立，大多采用西方的项目教学法；学校自主决定老师的任用和裁撤，可任用外籍教师，而非如主流学校那样教职人员统一由教育部指派。独立学校的办学经费八成来源于政府，两成来源于学生的学费。很多独立中学采用直通车 6 年读完初中和高中。独立学校在教学中采用小班制，师生比不超过 1：25。独立学校的招生也是独立的，如新加坡科技中学每年从小六会考前 30%中挑选 200 名学生，高中直接通过剑桥 A 水准考试进入大学，新加坡国立大学附属数理中学的学生则几乎可以保证考入新加坡国立大学。

英华学校、华侨中学、圣约瑟国际书院都是招收新加坡本土和国际学生，如圣约瑟国际书院，新加坡本土学生占 63%，其他国际生占 37%。少数整合课程项目（the Integrated Programme，IP）学校也提供 IBDP 课程，如英华学校和圣约瑟书院。

二、新加坡国际高中发展特点

（一）加强课程建设

1）新加坡为优秀的学生提供 IP 项目，帮助他们节约时间和精力以接受优质的教育。

这是一个六年制的项目,是新加坡中学为优异学生提供的可以跳过剑桥 O 水准考试而进入初级学院的机会,通过学习参加剑桥 A 水准考试、IBDP 或同等水准考试。2004 年,IP 项目最先在华侨中学、南洋女子中学、莱佛士女子中学和莱佛士书院开展。剑桥 A 水准考试成绩受到国际上大学的广泛认可,据此可以申请国外大学。这些学校目前在新加坡的数量是有限的,仅为表现优异的学生准备。在 IP 项目学校中新加坡国立大学附属数理中学比较特别,它拥有自己的文凭,隶属于新加坡国立大学,学校文凭受到新加坡国立大学、南洋理工大学和新加坡管理大学的承认,主要是因为从 2004 年起,新加坡国立大学和南洋理工大学可以自行组织入学考试,并用 10%的名额进行自主招生。同时,学校也在不断申请其他大学和学校的认可,并开设 SAT 和 AP 课程。

2)提供 IBDP 课程。新加坡除了开设剑桥 A 水准课程外,IBDP 课程也是重要的补充。英华学校和圣约瑟国际书院是 IP 项目中提供 IBDP 课程的学校,在 IP 项目中也只有这两所学校不提供剑桥 A 水准考试而提供 IBDP 课程考试。以新加坡英华学校为例,学校是新加坡教育部下属的独立学校,也是 IB 学校,该校实行两个体系的教育,提供两种学术课程:一是 4 年的快捷课程(express program),目的是应对剑桥 O 水准考试;二是 6 年的整合课程目的是获得 IBDP 文凭,这个课程可以使学生从高中阶段到达大学预科阶段,不用参加剑桥 O 水准考试。目前,已经有学校同英华学校合作,在 IP 项目中提供 IBDP 课程,如美以美女子学校。

新加坡 2014 年 IBDP 成绩优异,连续五年成为亚太区之冠,共有 66 人获得 45 分满分,比 2013 年和 2012 年的 43 人和 41 人多出 50%。本地考生的平均成绩是 36.43 分,高出亚太区的 34.41 分和全球的 29.94 分。接受 IBDP 教育的考生,一般通过 IBDP 考试成绩进入国外大学,但是新加坡本土大学对 IBDP 考试成绩也会认可,只是在分数上更加严格。

（二）提高教学质量

在教学方面,新加坡由于受到英国教育的影响,一直避免采用说教式的教学方式,强调学生的亲身体验及探索精神的培养。新加坡整体的教育环境也注重成绩,但是在教学方式上尊重学生,给学生更多的自主权。学生成绩是按照 A～E 的标准打分的,而不是分数,避免给学生造成过大的心理压力。

例如,成立于 1886 年的英华学校,2005 年成为 IB 世界学校。作为新加坡知名的英华教育体系成员之一,英华学校得到新加坡教育部和国际文凭组织的支持,给学生提供剑桥 O 水准课程和 IBDP 课程两种选择。选择六年制整合项目的学生在第一年和第二年接受基础课程学习,在第三年和第四年学习国际普通中等教育证书(international general certificate of secondary education,IGCSE)课程并参加考试,在第五年和第六年选择 IBDP 课程学习并参加 IBDP 课程的考试。新加坡学校普遍注重母语学习,每个学生至少需要掌握两种语言,包括选择国际教育的学生也必须在假期进行英语和母语学习。学校还为非英语母语学生提供了准备项目,帮助学生能够正常地进行日常交流和学术写作。IBDP 课程项目通过持续的作业(内部评估)和两年后的笔试进行评估。内部评估在最后各科分数上占据不低于 20%的比例。考核内容包括档案袋、实践作业、口头展示及口语解说。

笔试每年 11 月在学校进行。每一门课程从 1 到 7 进行评分，学生需要满足标准，包括获得 24 分及完成 3 门文凭要求（TOK、EE、CAS），最多可获得 45 分。学生在进行 IBDP 课程学习之前必须满足以下标准：在 IGCSE 考试中至少有 2 个 A、2 个 B、2 个 C；剑桥 O 水准考试不少于 20 学分；除了 IGCSE 和剑桥 O 水准考试之外选择合适的课程；课外辅助项目表现良好；面试通过。国际学生想要进入学校可以不提交相关考试成绩，但是必须参加学校的数学、英语和科学考试及通过面试。在第五年和第六年提供 6 个学科群的课程，学生需要从中选择 3 门标准水平和 3 门高水平的课程。新加坡英华学校第五年和第六年提供的 IBDP 课程如表 6-7 所示。

表 6-7　新加坡英华学校第五年和第六年提供的 IBDP 课程

组别	课程
第一组	英语、中文、汉语、越南语、学校支持下的自主学习
第二组	英语、中文、法语、德语、西班牙语、日语、马来语、印地语、泰米尔语
第三组	经济学、工商管理、历史、地理、心理
第四组	生物学、化学、物理学、体育健康教育
第五组	数学、数学研究
第六组	音乐、视觉艺术、戏剧、经济学、工商管理、历史、地理、心理

第四节　三国国际高中建设的借鉴与启示

一、制定合理政策推动国际高中健康有序发展

（一）政府出台明确的政策加强宏观指导

1）韩国、日本和新加坡政府都制定了明确的政策来推动本国国际高中的发展。例如，韩国通过非国民教育体系的国际学校和国外学校韩国分校允许一定比例韩国国籍学生就读，满足国内需求。通过普通高中引进国际课程，借鉴国际经验促进韩国教育的改革，政府选择少数优质公办普通高中投入经费培养国际化人才，民办普通高中则成为提供国际课程满足民众海外升学需求的重要途径。日本和新加坡则主要通过在国内精英高中开设 IBDP 课程，支持部分学校实施特别发展项目（如超级全球化高中、IP 项目）等方式来推动国际高中的发展。

我国应尽快明确相关政策，既维护教育主权又满足民众教育需求。在我国，由于大多的国际学校只招收外籍学生，而我国学生只能选择在普通高中接受国际课程。目前，我国国际高中主要以高中阶段中外合作办学形式举办，政策上对于是否鼓励高中阶段的中外合作办学不够明确。我国高中阶段中外合作办学的审批和监管由各省市自治区教育主管部门负责，各地对审批和监管的尺度把握不一也造成我国高中阶段中外合作办学差异巨大的情况。

2）在顶层设计上，三国都希望通过国际高中吸引国际学生就读，打造区域国际教

育中心，这也值得我国借鉴。例如，韩国通过在自由贸易区设立国际学校和国际高中，提供优质的国际教育，不仅吸引了本国学生就读，还吸引了来自中国及日本等周边国家的学生就读，以满足他们接受国际教育的需求。目前，我国也在上海市、天津市、福建省和广东省等地区成立了自由贸易区，自由贸易区会吸引一大批海外投资。我国可以借鉴韩国的发展思路，在自由贸易区内设立国际高中，不仅为外籍人士子女提供良好的国际教育，创造良好的投资环境，还能提升教育国际化水平，促进中国教育的国际影响力。

（二）为国际高中毕业生提供多种大学升学渠道

韩国、日本和新加坡国际高中的毕业生除了可以申请国外大学外，还可以申请国内大学，多种升学渠道也为国际高中的发展提供了有力的支持。越来越多的日本国内大学开始接受学习 IBDP 课程、获得国际文凭的学生。又如，新加坡本土教育水平比较高，很多接受国际课程的学生依然想要进入新加坡本土的大学，新加坡大学采取灵活的入学标准，对于国际课程及成绩的认可，使学生和教师能够明确自己提升的方向，这对于新加坡高中 IBDP 课程的推进起到了积极作用。这对我国高中阶段中外合作办学也有积极借鉴意义。

（三）积极应对国际高中面临的舆论压力

国际高中发展过程中也面临舆论压力，但是只要做好沟通工作，积极向社会进行说明并采取相应的措施，就能取得良好效果。例如，韩国媒体关注过国际高中存在的两个问题：一是韩国学生在国际学校中比例过高的问题。2015 年 2 月，韩国教育部的一份报告显示，在韩国国际学校就读的学生中韩国籍学生比例过高，引发韩国社会舆论的关注。报告显示，在韩国自由经济区和济州自由国际城中的 6 所外国教育机构中，77.7%的学生是韩国籍学生。这 6 所外国教育机构中有两所是国际学校，分别是位于仁川松岛的查德威克国际学校和大邱国际学校。查德威克国际学校建于 2010 年 9 月，韩国籍学生占比达 80.7%；大邱国际学校建于 2009 年，韩国籍学生占比达 62.4%。然而，这些学校的韩国籍学生比例并未超过政府规定的 30%的限制。原因在于比例的计算基础是该校的最大招生人数，而不是实际就读人数。二是收费过高的问题。国际学校收费较高，如查德威克国际学校 9～12 年级的学生需要缴纳 1.6 万美元学费和约 1.28 万美元住宿费。这样的收费高过韩国最贵的学校费用两倍。然而，这些学校不在韩国教育部门的审计范围内。虽然韩国教育部对这些学校的运营，如学生比例和教师队伍进行了定期检查，但是对如财务内容等未获检查授权。韩国政府建立国际学校一方面是为改善本国的外籍人士教育环境，另一方面是出于打消韩国籍学生出国留学的念头，但是韩国国际学校收费是 2012 年韩国出国留学平均费用的两倍。对于这些问题，韩国正在积极寻求通过立法授予教育行政部门对国际学校财务的审计权。韩国国际高中当中的普通高中收费也较高。韩国一般高中一年学费是 101 万韩元。而据《韩国日报》2012 年报道，2011 年韩国 31 所外语高中的年人均教育费用为 370 万韩元，而 6 所国际高中人均费用达 713 万韩元。费用最高的清心国际高中年人均费用达到 1159 万韩元（万宇，2014）。

韩国采取的措施是，招生时以提供奖学金和特别录取通道的方式促进教育公平。根据韩国相关法律，特殊目的高中和自律型高中都必须招收15%～20%的社会弱势群体子女，政府给予学校相应的费用补贴。例如，一些学校规定，单亲家庭子女可以弱势生身份申请入学。通过这些举措，韩国的国际高中得以稳步发展。

二、加强国际高中的组织和管理建设

（一）教育理念强调国际化元素

建立国际高中的目的是培养具有国际竞争力的学生，因此，在教育中尤其强调国际化元素。例如，新加坡一直坚持英国传统的精英教育模式，又注重保护传统的东方文化、尊重新加坡本土居民的文化，因其体系灵活且质量优异，在东南亚乃至在全世界都赢得了良好的声誉。新加坡教育体系是将新加坡置于世界的大环境下，致力于培养国家化的高精尖人才，坚持培养亚洲公民或者世界公民。此外，新加坡一直根据社会需要调整教育目标，如2004年，新加坡高中教育目标中加入培养学生独立思考的能力。日本的国际高中非常注重组织和管理制度建设。又如，日本的国际高中通常是一校多部中的一部，包括科学高中部、艺术高中部和国际高中部，各部同处一个校园，能够相互学习借鉴。校园多拥有现代化的、功能完备的设施，包括教室、娱乐厅、计算机室、自助餐厅、图书馆、网球场、户外游戏区等。还有学校拥有日本茶室等极具国家特色的场所，还有如学生指导室、交流长廊等学习辅助场所等。

（二）采用一校双轨模式

一校双轨制可以在同一个学校为学生提供不同的选择。一校双轨并不是完全独立的，而是使参加国内高考的学生也可以接受国际化的教育，参加国外考试的学生也可以潜移默化地学习本国的传统文化。例如，韩国首尔国际高中为国内项目和国际项目分别设置了对应的课后项目，为学生提供多样的配套服务。

在国内课程和国际课程相互融合借鉴的过程中，不可避免地会出现课程体系整合、课程教材背后的教育理念及教育方式整合的困难。在实施的过程中，韩国同中国一样，出现了国际课程的"变质"，如一些学生仅仅将其视为出国留学的"敲门砖"。有的学生为了在国际课程考试中考取高分进行应试训练，但引入国际课程的出发点绝不是为学生出国留学准备的，而是希望通过对国际课程整体的实施和研究，找到本国高中课程改革的借鉴空间。此外，由于文化背景不同、学生之前接受的教育与国际教育的不匹配性，也要求在对国际课程的理解与实施上根据学校与学生的特点加以关注和改造的同时匹配其他资源，包括教学设备、教师教学能力等。这都是在国际课程引入过程中会出现的一些"水土不服"的现象，是引入国际课程的中国和韩国面临的共同挑战。

又如，日本实施IBDP课程的12所国际高中，实施IBDP课程同时，也保留日本文部科学省的《学习指导要领》，并将它安排在教学计划中。因此，即使学生无法完成国际文凭课程，也能获得一般高中毕业证书，可作为一种双重保障。同时日本积极开发日语国际文凭课程并鼓励国内大学认可的做法也值得我们借鉴。例如，东京学艺大学附属中学是日本唯一使用日语作为教授 IBDP 课程的学校。我国引进了多种国际课程，但在理解和吸收这些国际课程的先进元素的基础上，应该将一些优秀的课程，如生涯规划、领导力、英语文学等融入我国的高中课程中，促进自身高中教育质量的提高。

新加坡除了课程体系设置的科学性外，还采用严格的分流制度保障国际课程的质量，并为学生提供多条道路选择，无论是 IP 项目还是直通车计划，都给予优秀的学生接受最优质教育的机会，并给予优秀但家境贫寒的学生奖学金及其他方面的资助，如英华学校就设有专门的奖学金。

三、重视国际高中的课程质量建设

（一）加强课程的国际化与本土化元素整合

国际高中的课程具有国际化元素，只有与本土化元素结合，才能最大限度地适合并满足本国学生的需要，避免水土不服。例如，新加坡不仅为学生提供多元化的课程，使学生除主修课之外，还可以修读不同领域的选修副科，并且提供多元化的学制（如直通车）。这些课程同剑桥 A 水准课程或者 IBDP 课程进行了国际化教育的整合，融入了国际化的理念，可提供不同的项目以满足不同天赋和兴趣的学生。新加坡教育国际化程度的起点比较高，剑桥 A 水准课程更是在新加坡开设了数十年，虽然 IBDP 课程进入新加坡的时间不长，但是开设 IBDP 课程的学校数量在逐渐增加。无论是哪个项目，学生都能够通过丰富的课程充分挖掘自身能动性及提高探索复杂世界的能力。此外，通过课程辅助计划，学生还可以提高自身的领导力，凝聚智慧及调动积极性。

（二）采取多种措施提高课程实施成效

三国国际高中的课程在实施过程中的做法也值得借鉴。例如，日本的国际高中强调培养学生思考问题的全球视角，同时坚持民族特色和本国课程的学习。为了保证质量，国际高中采取了许多措施。一是强调小班化教学，如立命馆宇治中学校·高等学校 2015 年高一年级共招收了 375 人，男女生比例为 192：183，分为 11 个班级，平均每个班级 34 人左右。二是强调特色课程。国际学校中不仅仅引进国际课程，更需要与本土课程相结合。每个学校都有特色课程，如北海道国际学校开设了户外课程、爵士乐课程等，同样是小班化教学。三是重视英语能力培养。由于国际课程对于英语的要求，很多学校开设了英语学习课程，如立命馆宇治中学校·高等学校开设了英语沉浸课程（immersion course，IM），目的是帮助学生提高学术英语的水平，所有的学生需要用一年时间在国外英语国家学习，只有获得所修学分才能毕业。

第七章　我国高中阶段中外合作办学的发展趋势

通过分析高中阶段中外合作办学的发展历史、发展现状、面临的问题及国外国际高中发展的启示，本书认为，我国基础教育国际化继续推进的趋势不会改变，高中阶段中外合作办学仍然是基础教育对外开放的重要途径。随着我国 2017 年全面推进考试招生制度改革，走班制和选课制将逐步推广，而高中阶段中外合作办学在这方面积累的经验将为我国高中教育教学改革进一步发展发挥积极作用。

未来一段时期，高中阶段中外合作办学在发展定位上，将围绕国家课程方案和教育目标，引进国外优质教育资源，促进我国高中教育教学改革，促进国际化人才培养，探索开发对接国际教育标准能被国际承认的中国国际课程，推进我国基础教育的国际化。在政策导向上，我国普通高中教育中外合作办学项目将逐步从公立高中剥离，逐渐转变为以民办高中为办学主体。在政府支持下，各类高中学校将探索高中阶段中外合作办学的新模式。高中阶段中外合作办学将朝着合理布局、优化结构、科学调整、积极发展中等职业教育中外合作办学的方向发展。在发展思路上，高中阶段中外合作办学将更加注重质量建设，提质增效将是今后一段时期内高中阶段中外合作办学发展的基本思路。

第一节　高中阶段中外合作办学的发展定位将更加明确

定位问题决定价值取向，价值即价值主体与价值客体之间形成的效用关系。对中外合作办学的合理定位是高中阶段中外合作办学健康可持续发展的前提。中外合作办学必须适应和服务于国家改革和发展的大局，必须适应和服务于学生的发展和成长（林金辉，2012b）。要实现中外办学可持续发展，必须遵循中外合作办学的基本规律（林金辉，2011b）。从总体上看，我国中外合作办学已经进入质量提升的新阶段，高中阶段中外合作办学作为我国中外合作办学的组成部分，必须紧跟中外合作办学的发展步伐，进行合理定位，与高中阶段中外合作办学的发展新阶段相适应。我国现有的相关政策制度为高中阶段中外合作办学提供了发展定位的基本依据。本书认为，高中阶段中外合作办学的定位应从以下几个方面考虑。

一、基础教育国际化和普通高中多样化发展的重要途径

高中阶段中外合作办学是促进基础教育国际化的重要途径。在我国以高中阶段中外合作办学机构和项目的形式与英国、美国、澳大利亚、加拿大、韩国、日本、俄罗斯等国家的学校展开直接办学合作的过程中，双方学校、教师和学生通过教学、教研和互访

等多种形式进行深入交流，在国际视野、国际理解等方面的能力都得到提高。笔者访谈的一位境外学校代表说："之所以要和你们开展合作办学项目，一个重要的原因是考虑到希望通过合作办学使两校之间的交往能够更加长久和深入。如果不和你们开展合作办学，我们每年的定期互访及孔子课堂等交流可能不一定能够一直延续下去。"由此可见，高中阶段中外合作办学对促进中外学校交流的深度和广度及持续性的作用是其他方式所不能比拟的。

高中阶段中外合作办学对普通高中多样化发展也有重要价值。它有利于创新办学模式，促进高中多样化发展。例如，福建省通过引进国际高中课程和优秀教学资源，逐步形成具有国际化视野的课程体系和管理机制，形成中外合作办学特色。它有利于建设一批富有鲜明办学特征的高水平普通高中，如郑州中奥维也纳音乐学校的音乐特色、北京中加学校的中外课程融合特色等，不仅有利于学生个性化发展，也使普通高中办学形式多样化。

二、落实国家课程方案和教育目标，创新融合中外高中课程

中外合作办学是我国教育事业的组成部分。普通高中开展中外合作办学要为我国基础教育的教学改革服务，把中外合作办学作为学习、研究国外基础教育办学理念、课程设置及教学方法的平台，中等职业学校开展中外合作办学，要培养高水平的技术工人。这已经成为共识。

1）维护国家教育主权，培养具有社会主义核心价值观的学生是落实国家课程方案和教育目标的一项重要任务。在学生心中树立对本国核心价值观的自信几乎是各国学校教育的首要任务。例如，英国强调"英国核心价值"是教育的重中之重；韩国强调"要将更多的品德教育融入各科教学，培养学生重要的价值观与态度"；新加坡强调"让教育系统变得更加以学生为中心，更加关注全面教育，更加强调价值观和品格发展"；新西兰强调"必须将基础价值观教育融入学校各门课程的教学"。然而，各国倡导的价值观不一定相同，甚至可能相抵触。例如，从2016年起，美国SAT的考题中将涉及美国建国文献，如《美国宪法》和《人权法案》等的相关内容及深度阅读材料，又如IBDP中对世界历史的描述与我国高中历史教科书的内容有所不同。这些内容所包含的多元价值观对高中阶段中外合作办学的学生产生的影响不可低估。它会影响一代青年对中国特色社会主义的道路自信、理论自信、制度自信、文化自信，影响社会主义核心价值观真正成为社会主流的道德标准。因此，"立德树人"是教育的根本任务。育人为本是教育改革和发展的重要原则。意识形态是世界观、人生观、价值观的体现，其核心是信仰，是信念。突出社会主义核心价值观的主导地位，是体现个体生命意义的基础，是提高我国国民素养的关键（陶西平，2015）。北京市、上海市等地的教育行政部门都已经明确要求，高中阶段中外合作办学的课程中语文、政治、历史、地理4门必修课必须执行我国国家课程安排。这是维护我国教育主权、培养具有社会主义核心价值观的学生的必然要求。

2）在落实国家课程方案的基础上，中外课程要深度融合。在数学、物理和化学等理科方面，我国高中教育具有独特优势，学生的数理基础扎实，但实践动手能力不强。

清华大学附属中学校长王殿军就指出，在中学，不论是对学习能力强的孩子还是对学习吃力的孩子，所用的培养模式都是一样的。而在高中阶段，学生的学业水平考试在高二年级已经基本完成，高三年级的学习基本是重复以往学过的内容。许多有天赋的学生在不断重复中，丧失兴趣、创造力和想象力，而在大学阶段想要培养创新型人才是非常困难的（梁杰，2014）。因此，在中外课程的深度融合中需要在启发式教学的低容量和讲授式教学的高效率之间找到平衡，考虑中外课程的融合比例、班级规模、学生学习习惯、教育环境及学习需求等差异。我们应重视对学生批判性思维的培养，使学生在学习知识和解决问题时敢于质疑，不断从多个角度思考，找到更多更好的解决方案。教师在教学活动中，要"在多元中立主导，在多样中谋共识"。同时，由于高中阶段中外合作办学的学生群体具有思想活跃的特点，如果我们仍然通过教材来教授希望学生学习的知识，将一切都编入教材，然后老师讲授，通过考试来检查评估学生。这样的做法对于一部分学生来说是不可取的。因此，教师只有将正确的信仰和坚定的信念通过自己的言行并以喜闻乐见的形式向青少年进行示范和传播，使其认真汲取正能量，警惕来自社会的某些负面影响，才能提升价值观教育的质量和水平（陶西平，2015）。只有坚持"以我为主，为我所用"，落实国家课程方案和实现教育目标，才能真正实现高质量的高中阶段中外合作办学。此外，我国高中阶段中外合作办学引入比较多的高中国际课程有五六种，国外职业教育体系有三四种，涉及十几个专业，不同的国际课程和职业教育体系对接世界不同地区的大学和高等教育体系，因此，应探求中外课程的特点，发挥各自所长，使中外课程得到有机融合。

三、培养服务于我国现代化建设的国际化人才

随着国际化和全球化浪潮的不断推进，国际化人才的竞争成为各国人才竞争的重要指标之一。培养国际化人才是顺应教育国际化发展需要所赋予的使命和任务。习近平提出"一带一路"倡议，更需要大批的国际化人才来支持和实施。在培养本国的国际化人才上，日本、韩国和新加坡等国都从国家层面进行整体布局规划，通过发展国际高中积极落实。在我国，高中阶段中外合作办学就是落实培养国际化人才目标的重要形式。

高中阶段中外合作办学应通过引入优质教育资源培养服务于我国现代化建设的国际化人才。一些办得好的中外合作办学机构、项目，在借鉴国外院校的课程设置、教学管理、人事制度等方面积累了丰富的经验，在促进教育国际化、满足学生多样化需求方面的贡献不可磨灭（林金辉，2015c）。通过中外合作办学，我们将符合现代教育发展需求的先进的办学理念和方法、优质的课程和教材、成熟的管理模式与经验等融入教育实践中，使学生具备批判和质疑精神，具有中国情怀和国际视野，同时具有创新精神和执行能力等国际化人才的关键能力。

高中阶段中外合作办学应着力培养高端国际化人才。高中阶段中外合作办学的中外双方在办学过程中直接展开合作，在信息和资源对接和沟通方面都具有不可替代的优势。经过合作办学的实践、对接与取长补短，建立起中外双方合作实施的教育教学体系，形成一整套教学内容、教学管理的工作体系，实现学生在国内便能享受国外优质教育资源，学习先进知识和技术，在外语水平、思维能力、国际视野和实践能力等方面有突出表现的目标。

四、探索开发具有国际水平的中国国际课程

引进国外优质教育资源的关键是消化吸收、利用创新，最终提高我国教育的整体水平（赵永琦，2003）。高中阶段中外合作办学在引进消化吸收高中国际课程的基础上为开发符合国际教育标准的中国课程发挥了重要作用，为促进我国教育质量提升发挥了重要作用。

回顾历史，自近代至20世纪90年代，我国基础教育有过两次学习西方教育经验的热潮。第一次热潮大致从鸦片战争到五四运动，直至20世纪初实施新学制（壬寅-癸卯学制），废除科举制，全面实施西方学制，教授现代科学知识。这一时期我国开始出现以教授西方科学与人文学科为主的学校，如上海的格致中学、徐汇中学等。第二次热潮是中华人民共和国成立后我国全面学习苏联的教育经验，这一时期，我国翻译了大量苏联教育理论和教材，按照苏联模式建立新型学校，学习苏联的教育教学方法（顾明远，2004）。

20世纪90年代以来，引进高中国际课程开展中外合作办学的热潮，可以被认为是我国学习西方教育经验的第三次高潮。与前两次最大的不同在于，我国教育不再是单纯地学习西方的教育经验，而是采取"为我所用，中外融合"的方针。中国的基础教育，尤其是数学和科学教育具有自己的优势，中国学生的数学、科学成绩连续两次问鼎国际学生评估项目（program for international student assessment，PISA）测试即是证明。我国基础教育开始得到世界各国某种程度的认可，正如英国《金融时报》所说，不少中国家长急于将子女送到国外留学，但英国正准备向中国学习数学教育。2014年，英国与中国达成协议，计划从上海市招募60名教师赴英国帮助当地学校提高数学教学水平。美国教育界也开始派教师到中国学习经验。例如，2015年10月，来自美国数学教育较强的地区之一的印第安纳州由印第安纳州教育厅选拔12名骨干教师和专家组成的教师访问团到杭州市拱墅区学习中国数学、科学成功的经验。他们回国后以本次学习为契机，编写2016年试验教学的教材蓝本，向全州推广（沈蒙和，2015）。

探索中的中国大学先修课程就是一个很好的案例，它借鉴了美国AP课程的经验，北京大学、清华大学、清华大学附属中学等全国众多著名高校和高中也积极参与。从最初在北京大学等少数高校与少数高中之间"搭桥"，逐渐进阶为在全国高校与高中中间"织网"。清华大学慕课的推出，更是让中国大学先修课程从教室走向信息化平台。

第二节　高中阶段中外合作办学的政策和监管将更加完善

一、高中阶段中外合作办学的政策

（一）加强宏观调控，形成分类指导、区别管理的政策导向

2013年以来，针对公立高中举办普通高中教育中外合作办学项目的政策开始收紧。各地教育行政部门相继出台政策规范普通高中教育中外合作办学项目。这些政策的影响

已经产生，普通高中教育中外合作办学项目从公立高中剥离和转制成为趋势。

北京市许多高中已经开始采取剥离和转制行动。北京市第四中学将把国际校区整体迁移至昌平区的民办全日制完全中学——北京昌平区佳莲学校，由公办向民办过渡，成为北京第一所承诺剥离国际班的公立中学。北京师范大学第二附属中学与北京市私立汇才中学合作，在小汤山新设立汇才国际教学校区，北京市十一学校和北京市第三十五中学分别计划在大兴区亦庄镇和采育镇建立国际部分校，中国人民大学附属中学把民办性质的中国人民大学附属中学朝阳分校增加为中国人民大学附属中学中外合作办学项目的中方合作教育机构，同时中国人民大学附属中学朝阳分校开始接收其他公立高中国际部的学生。北京大学附属中学国际班的收费可能也会向普通班看齐。郑州市教育局明确表示该市 2016 年年初高中招生在稳定上一年规模的基础上，统招生适度增加，但中外合作办学只减不增。厦门市明确表示 2016 年该市所有公立高中 4 个普通高中教育中外合作办学项目停止招生。厦门市 2016 年出台的《厦门市教育局关于推进普通高中教育国际化的实施意见》提出，推动中外合作办学，鼓励举办中外合作办学机构，支持民办学校举办国际部；推动课程与教学改革，加强中外课程融合。

未来随着教育部出台高中阶段涉外办学管理办法，各类高中阶段中外合作办学项目从招生、收费等多个方面将逐步规范，普通高中教育中外合作办学项目剥离后的学校身份、教师身份、产权、公办学校和剥离的私立学校之间的关系等问题将逐步理顺。不符合规范的高中国际班将面临清理或转制。

总的来说，我国高中阶段中外合作办学将按照"公办保公平，择校找民办"的原则，形成分类指导、区别管理的政策导向。公办教育提供基础性的教育，确保教育公平，多样化的教育需求主要由民办教育提供。公办教育开展高中阶段中外合作办学主要以促进教育国际化和国际化人才培养为目的，而满足学生和家长对于多样化教育的需求则更多由民办教育承担。

（二）高中阶段中外合作办学布局结构进一步优化

我国各地区教育发展水平不平衡，因此，在区域布局上，应合理推进东中西部地区高中阶段中外合作办学，使区域布局更加合理，鼓励西部地区规范发展高中阶段中外合作办学，在办学结构上，应合理分配普通高中教育中外合作办学和中等职业教育中外合作办学比例，优化办学结构，鼓励中等职业教育中外合作办学。

在普通高中教育中外合作办学方面，可以鼓励开办具有独立法人资格的中外合作学校。中外合作学校纳入招生计划，并按照"分数优先，遵循志愿"的原则录取。学生注册入学后获得普通高中学籍，其学籍纳入普通高中学籍管理；中外合作学校要开足开齐国家核心课程，引进国外课程，并给予承认学分；中外合作学校学生通过高中学业水平考试达到合格水平者，颁发普通高中毕业文凭。中外合作学校学生毕业后符合当年高考报名条件的可参加高考。还可以鼓励民办学校成立国际部，开展中外合作办学，满足学生多元化的需求，提升普通高中国际化水平，促进普通高中多样化发展。在中等职业教育中外合作办学方面，2005 年我国就提出要积极引进境外优质职业教育资源，开展中外合作办学。政府应该给予经费支持，尤其是对一些精品、高端的国际合作项目给予一定经费支持；逐步建立与多种合作模式相适应的学历认证体系和标准；引入境外学校和企业的一整套优质资源，如教学课程、理论体系及相关企业和产业方面的资源。

二、高中阶段中外合作办学的监管

（一）信息公开进一步加强

中外合作办学信息透明化是质量建设的主要目标之一和重要支撑（林金辉，2015a）。以公开为常态，以不公开为例外，满足人民群众的需求。深化中外合作办学信息公开，加强信息发布、解读，依法依规回应群众提出的信息公开申请，不断提高中外合作办学教育信息的透明度，着力发挥中外合作办学信息公开对依法治教、依法治校的促进作用，中外合作办学信息披露规范化、机制化建设，正是人民群众的新期待（林金辉，2015b）。

目前，教育部的"两个平台"和"两个机制"①主要针对高等教育中外合作办学开展工作。高中阶段中外合作办学的信息主要通过省级教育厅网站公示发布，国外高中毕业证书没有认证渠道。随着高中阶段涉外办学相关管理规定的出台，高中阶段中外合作办学的信息将逐渐纳入统一管理，形成三级中外合作办学信息公开制度，即依托教育部涉外监管网建立的国家教育行政部门信息平台，公开并持续更新全国高中阶段中外合作办学机构和项目名单；依托省级教育厅设立的省级教育行政部门信息平台，公开本省高中阶段中外合作办学审批、年审评估自评材料和结果、项目延期、收费和招生等信息；高中阶段中外合作办学机构和项目学校依托学校网站公开本机构的办学资质、课程与教学、师资队伍、收费、招生和毕业生去向等信息，如图7-1所示。

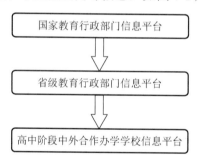

图7-1　高中阶段中外合作办学三级信息公开平台

此外，针对一些境外合作者在不同省份开展同样的国际课程项目，但是收费不一样的情况，高中阶段中外合作办学需要进一步公开收费依据。高中阶段中外合作办学的财务收支情况也需要公开透明。因此，加强高中阶段中外合作办学的财务公开很有必要。

只有建立完善的信息公开制度，才能为高中阶段中外合作办学营造一个良好的运行环境。

---

① 两个平台是指依托教育部教育涉外监管信息网设立的教育部中外合作办学监管工作信息平台和中外合作办学颁发证书认证工作平台；两个机制是指中外合作办学质量评估机制及中外合作办学执法和处罚机制。

（二）评估标准进一步完善

制定具有针对性的高中阶段中外合作办学质量评估标准对完善高中阶段中外合作办学具有重要意义，有利于规范办学管理，清理不规范的办学行为，提高办学质量，促进中外合作办学健康发展，有利于遴选办学条件好、教育质量高、办学效益好、学生和社会满意度高及办学成果突出的示范性高中中外合作办学项目和机构。科学有效的评估和执法处罚是规范办学、依法管理的重要手段（林金辉，2011a）。

目前，我国高中阶段中外合作办学的相关评估标准主要由各省教育厅制定。例如，安徽省教育厅制定了《安徽省普通高中国际班教育教学质量监测指标体系》，上海市教育厅制定了《上海市示范性中外合作办学机构（项目）评选指标（试行）》，福建省教育厅制定了《福建省中外合作办学机构评价指标》和《福建省中外合作办学项目评价指标》。

安徽省教育厅参照《关于加强普通高中国际班管理的意见》及教育部"中外合作办学项目指标"制定的《普通高中国际班教育教学质量监测指标体系》由 5 个一级指标、19 个二级指标、31 个三级观测点构成，做到可测可评，赋予分值。不含 B-19[①]工作特色加分，合格为 80～100 分，基本合格为 60～79 分，不合格为 0～59 分；"福建省中外合作办学机构评价指标"由 9 个一级指标、24 个二级指标构成，评价意见为优秀、合格、不合格。"上海市示范性中外合作办学机构（项目）评选指标（试行）"由 5 个一级指标、15 个二级指标、40 个三级指标观测点构成，在满足规范性指标的基础上，得分居前列者为优秀。

总的来说，我国高中阶段中外合作办学质量评估标准正朝着重视学生的主体地位，着重考察办学主体是否引进具有先进水平和领先优势的课程、教材、教学理念、教学方法和教学形式、教学管理制度、考评方法、师资队伍和人才培养模式，以及考察在办学实践中如何让这些优质教育资源与中国国情相结合进行本土化创新的方向发展。

（三）质量评估进一步加强

从 2009 年开始本科及以上中外合作办学已经进行中外合作办学评估，评估工作由教育部国际合作与交流司统一组织，教育部学位与研究生教育发展中心具体实施。各省级教育行政部门根据教育部评估工作的具体安排，负责本行政区域内中外合作办学评估的组织与协调工作。从 2014 年高职高专中外合作办学也已经开始中外合作办学评估。由教育部国际合作与交流司统一组织，中国教育国际交流协会具体实施，并建立部省联合评价机制。目前，我国高中阶段中外合作办学主要实行年审评估机制，高中阶段中外合作办学的评估将会进一步完善。

1）高中阶段中外合作办学将按照"管、办、评"的分离，引入第三方评估，加强对国际化教育目的、国际化教育内容、教师队伍资质、办学水平、升学通道等多个方面

---

① B-19 工作特色加分的内容是国际班在师资队伍建设、课程开发与管理、办学模式与项目管理、创新教育与培养学生动手能力、教学组织与质量监控、教学改革与质量提升等方面紧密结合实际，积极创新思路，工作特色鲜明，社会反响良好。

的评估，促进国际课程教育有序发展。在政府转变职能的过程中，第三方监管的作用得到充分发挥，正形成以外促内的质量保障机制。

高中阶段中外合作办学质量评估正逐渐由政府主导年审评估转变为由教育评估机构（中介组织）开展第三方评估，一些省市已成立教育评估中心。例如，安徽省、福建省就通过本省的教育评估中心对该省的高中阶段中外合作办学进行教学质量检测或者年检工作。还有一些地区通过教育交流组织的中外合作办学专业委员会开展评估工作。2012 年 7 月，经教育部批准，并经民政部审批登记，中国教育国际交流协会中外合作办学专业委员会正式成立，该专业委员会致力于提供与中外合作办学相关的各项服务，包括质量认证、办学咨询、能力建设、研究出版、交流推广等。

2）从评估模式看，认可评估模式主要用于评估教育机构或者教育方案是否符合某些共同统一的标准或大家都认可的最低标准；质量判断评估模式主要从评估目的角度提出，关心的是受评机构的质量水平；优秀评估模式主要从评估目的角度提出，通过评估活动经学校表现与既定标准对比选拔优秀的一种评估方式（苏君阳，2012）。高中阶段中外合作办学评估模式朝着以认可评估模式为主、质量判断模式为辅，宏观评价、中观评价和微观评价相结合的方向发展。宏观评价评估办学主体的办学目的、办学宗旨等；中观评价评估办学主体的办学条件、人力资源管理、学生管理、财务管理及教学管理等；微观评价评估办学主体在学生培养质量管理方面的表现，如教学质量满意度、毕业生升学率及升学质量等。

第三节　高中阶段中外合作办学的提升途径

《教育规划发展纲要》中提出质量是教育改革的核心任务。党的十八届五中全会审议通过《中共中央关于制定国民经济和社会发展第十三个五年规划的建议》（以下简称《"十三五"规划建议》）提出"提高教育质量"。与此同时，教育公平仍然是教育非常重要的课题。但是，未来的教育公平将是有质量的公平，是优质的公平。高中阶段中外合作办学作为基础教育的组成部分，未来必须以质量为核心，提供更加优质的教育。因此，加强质量管理，提质增效，聚焦内涵式质量发展，是高中阶段中外合作办学的基本发展思路。新的发展阶段教育质量评价标准应该是具有国际视野，通晓国际规则，能够参与国际事务和国际竞争，能够充分发挥个人才能，适应社会发展的需要，使学生能在原来的基础上有明显提高（林金辉和刘梦今，2013a）。本书认为高中阶段中外合作办学应从以下几个途径提升质量。

一、提升组织和管理水平

毫无疑问，高中阶段中外合作办学机构和项目的组织和管理水平是高中阶段中外合作办学质量的重要保障。学校作为中外合作办学的主体，对办学质量影响举足轻重。政府的政策和监管都需要办学管理者落实，社会的需求和舆论的监督也需要学校主动调节适应以促进质量提升。目前，大多数学校工作的重心仍然放在高考升学率上，没有系统深入地研究与借鉴引进的国外教育资源,对于高中阶段中外合作办学的关注点也在学生考入的国外大学是否是名校上,这严重制约了高中阶段中外合作办学的质量提升。学校应完善管理体制,落实管理责任。中方管理团队要切实发挥主导作用,根据社会需求变化、生源情况等因素,制订切实可行的教学计划,制定教育质量标准和规章制度,指挥协调内部各有关系统正常运转,协调解决管理过程中出现的问题。

（一）培养高水平管理人才

培养越来越多的高中阶段中外合作办学高水平管理人才是保障高中阶段中外合作办学质量的关键。学校办得好不好,关键在校长。校长对教育的认识及其治校方略和管理方式等,直接影响一所学校的教学质量和校风、文化建设,也直接影响学生的健康成长。因此,高中阶段中外合作办学办得好不好,关键在校长和项目负责人。例如,北京市第三十五中学副校长兼国际部负责人王红军,将该校高中阶段中外合作办学项目定位为教育改革的"试验田",率先在课程内容、教学方式、评价方式、管理方式等方面试点探索,助力我国高中课程改革和人才培养模式改革,促进本土教育国际化和国际教育本土化。通过国际部的实践,让所有教师都能够深入理解中西方不同的教育观念和教学方式,深入了解美国教师在创新人才培养方面积累的经验,带动教育理念的提升及教学方式的变化,带动全校学生学习方式的改变。此外,政府教育行政部门应该组织高中阶段中外合作办学管理者进行培训,加强交流,分享各校的办学经验,除了参加本省范围内的高中阶段中外合作办学工作会议以外,进行全国范围的交流也十分有必要,这些培训与交流必定会加深高中阶段中外合作办学管理者对高中阶段中外合作办学的理解和提升管理能力。

（二）选择合适的管理模式

高中阶段中外合作办学的学校应该根据自身发展情况选择合适的办学模式。学校需要考虑引进国际课程后对其理念是否认同,是否借助其推动办学改革的具体行动,是否将其纳入办学改革的系统,对于国际课程本身是持积极借鉴还是与普通高中课程分离对待。此外,也要考虑学校的原有办学特色和办学基础是否能够通过高中阶段中外合作办学促进学校办学更进一步。最后还要考虑学校所处的区域条件因素,即学校所处区域的经济发展水平、地理区位特点和教育融合力（徐士强,2015）。

（三）创新学生管理制度

学生管理和德育工作是高中阶段中外合作办学的重点,也是难点。高中阶段中外合作办学的学生大多家庭经济条件比较优越,性格差异较大。同时,他们思想活跃,有较强的民主意识和自主意识,在沟通上需要更加有效才能够实现有效管理。因此,要根据我国学生的特点,充分继承我国高中班主任德育工作体制的优势,同时借鉴国外为学生配备辅导员的经验,充分满足学生不同需求,既融合中外双方学生管理优势,又维护教育主权,通过高中阶段中外合作办学培养服务于我国社会经济建设的国际化人才。

二、提升课程与教学质量

（一）提升课程领导力

高中阶段中外合作办学课程体系构建是一个重要的宏观问题。如果将国外的课程原封不动地"引进"，可能致使国内学生"水土不服"。首先，这些针对国外学生的国际课程和中国学生的知识背景有非常大的差异，从课程设置到教学理念的差异现象无处不在。除此之外，国内外在基础教育方面的差异也无法回避，这就造成了国内外高中学生的知识背景有着很大的差别，因此，如何在国内教育背景下成长的学生身上应用国外的高中教学，是一个很大的问题。这是国际课程在国内教学这个领域需要思考的重要问题。其次，中国教育和西方教育在教育理念和哲学思想上有很大差别，让一个在国内的十七八岁的高中生，去融合西方文化背景等如此复杂多方位的东西是很难的。因此，在课程设计上不是简单地帮助学生"融合"，而是"整合"，这可以使学生今后在适应海外院校环境的情况时并不丧失个性，并且能自如地解决处理在中西文化差异下引发的一系列问题。

目前，国内举办高中阶段中外合作办学的学校关注的是学生毕业的去向，家长也只关注如何将孩子送到国外读书。无论是学校还是家长，都没有思考学生在海外深造后该如何选择今后的发展道路。从教育的角度来看，如果其未来选择留在国外，那国内的教育背景就需要和国外的环境相整合，而如果其未来选择回到国内，其国外的经历需要和国内的环境相适应。这也是很多低龄孩子留学回国后不适应，或者一些学生在国外本科毕业后想留在国外工作难以适应的根本原因。"海归"就业难的原因在教育问题上，我们一直关注让学生"出得去"，却忽视了让他们"回得来"。

在保障教育主权的前提下，应将中西方教育进行科学的整合，取其精华，去其糟粕，将国际课程"国产化"而为我所用，让中国学生更好地接受西方教育。我们应该"磨合"中西教育，让国际课程国产化。将中西教育进行科学的"磨合"，让国际课程更好地适应中国学生的需求，让中国学生从中获得最大的利益。在课程设计上，国际课程的基础需要保证；而中国的本土课程如语文、思想品德、历史、地理等也需要学习，整合成一套可以让每个学生都能根据自己的能力接触最多知识的课程体系。这样既可以保证每个学生学习中国传统课程下的知识以进行国内深造，也可以让有需要的学生做好申请海外大学的准备工作。最重要的是，在兼顾多方面的情况下却不加重学生的负担。在针对学生的发展上，整合好的课程体系应该"扬强平短"，让学生的优势无限发挥。关注学生是否具有宽阔的视野和更大范围的兴趣；是否具有好的自我修养，包括在社会环境下的文化、科技、艺术修养等；关注学生在各科目的学习上的特点、优势；是否在某个领域或者某个方面有一定的潜能。总之，把为了应试而"抑强补短"，变为"扬强平短"，要让学生在优势科目上得到尽情地发挥和展示。最后，关注社会实践课程的开发和丰富语言环境的创设。例如，万圣节、圣诞节、社区志愿服务等活动，这些课程的开发不仅是高中阶段中外合作办学课程整合的重要内容，还是可以辐射到普通高中校本课程开发的重要资源。

不仅要"引进来"，还要深刻理解国外先进教育理念的核心和实质，将中国传统文化有机地融入课程中，而不能简单地形式化，走回应试教育的老路。在课程选择上，通过专业的选课咨询和规划指导，引导学生根据自己的个性、兴趣，结合自身的学业成绩和未来的职业发展选择，选择适合自己的组合课程；办学者和教育者应当坚持自由、开放、多元，尊重学生的理念，祛除功利的心态，真正做到以学生为本，从学生的成长需要出发，提供高质量的课程（熊丙奇，2014）。

（二）提升教学质量

提高高中阶段中外合作办学的双语教学质量。双语教学是高中阶段中外合作办学的一个重要特点。用英语进行学科教学不仅可以使学生更好地适应未来大学的学习，还可以让学生能够在两种语言当中自由切换，对思维发展有促进作用，进而成为双语双文化的人才，这是高中阶段中外合作办学人才培养质量观的重要方面。对国家而言，这样的双语双文化的人才能够发挥重要作用，用国际上能够接受的方式传递中国声音，讲好中国故事，有利于促进东西方文化的沟通。要探索实行双语教学的学科问题、效率问题，即如何在有限的输入时间内完成双语教学，同时解决语言输入量不足和双语环境不足等问题。

加强教师教学质量评估也是高中阶段中外合作办学的一个重要内容。评价高中阶段中外合作办学任课教师的教学工作采用的评价方式的科学合理性，直接关系教学质量。学校对教师教学质量的评价主要通过所教授学科的学生考试分数、学生的课堂满意度和定期实行公开课等途径进行，尤其区域性的诊断性考试成绩是对教师教学质量的最直接反馈。然而这一套评价方式不能用来评价高中阶段中外合作办学教师。一方面，就读于高中阶段中外合作办学机构或者项目的学生毕业去向多元化，既可以参加高考，也可以选择申请海外大学，学生考试类型多样，学生的考试成绩很难作为评价教师教学质量的标准；另一方面，教师来源多样，来自中方合作学校的教师都是学校编制内的教师，来自境外合作学校的教师包括中国籍教师和外籍教师，他们普遍属于合同制聘请，这样的情况导致教师教学评价的约束力受到制约。

在教学质量的保障上，除了从国外聘请优秀的教师外，国内教师中的骨干成员也应拥有丰富的国际教学经验。从国外聘请的教师主要从事人文科学、英语学科等方面的教学工作，并且他们均须接受针对国内学生特点的专门培训。

因此，我们应该在借鉴国外教师教学质量评估的基础上，结合自身学校实际情况，制订适合学校实际情况的教师教学评价方案。例如，美国得克萨斯州对教师从8个领域进行评价，即：在学习过程中学生积极地参与；以学生为中心的教学；对学生的进步有评估及反馈；对课堂纪律管理、教学方法、时间及教学材料的运用；专业交流能力；专业进步进修；遵守学区、学校的政策、制度，日常事务管理合乎常规；对学校所有学生整体学业成绩的提高有所贡献。这8个领域都有细则要求，其中前4个领域重点评估教师课堂教学组织能力，以及对教材理解、把握、分析、运用的能力，是整个评估的重点。负责评估的是校长，有时副校长、助理校长也参与进来。负责评估的校长至少听一次45分钟以上的课，外加随时短暂进教室听课。校长听课后填写详细的评估表交至教师手中，正式听课前，校长会提前通知教师（王文，2010）。笔者认为，与此类似，高中阶段中外合作办学的中外方负责人在确保教学质量上尤为重要。一些高中阶段中外合作办学的听评课制度之所以流于形式，是因为管理者的重视不足。

三、培养高水平中外师资队伍

教师队伍是高中阶段中外合作办学质量的根本保证。教师在中国高中科目教学中需要根据中外合作办学班级学生特点和学习需求展开教学，需要一个熟悉的过程，在教授部分国际课程时缺乏教学经验，教学能力有待提升，这对教师教学能力提出了挑战。外籍教师流动性比较大，对中国学生的特点把握不足，这也带来了管理上的难度。中外合作办学教师的专业能力培训还比较少，对于高中阶段中外合作办学教师专业水平提升提出了挑战。

学校应重视高中阶段中外合作办学教师队伍的建设，在职称评聘、绩效考核等方面应给予他们和教授高考班级同样的待遇，甚至部分倾斜。在教师培训等方面要多提供机会，让教授国际课程的教师有机会开阔视野，提升业务水平，让教授国际课程的教师能够有机会将从国际课程中汲取的有益经验应用到校本课程开发、学生素质教育及教育教学改革等方面。真正使高中阶段中外合作办学的成果推动高中多样化发展和特色发展，达到推动学校办学水平提升的目的。

如今，越来越多的"海归"也加入了教师队伍。例如，上海市曹杨第二中学英语教师梁力萌毕业于江苏省常州高级中学，本科获得香港大学英语教育和英国语言文学的双学位，牛津大学应用语言学和二语习得专业硕士毕业。中国人民大学附属中学 2016 年的新招聘教师就有美国明尼苏达大学物理学博士、密歇根大学神经内分泌生理学博士和纽约大学经济学硕士。湖南长郡梅溪湖中学有 6 名"海归"硕士教师。

（一）形成科学的教师培训体系

高中阶段中外合作办学教师培训是保证教师质量的根本保障。目前，高中阶段中外合作办学针对教师的培训主要有 3 类。一是提供国际课程的组织提供的培训，如美国大学理事会每年都定期举办全国性的 AP 教师培训，国际文凭组织每年都组织不同区域的教师开展培训活动，这些教师培训对于教师了解相关国际课程最近的变化，和同行教师进行交流等非常有益，对于提升课程教学能力起到了重要作用。二是学校组织的在职海外研修。例如，北京中加学校选派教师带学生赴加拿大交流，为期一个学期。三是学校组织的定期交流和内部培训，如北京市第三十五中学定期举行校本教师培训，通过教学研讨会、公开课等形式开展培训活动。综上所述，高中阶段中外合作办学存在培训次数不足、针对性不强及规范性不足等问题。高中阶段中外合作办学针对外籍教师的培训总体而言比较缺乏。外籍教师流动性大，培训缺乏连贯性，学校也缺乏动力去培训短期在校任教的外籍教师。笔者认为，在教师培训上可以从以下 5 个方面进行改进。

1）教师培训制度化。学校应该根据教师来源渠道、工作年限等不同情况，制定完善的教师培训制度。例如，针对来自境内合作学校的编制内教师，可以更多开展针对教师长远发展的业务培训，重点培养教师朝骨干教师、专家型教师方向发展；针对来自境外合作方招聘的中国籍教师，可以开展规范性培训，重点在于帮助他们快速进入工作状态，适应学校的工作规范，达到一定工作年限的教师则提供外出业务进修的机会等；针对境外聘请的教师，应加强跨文化交流与培训，使其了解文化差异，尽快融入教学工作。

2）保障教师培训经费投入。高中阶段中外合作办学的经费投入主要来自学费，在教师培训经费上投入相对有限，因此，应多渠道保障教师培训经费。高中阶段中外合作办学机构应该得到政府的一定财政和政策支持，保障教师培训经费及获得教师培训机会。举办高中阶段中外合作办学项目的境内合作学校应从学校的整体发展出发，从学校办学经费中划拨一定经费保障高中阶段中外合作办学项目教师培训。

3）重视岗前培训。高中阶段中外合作办学境外合作学校聘请的教师流动性较高，有效的岗前培训有助于解决因教师更替带来变动而对教学产生的不利影响，提升整体教学质量。例如，针对来自境外合作学校的外籍教师的岗前培训应包括简单汉语应用、学校概况、课程体系内容、法律法规、文化差异、生活常识等内容。同时应该提高培训内容的选择性和针对性，培训应因人而异，根据外籍教师来自国家的不同，灵活地选择培训内容，了解外籍教师关注或渴望的知识，酌情安排培训。

4）加强教师教学经验交流。教师经验交流既可以是新老教师交流，由老教师对新教师进行传帮带，也可以是中外教师的交流，中外合作办学都有一定比例的外籍教师数量要求，外籍教师的加入提供了使用外语的环境。当课堂教学时，境内教师可以在某些情况下依赖母语，而在与外籍教师的沟通中，面对面地交流或电子邮件往来都必须使用外语。这不仅能提升境内教师运用外语的自信心，还能促使他们养成使用外语的习惯（夏蓓蓓，2014）。教师经验交流也包括跨学校的教师经验交流。尤其是高中阶段中外合作办学项目的教师往往是一个人撑起一个科目，平常的日常教学中缺乏交流的对象，这时不同学校教授同一科目的教师通过跨校交流平台的交流就显得非常重要。

（二）形成科学的教师管理体系

目前，高中阶段中外合作办学机构的教师管理体系比较健全。例如，北京中加学校实行面向社会的招聘制，招聘应届毕业生和骨干教师或退休教师，现有72名境内教师，其中在北京中加学校工作年限5年以上的有48人，工作年限10年以上的有24人；高级职称人数56人，硕士学位以上20人（王本忠和薛梅，2015）。高中阶段中外合作办学机构以学校为单位，有专门的部门对教师管理进行维护，有效保障了教师管理的有效性。然而，高中阶段中外合作办学项目的教师管理还存在一些突出问题。一是教师管理上的多头管理。高中阶段中外合作办学教师来自境内合作学校的在编教师由境内合作学校教研组和教务处等部门管理，来自境外合作学校聘请的中教和外教都由外方负责管理，因此，境内合作学校对于教师的招聘、管理存在一定的盲区。二是高中阶段中外合作办学的职业发展受到一定的限制。来自境内合作学校编制内的教师的教学绩效评价受到忽视，缺乏教学热情，来自境外合作学校的境内教师和境外教师都是合同聘请，薪酬待遇缺乏合理增长机制，且流动性大，教师管理难度颇大。

笔者认为，学校应该从3个方面着手解决这些问题。一是落实境内合作学校管理主体责任。境内合作学校应该明确自身在高中阶段中外合作办学中的主体作用，不能把工作责任全权委托境外合作学校团队进行管理，要牢牢把握正确的办学方向，真正落实主体责任，让高中阶段中外合作办学得到健康发展。二是制订教师管理激励措施。学校应该运用多种激励方式，提高教师工作效率，如通过整体激励、价值观激励、情感体验、心理培育激励等方式引导教师树立正确的工作态度，创造性地开展教育教学工作。三是树立以人为本的管理理念。以效率主义和工具主义为导向的教师管理机制虽然可以增强对教师工作的规范和约束，但也会导致管理工作日益趋向技术化、机械化和工具化，从而削弱教师在教育活动中的主动性、积极性和创造性。学校应该以人为本，将教师当作真正的主体，从而促进教师对于管理制度的理性认同，增进教师的职业幸福感和成就感，推动教师的专业发展（夏蓓蓓，2014）。在教师管理中，由于教师来源多样，境内外教师不同文化背景的影响，我们应该给予教师充分的民主权利，让教师参与教师管理，如境外教师可以开展自主管理，由经验丰富的资深境外教师参与学校境外教师的管理，并在精神和物质层面都给予一定的肯定，这样就可以更有效地调动境外教师的工作积极性。

（三）形成科学的教师评价体系

高中阶段中外合作办学的教师评价体系是一个事关高中阶段中外合作办学质量的根本问题。近年来各国对教师的评价日益凸显两个趋势。一是重视业绩和学生等相关群体的评价。例如，俄罗斯在评价教师时注重学生成绩及由教师本人和部分同事、学生针对仪表、师德、教学质量等各项指标分别进行打分。韩国教师评价更注重能力，需要教师、学生家长参与，进行听课考查。二是注重绩效考核与薪酬挂钩。例如，英国强调绩效评定公开透明，绩效考核、目标管理、过程监控和结果检查等管理学术语纷纷进入教育领域。日本从 2008 年则尝试实施教职员能力开发型人事考核制度，将过去的统一薪酬制度转换为由考核结果与薪酬报酬挂钩的模式（曲颂等，2015）。

高中阶段中外合作办学的教师评价也需要借鉴这些成功经验进行改进。一是重视学生和家长的作用。高中阶段中外合作办学的学费较高，家长和学生的教学满意度对办学具有较大影响，应该重视学生的反馈。二是设计合理的考核指标体系。通过学生评价、自我评价、同事评价、上级评价等多个维度对教师的工作表现进行考核。三是重视评价后的反馈，即更加重视用发展的眼光来看待教师评价，虽然过去奖惩性评价在教师教学活动中发挥了不可忽视的作用，但其过分强调教学评价的激励和奖惩功能，过细的量化评价指标忽视了教师劳动的特殊性，影响了教师教学特色的形成和发展。哈佛大学文理学院院长的亨利·罗索夫斯基曾提出一个教师是否受学生的欢迎，同教学的本质无太大的关系。

四、拓宽毕业生升学就业渠道

目前，我国高中阶段中外合作办学学生毕业之后升学就业渠道还不够多样。学习高中国际课程的学生大多只能对接国外大学，客观上导致了高中毕业生流失。接受澳大利亚技术与继续教育课程和英国 BTEC 课程等国外职业教育体系学习的中职学生毕业后就业与市场需求不匹配，竞争力不强。

　　我国应借鉴韩国、日本和新加坡在实施 IBDP 体系之后，一些大学也对本国学生获得 IBDP 文凭表示认可，允许学生通过 IBDP 文凭申请国内大学的经验，考虑与国内大学接轨，建立认可其毕业文凭、学分互认等机制，推进国内高校认可国际课程学分和文凭的试点，探索本土高校向国际课程开放的实践路径，探索自主招生、多元录取的考试招生模式。

　　在试点阶段，我国课程探索打通高中阶段中外合作办学和高等教育阶段中外合作办学的升学通道。高等教育中外合作办学不仅将国外优秀教育资源请进来，同时也无须本国的学生精英走出去，而是在中国本土完成其"留学"生涯，从而实现国际化人才培养的本土化，或者本土国际化的过程。截至本书成稿，我国已经建成 11 所①中外合作大学，其中开展本科及以上学历教育的中外合作大学有 9 所，如宁波诺丁汉大学、西交利物浦大学和上海纽约大学等，其数量还在逐步增加。如果高中学习国际课程的学生凭借高中毕业证书和国际课程学习成绩能够申请中外合作大学，无疑是值得首先尝试的一条路径。我国可以选择部分高校，尤其是中外合作办学办得比较好的高校，同时在每个省份选择一至两个开展高中阶段中外合作办学的公立普通高中学校作为试点，探索高中学习国际课程的学生和国内大学衔接的方法和路径。可以探索高中学习美国 AP 课程的学生在升入这些大学后其 AP 学分被认可的可能性；还可以探索大学在自主招生中使用高中学习 IBDP 学生成绩的可能性。

---

　　① 11 所中外合作大学中，有 9 所本科及以上大学，2 所专科院校（分别为福州墨尔本理工职业学院、苏州百年职业学院）。

参 考 文 献

埃文斯 J R，林赛 W M，2010. 质量管理与质量控制[M]. 7 版. 焦叔斌，译. 北京：中国人民大学出版社.

安京京，徐凡，2015-04-29. 今年 401 所学校有中招资格[N]. 北京考试报（2）.

北京师范大学第二附属中学国际部，2011. 北京师范大学第二附属中学国际部访谈纪要[J]. 数学通报，50（8）：11-16.

北京市教育委员会，2010. 北京市教育委员会关于北京澳华学校最终复核结果的通知[EB/OL].（2010-12-10）[2018-03-20]. http://www.110.com/fagui/law_372957.html.

布坎南 J M，1989. 自由、市场与国家[M]. 平新乔，莫扶民，译. 北京：北京经济学院出版社.

曹娜，2015. 示范性高中国际化办学的误区[J]. 时代教育（4）：171-172.

常光萍，马增彩，2010. 中职学生职业能力评价体系的建构：以上海市医药学校中外合作办学项目为例[J]. 中国职业技术教育（32）：26-30.

常红，申亚欣，2012. 国际高中项目乱象丛生政令不行，专家建议加强全程监管[EB/OL].（2012-08-01）[2018-07-08]. http://society.people.com.cn/n/2012/0801/c1008-18644146.html.

陈洁，2012. 中加两国高中物理教材内容比较：以"运动学"内容为例[J]. 江西教育（9）：33.

陈亮，段越星，2014. AP 课程的机遇与挑战：专访美国大学理事会副主席王湘波[J]. 新课程研究（上旬刊）（9）：4-6.

陈如平，苏红，2010. 论我国基础教育的国际化[J]. 当代教育科学（14）：3-7.

陈尚宝，2011. 对话与融合：基础教育国际化的认识与实践——首届"中外卓越校长南山对话"综述[J]. 中小学管理（8）：28-30.

陈晓慧，2012. 关于韩国高中开设国际文凭课程情况的调研报告[J]. 基础教育参考（9）：31-32.

陈晓慧，2015. 韩国高中阶段引进境外课程调研报告[J]. 中小学校长（7）：68-69.

陈振明，2003. 政策科学：公共政策分析导论[M]. 2 版. 北京：中国人民大学出版社.

程可拉，邓妍妍，2006. 美国国际文凭项目述评[J]. 外国教育研究，33（7）：41-44，63.

戴明 W E，2003. 戴明论质量管理[M]. 钟汉清，戴永久，译. 海口：海南出版社.

德尔 H V，韦尔瑟芬 B F，1999. 民主与福利经济学[M]. 陈刚，等译. 北京：中国社会科学出版社.

邓晖，2015-12-03. 慕课大学先修课：能否跑好人才培养的"接力赛"[N]. 光明日报（5）.

邓少军，贾春杨，2012. 高中师生的国际视野研究：调查与分析：以北京市第二十五中学为例[J]. 中小学管理（9）：52-54.

丁培培，2012. 高中国际班之我见[J]. 科教文汇（中旬刊）（7）：54-55.

丁卫兵，2012. 加拿大海外高中在高一年级英语分级教学实现与 BC 省课程顺利衔接的可行性研究[D]. 大连：辽宁师范大学.

董一，2007. 中澳（VCE）数学课程的研究与实践[J]. 中学数学教学参考（7）：56-58.

董亦频，2007. 中澳高中教育课程合作的研究与实践[J]. 新课程研究（基础教育）（10）：12-14.

方颖，2013. 福州市三中高中阶段中外合作办学教学管理模式[J]. 学园（28）：141-143.

菲根堡姆 A V，1991. 全面质量管理[M]. 杨文士，等译. 北京：机械工业出版社.

福建省统计局，2016. 2015 年福建省国民经济和社会发展统计公报[EB/OL].（2016-02-25）[2018-04-23]. http://www.fjedu.gov.cn/html/xxgk/tjsj/2016/02/29/e957873e-35cf-4221-93cf-6b1db53c4871.html.

付彬彬，2011. 高中英语浸入式教学个案研究[D]. 北京：首都师范大学.

高红梅，赵昕，王瑛，2009. 辽宁省中等职业教育质量保障体系建设情况调研报告[J]. 现代教育管理（10）：1-4.

高毅哲，纪秀君，2013-03-01. 高中国际部变成留学预备班？教育部：不赞成！[N]. 中国教育报（1）.

高瑜，2015. 纵深推进基础教育国际化的理性思考[J]. 教育科学研究（5）：16-20.

葛楠，2013. 多元·冲突·创生：区域基础教育国际化现状、挑战及对策：以上海市闵行区为例[J]. 中小企业管理与科技（下旬刊）（9）：131-132.

顾明远，1998. 教育大辞典[M]. 上海：上海教育出版社.

顾明远，2004. 中国教育的文化基础[M]. 太原：山西教育出版社.

顾明远，2011. 教育的国际化与本土化[J]. 世界教育信息，50（4）：22-25.

官兵，2014. 我国中学国际课程管理与实施的比较研究[D]. 重庆：重庆师范大学.

郭英剑，2013-12-04. 国际高中，何以这样红？[N]. 人民政协报（C02）.

韩之俊，等，2011. 质量管理[M]. 3 版. 北京：科学出版社.

郝宇，2013．高中经济学课程比较研究：以美国 AP 经济学与我国高中政治课经济学部分为例[J]．时代教育（9）：114-115．

何家蓉，李桂山，2010．中外双语教学新论[M]．北京：科学出版社．

何建平，2009．加强课程建设 提高教学质量[J]．高等教育研究，26（1）：1-3．

胡金凤，2011．培养具有中国文化和国际视野的学生：PGA 高中课程班育人实践与探索[J]．北京教育（普教版）（4）：61-62．

胡兰，2008．国际文凭项目与教师专业发展[J]．厦门广播电视大学学报，11（1）：91-93．

胡盼，2011．中外合作高中项目下的英语浸入式教学个案研究[D]．北京：首都师范大学．

胡卓敏，白益民，2009．国际文凭项目及对沿海地区高中教育的启示[J]．现代教育科学（普教研究）（6）：40-41．

湖北省教育厅，2006．湖北省教育厅关于加强普通高中中外合作办学管理的通知[EB/OL]．（2006-12-07）[2016-01-15]．
　　http://www.hbe.gov.cn/content.php?id=2497．

黄忠敬，2012．多元共生理念下上海基础教育的国际化之路[J]．教育发展研究（18）：73-75．

蒋敏，蒋皓，徐祖辉，2015．A Level 化学课程及其在我国的教学概况[J]．化学教学（3）：91-97．

金姬红，2014．让中职生拥有跨文化交流能力 上海市商业学校专注国际化人才培养[J]．上海教育（7）：51-52．

金小红，2011．英语教学改革成就中职教育奇迹：让中职生拿着英国大专证书毕业[J]．中小学管理（3）：11-13．

劲松，1999-11-17．北京澳华学校首批学生入学[N]．光明日报（5）．

荆孝民，张志恬，2014．普通高中国际班学生德育教育思考[J]．发展（11）：103-104．

康宁，2015-08-04．中外合办高校：高等教育"特区"的探索之路[N]．东方早报（5）．

克劳斯比，1991．零缺点的质量管理[M]．陈怡芬，译．北京：生活·读书·新知三联书店．

勒帕日 H，1985．美国新自由主义经济学[M]．李燕生，译．北京：北京大学出版社．

雷兰川，2013．福建省公立高中国际课程实验班发展研究[J]．基础教育，10（5）：94-99．

李爱铭，彭薇，2013-05-02．高中国际课程：乱花何时不迷眼[N]．解放日报（1）．

李翠珍，2013．美国 AP 课程实施成功因素分析[D]．兰州：西北师范大学．

李剑平，2013-07-03．苏州某重点高中国际班被指拿公共资源做生意[N]．中国青年报（3）．

李杰，2015．广西普通高中国际班发展现状调查研究[J]．中学教学参考（18）：1-4．

李凌，2012-04-19．公办高中国际班缘何如此火爆[N]．中国教育报（3）．

李娜，2012．我的 AP 教学记：AP 国际班英语写作课模式的构建[J]．新课程（中学）（3）：172-173．

李萍，2012．中国的 AP 课程教师专业发展策略[J]．教学与管理（27）：44-45．

李树花，2010．关于基础教育国际化的思考[J]．天津市教科院学报（5）：36-37．

李亚东，2013．我国高等教育外部质量保障组织体系顶层设计[D]．上海：华东师范大学．

李英，2003．实施国际教育的成功探索：上海中学国际部的实践[J]．教育发展研究，23（3）：41-44．

梁宇学，2010．高中阶段中外合作办学项目的实践与启示[J]．基础教育参考（15）：27-29．

林金辉，2010-08-27．中外合作办学要规范、健康、有序[N]．人民日报（18）．

林金辉，2011a-02-25．创新，旨在实现质的突破[N]．人民日报（9）．

林金辉，2011b．论中外合作办学的可持续发展[J]．教育研究（6）：64-67．

林金辉，2011c．中外合作办学教育学[M]．厦门：厦门大学出版社．

林金辉，2012a．高中阶段中外合作办学的路子怎么走[J]．人民教育（12）：7-9．

林金辉，2012b．中外合作办学基本规律及其运用[J]．江苏高教（1）：47-50．

林金辉，2012c．中外合作办学中引进优质教育资源问题研究[J]．教育研究（10）：34-38，68．

林金辉，2013．中外合作办学：政策、管理与质量保障[M]．厦门：厦门大学出版社．

林金辉 2015a-07-08．合作办学须信息透明化支撑[N]．中国教育报（12）．

林金辉，2015b-07-30．中外合作办学不能"盲人摸象"[N]．人民日报（18）．

林金辉，2015c．中外合作办学与国际化人才培养[M]．厦门：厦门大学出版社．

林金辉，2016．中外合作办学年度发展报告（2010—2015）[M]．厦门：厦门大学出版社．

林金辉，傅国华，2013．中外合作办学与高水平大学建设[M]．厦门：厦门大学出版社．

林金辉，刘梦今，2013．论中外合作办学的质量建设[J]．教育研究（10）：72-78．

林金辉，刘梦今，2014．高校中外合作办学项目内部教学质量保障基本要素及路径[J]．中国大学教学（5）：62-66．

林金辉，刘志平，2007．论高等教育中外合作办学的规范与引导[J]．江苏高教（6）：75-78．

林金辉，刘志平，2010．高等教育中外合作办学研究[M]．广州：广东高等教育出版社．

林菁华，2014．海南省高中国际班通用技术教师教学决策个案研究[D]．海口：海南师范大学．

林世宁，2013-09-12．省教育厅厅长网上接访时就"国际高中"表态：从未批准"国际课程"项目[N]．羊城晚报（9）．

刘宝存, 2013. 美国 AP 课程的质量保证体系[J]. 上海教育 (14): 27.

刘翠荣, 1985. 东京都将成立国际高中[J]. 人民教育 (8): 37.

刘大革, 2013. 区域基础教育国际化置辩: 以广州市南沙区基础教育国际化示范实验区项目设计为例[J]. 全球教育展望, 42 (10): 68-75.

刘金洲, 张蕊, 李亚明, 2013. 教育国际化趋势下我国高中国际办学研究[J]. 教育教学论坛 (35): 268-270.

刘丽群, 侯丹, 2014. 上高中, 学大学课程: 我国普通高中开设大学先修课程的现状分析[J]. 课程教学研究 (1): 4-8.

刘茂祥, 2015. 国际文凭课程引入的本土改造对策: 以上海市为例[J]. 课程·教材·教法, 35 (4): 110-115.

刘新春, 2004. 加强师资队伍建设 不断提高教育教学质量[J]. 职教通讯 (10): 49-50.

刘志平, 2008. 高等教育中外合作办学引进优质教育资源问题研究[D]. 厦门: 厦门大学.

柳绪燕, 2012. 加拿大高中开设国际课程情况的调研[J]. 基础教育参考 (7): 29-30.

龙琪, 王瑞, 2013. 南京市普通高中国际班发展现状调查报告[J]. 上海教育科研 (5): 31-34.

鲁凤娟, 2013. 美国 AP 数学类课程与我国高中数学课程的比较研究[D]. 武汉: 华中师范大学.

鲁天龙, 2009. 开放国际高中和改革高中教育的思考[J]. 海内与海外 (8): 61-63.

鲁闻, 2015. 提高长春市普通高中国际班办学质量的措施[J]. 现代教育科学 (6): 12-13.

罗阳佳, 2014. 申城首家中外合作高中开办[J]. 上海教育 (9): 8-9.

马峰, 2008. IB 数学 (高水平) 与 AP 微积分 (BC) 的异同初探[J]. 中学数学教学参考 (4): 55-57.

马毅飞, 2014a. 持续推进区域基础教育国际化实验进程: 北京市海淀区基础教育国际化校长论坛综述[J]. 世界教育信息, 27 (18): 38-42.

马毅飞, 2014b. 中美国际教育政策研究[D]. 上海: 华东师范大学.

梅汝莉, 2011. 中外合作学分转移: 在办学体制改革中搭建人才成长的立交桥——北京国际职业教育学校中外合作办学的重要启示[J]. 中小学管理 (3): 4-6.

缪勒 D C, 1999. 公共选择理论[M]. 杨春学, 等译. 北京: 中国社会科学出版社.

莫景祺, 2014. 对当前基础教育国际化"热"的冷思考[J]. 人民教育 (10): 21-26.

莫丽娟, 2012. 我国部分城市"高中国际班"调查[EB/OL]. (2012-12-21) [2015-12-24]. http://www.china.com.cn/guoqing/2012-12/21/content_27479888.htm.

穆薇, 2009. 中职英语课堂中西结合的实践与研究[D]. 上海: 华东师范大学.

倪闽景, 2011. 基础教育国际化的挑战与应对[J]. 上海教育科研 (1): 6-7.

牛美玲, 王后雄, 2013. 澳大利亚维多利亚州 VCE 考试及其化学试题评析[J]. 化学教育, 34 (2): 74-77.

坪谷·纽厄尔·郁子, 2015. 给孩子与世界接轨的教育: 国际文凭与全球流动社会的教育改革[M]. 庄雅琇, 译. 台北: 商周出版社.

齐红深, 魏正书, 2007. 枫叶为什么这样红: 一所国际学校的解读[M]. 沈阳: 辽宁人民出版.

钱明坤, 2014. 苏州市区普通高中中外合作办学现状分析与策略探究[D]. 苏州: 苏州大学.

邱晨辉, 2013-08-23. 国际学校被指太重"盈利"沦为"洋应试"[N]. 中国青年报 (3).

仇国政, 2013. 基于 AP 课程理念的探究实验设计[J]. 新课程 (下) (2): 62-63.

裘晓兰, 2014. 日本打造"超级全球化高中"[J]. 上海教育 (32): 60-63.

曲颂, 等, 2015. 国外中小学教师评价体系扫描[J]. 人民日报, 2015-10-04 (18).

任书良, 2013. 枫叶教育理念与 (第一卷) [M]. 北京: 北京大学出版社.

容中逵, 刘要悟, 2005. 民族化、本土化还是国际化、全球化: 论当前我国基础教育课程改革的参照系问题[J]. 比较教育研究, 26 (7): 17-22.

阮守武, 2007. 公共选择理论及其应用研究[D]. 合肥: 中国科学技术大学.

阮守武, 2009. 公共选择理论的方法与研究框架[J]. 经济问题探索 (11): 1-7.

《上海出版志》编纂委员会, 2000. 上海出版志[M]. 上海: 上海社会科学院出版社.

邵琪, 2013. TAFE 模式下中职英语教学改革的实践与探索[J]. 新课程研究: 职业教育 (3): 80-82.

沈蒙和, 2015-10-27. 中国学生数学为啥这么牛美国老师来杭找答案[N]. 钱江晚报 (A10).

沈伟, 2014. 基础教育质量保障概念辨析[J]. 教育研究与实验 (1): 33-38.

盛兵, 2014. 中美高中化学 AP 课程比较研究[D]. 成都: 四川师范大学.

首都师范大学附属中学国际部, 2011. 首都师范大学附中国际部访谈纪要[J]. 数学通报, 50 (7): 4-8.

宋冰, 2013. 在香港看基础教育国际化[J]. 未来教育家 (4): 58-59.

宋昌林, 2012. 浅谈开办国际高中的几个问题[J]. 课程教材教学研究 (教育研究) (2): 44-45.

苏君阳，2012．教育督导学[M]．北京：北京师范大学出版社．

苏真，1990．日本东京都立国际高中：一所新型高中简介[J]．外国中小学教育（1）：19-20．

孙玉洁，2014．中国高中教育国际化研究（1983—2013年）[D]．上海：华东师范大学．

谭欣，2006．广西中职旅游专业办学模式研究[J]．广西师范学院学报（自然科学版），23（s1）：205-208．

唐菲，2014．上海SG中职校中外合作办学项目的市场营销策略研究[D]．上海：华东理工大学．

唐盛昌，2010．我国高中引入国际课程应关注的几个问题[J]．教育发展研究（22）：125-131．

唐盛昌，2011a．试论国际课程在我国学校实施的瓶颈与突破[J]．现代基础教育研究（1）：12-17．

唐盛昌，2011b．学校教育国际化探索：借鉴改革与衔接对话：对上海中学教育国际化探索的理性思考[J]．中小学管理（12）：7-10．

唐盛昌，2012．高中国际课程的实践与研究[M]．上海：上海教育出版社．

唐盛昌，2013．高中国际课程实验学科教学与评价引发的挑战与对策[J]．现代基础教育研究（2）：26-30．

唐铁军，等，2008．关于加强双语教学课程建设的实践与思考[J]．高等理科教育（6）：59-62．

唐晓敏，2013．澳大利亚维州VCE会计课程教育分析与思考[J]．科文汇（21）：90-91．

唐子惠，2011．高中国际班奏响留学前奏[J]．教育旬刊（1）：40．

陶波，2013．国际教育中的管理尴尬与文化出路[J]．江苏教育研究（7）：44-48．

陶波，2015．谈"教育国际化"管理的四个关键词[J]．学校管理（2）：6-8．

陶西平，2015．意识形态与人格培养[J]．中小学管理（5）：60．

田辉，2018-06-15．日本"高考"将实行双轨制[N]．中国教育报（5）．

田然，2012．国际学校全英语教学环境下化学学习的探讨[J]．中国校外教育（11）：80．

田文，2012．PGA：国际教育的多元化选择[EB/OL]．（2012-03-01）[2016-02-01]．http://paper.i21st.cn/story/74493.html．

屠永永，2013．高中国际班德育现状与教育对策研究[D]．北京：中国地质大学．

万宇，2014-03-06．韩帝国高中收富家子弟高额学费，给弱势群体特招[N]．环球时报（8）．

汪明，2013-05-29．规范高中"国际班"宜早不宜迟[N]．中国教育报（5）．

汪明，张珊珊，2015．高中"国际班"的现状、问题与走向分析[M]//杨东平．中国教育发展报告（2015）．北京：社会科学文献出版社：126-133．

王宝权，2014．省级示范高中教育国际化管理现状、对策探析[J]．学周刊（28）：68-69．

王本忠，薛梅，2015．交融与创新：北京中加学校自主课程建设的实践探索[M]．北京：北京师范大学出版社．

王殿军，2013．中国开设大学先修课程的挑战与思考[J]．中国教师（9）：14-15．

王芳，2012．上海市高中国际课程发展述评[J]．基础教育，9（4）：66-71．

王凤兰，2005．中外合作办学的动因及发展对策[J]．燕山大学学报（哲学社会科学版），6（2）：32-37．

王丽娟，2012．英国A-Level经济学与美国AP经济学课程的比较与思考[J]．中国教师（24）：23-24．

王敏丽，2007．中外合作办学中优质教育资源之内涵[J]．江苏高教（5）：128-129．

王楠，董德，2015．为什么留美名校学生"无故"被开除？——学术表现差、学术不诚实、行为失当、违反法律，每年超8000中国留美学生被开除[J]．留学（11）：28-35．

王文，2010．零距离美国课堂[M]．北京：中国轻工业出版社．

王熙，2011．初探高中国际班的合作障碍：以"学校—政府"合作项目为例[J]．中国教师（14）：5-9．

王熙，2012．从"资格能力"评价体系看中外合作办学中的文化建构：以"高中国际班"为例[J]．四川师范大学学报（社会科学版），39（1）：72-80．

王一军，2011．全面提高基础教育质量保障水平[J]．江苏教育（11）：1．

王越，钱卫东，张国庆，等，2011．中职高延普职融通：建立开放多元的现代办学体制——北京国际职业教育学校中外合作办学的探索与实践[J]．中小学管理（3）：7-10．

韦成龙，刘绍勤，张斌，2002．改革教学管理制度提高人才培养质量[J]．中国高教研究（8）：25-27．

魏宏聚，2010．教育质量观的内涵、演进与启示[J]．教育导刊（1）：5-8．

翁伟斌，2007．国际教育质量保障的中国实践：NCCT外籍人员子女学校认证[J]．教育发展研究（17）：50-57．

吴定初，2003．关于中国基础教育国际化与民族化的思考[J]．教育评论（1）：7-9．

吴昊，张建，2014a-06-09．中学"国际班"鱼龙混杂误人子弟[N]．新华每日电讯（7）．

吴昊，张建，2014b．留学低龄化趋势促中国部分城市"国际班"走俏[EB/OL]．（2014-04-03）[2015-06-28]．http://edu.sina.com.cn/ischool/2014-04-03/1041414044.shtml．

吴清山，黄美芳，徐纬平，2006．教育绩效责任研究[M]．台北：九州出版社．

吴珊，相惠莲，2015. 公立高中办国际班引公平性争议　教育部酝酿彻底剥离[J]. 财经（8）：30-32.

夏蓓蓓，2014. 中外合作办学中的教师专业发展[J]. 国家教育行政学院学报（12）：68-72.

夏业良，2007. 公共选择理论：个人为一切问题的始点[J]. 中国城市经济（1）：92-92.

项贤明，2015-7-14. 基础教育国际化的应有之义[N]. 光明日报（14）.

肖海洋，2014. 中美公立高中国际课程引进与实施研究[D]. 北京：首都师范大学.

谢辅炬，2009. 透析剑桥 A-Level 数学课程[J]. 数学通报，48（5）：26-27.

谢艳珍，2005. 中外合作高中教育双轨制运行模式的可行性研究[J]. 辽宁教育研究（4）：20-21.

解艳华，2013-11-27. 公办是否能举办国际部或国际班？ [N]. 人民政协报（C01）.

熊丙奇，2013. 规范国际班办学，要有改革新思路[J]. 上海教育（15）：60.

熊丙奇，2014-02-12. 高中国际班，别刚突围就掉入功利陷阱[N]. 中国教育报（8）.

熊丙奇，2015. 公办高中国际化：从"国际班"到"国际课程"[J]. 今日教育（3）：8.

熊言林，徐青，2015. 美国 AP 化学考试与中国化学高考的比较与思考[J]. 化学教育，36（5）：56-59.

徐辉，2001. 国际学校和国际学校课程述评[J]. 教育理论与实践，21（6）：41-44.

徐慧新，2014. 公办高中 IBDP 数学课程的研究：以 A 校为例[D]. 上海：上海师范大学.

徐丽遐，倪闽景，龙梅，2014. 教育国际化，如何面向世界[J]. 上海教育（15）：68.

徐士强，2012. 发达地区普通高中国际化办学的实践模式述析：以上海为例[J]. 全球教育展望（1）：68-71.

徐士强，2014. 普通高中国际课程决策要素分析和政策模型构想[J]. 教育发展研究（6）：24-29.

徐士强，2015a. 面向境内学生的普通高中国际课程政策研究[D]. 上海：华东师范大学.

徐士强，2015b. 普通高中国际课程的问题透视[J]. 上海教育（14）：68-71.

徐士强，2015c. 日韩新三国实施 IB 课程述析[J]. 外国中小学教育（5）：58-61，57.

徐士强，高光，2012. 普通高中面向境内学生开设国际课程的现状、问题与建议：以上海为例[J]. 教育发展研究（6）：11-15.

薛卫洋，2015. 论中外合作办学的质量观[J]. 中国高教研究（10）：22-25.

闫闯，2012. 台湾地区基础教育国际化的策略及启示[J]. 世界教育信息（17）：72-74.

杨东平，莫丽娟，2012. 高中"国际班"调查[M]//杨东平. 中国教育报告（2012）. 北京：社会科学文献出版社.

杨航，2013. 郑州普通高中 2013 年起推行多样化和特色化建设[EB/OL].（2013-11-05）[2018-07-08]. http://news.163.com/13/1105/11/9CTNK53000014JB6.html.

杨柳，2015. 中国国际高中课程母语课程中的价值观教育[D]. 长春：吉林大学.

杨娴，2014. 批判性思维能力对高中英语写作影响的研究[D]. 太原：中北大学.

杨晓斐，2010. 日本基于国际理解教育理念的外语教育发展策略[J]. 广西教育学院学报（4）：63-65.

叶尹虎，2005. 进行中外职业教育比较　提高中外合作办学水平：上海长乐-霍尔姆斯职校中外合作办学的探索与实践[J]. 职教论坛（5s）：47-79.

叶莹，2010. AP 化学课程项目及其在我国初步实践的研究[D]. 上海：华东师范大学.

易鑫，李凌，2013-10-24. 洋高考何以沦为"洋应试"[N]. 中国教育报（3）.

俞时美，袁晓如，2014-03-12. 创新促发展　勇筑"中国梦"：从上海市医药学校看我国职业教育的成功探索之路[N]. 人民日报（海外版）（11）.

袁桂林，2013. 对普通高中多样化发展的理解[J]. 人民教育（8）：2-5.

曾国华，2011. 探询公办高中国际班[J]. 中小学管理（3）：59-60.

张德伟，2013. 日本国际学校的课程设置与实施[J]. 上海教育（14）：28.

张东娇，2002. 美国学校质量评估制度的审视与启示：认证制度和蓝丝带学校[J]. 比较教育研究，23（3）：17-21.

张国俊，2006. 苏南地区中等学校中外合作办学研究[D]. 南昌：江西师范大学.

张红建，2012a. 浅谈 VCE 高中物理课程的教学策略[J]. 中学生数理化（学研版）（7）：78-79.

张红建，2012b. 中澳（VCE）高中物理课程的对比研究[J]. 新课程研究（下旬刊）（7）：30-33.

张久久，2014. 高中国际课程与本土课程的兼容性探讨[J]. 教育观察（上旬刊）（3）：30-32.

张军凤，王银飞，2011. 关于基础教育国际化的几个问题[J]. 上海教育科研（1）：9-11.

张力玮，熊建辉，陈敏，2012. 民办学校国际化方略：专访汇佳教育机构总裁、董事长王志泽[J]. 世界教育信息（13）：3-8.

张萌，2011. 示范性高中办学国际化研究[D]. 上海：华东师范大学.

张民选，李亚东，2010. 中外合作办学认证体系的构建与运作[M]. 北京：高等教育出版社.

张绍武，崔佳佳，2011. 高中阶段中外合作办学课程建设初探[J]. 中小学校长（7）：4-6.

张绍武，崔佳佳，2012．高中中外合作办学课程建设的思考[J]．北京教育学院学报，26（A01）：95-97.

张筱晨，2013．培养具有中华文化底蕴和国际竞争力的高中生：广西柳州高级中学中美国际班的探索与实践[J]．基础教育研究（11）：16-17.

章新胜，2011．民间教育国际交流事业天地广阔、任重道远、大有可为[J]．世界教育信息，24（11）：7-9.

赵冰燃，董德，2014．当外国人都争着来中国读书，我们的教育就成功了：专访北京加拿大国际学校董事长彭建华博士[J]．留学（24）：64-66.

赵婀娜，2013a-11-07．火爆国际班的冷思考[N]．人民日报（18）.

赵婀娜，2013b-09-06．教育部：中外合作办学"不及格"？清理！[N]．人民日报（14）.

赵锋，2004．中职中外合作办学收获了什么[J]．上海教育（10）：18-20.

赵笑梅，2013-09-17．济州岛：韩国重金建造国际教育城[N]．深圳晚报（B20）.

赵萱，2012．应然理性：上海基础教育国际化述评[J]．基础教育，9（1）：36-34.

赵萱，张佩萍，2011．基础教育国际化：合理性探寻与研究述评[J]．教学与管理（7）：3-5.

赵永琦，2003-04-05．引进优质教育资源，推进中外合作办学[N]．人民日报（海外版）（1）.

赵中建，1997．学校教育全面智联管理初论[J]．教育参考（5）：12-15.

中西教育研究室，2002．加拿大中学的综合理科课程介绍（1）[J]．数理天地（高中版）（10）：43-44.

钟秉林，2013．人才培养模式改革是高等学校内涵建设的核心[J]．高等教育研究（11）：71-76.

周莉，2014．高中引入美国 AP 课程机制及管理模式的研究[J]．北京教育（普教）（5）：53-54.

周满生，2013．基础教育国际化的若干思考[J]．教育研究（1）：73-75.

周满生，2014．基础教育国际化的思考与实践探索[J]．世界教育信息（2）：11-17.

周琪，2014．民办高中面向境内学生开设国际课程的实践探索[D]．上海：上海师范大学.

周晓燕，2012．A-level Computing 对"算法与程序设计"教学的借鉴[J]．中国教育信息化[J]．基础教育（7）：34-36.

周序，2012．AP 课程在中国[J]．中国教师（24）：16-18.

朱虹，2013．美国 AP 微积分 AB/BC 课程体系研究[J]．数学通报，52（3）：5-10.

朱忠琴，2013．高中国际班：现状透析与政策期待[J]．中小学管理（8）：18-20.

宗华，2009．美国 AP 化学课程中国开展现状[J]．化学教育，30（12）：8-9.

邹珊颜，2013．影视资源在优化国际部语文教学中的应用[J]．新语文学习（教师版）（2）：114-116.

濱名篤，2014．米国における AP（アドバンストプレイスメント）の実施状況等に関する調査研究[EB/OL]．（2014-10-03）[2018-07-09]．http://www.mext.go.jp/a_menu/koutou/itaku/1347645.htm.

矢野裕俊，2012．国際バカロレアとの比較をとおしてみた高等学校教育課程の現状と問題点[J]．教育学研究論集，7：27-34.

BAGNALL N, 1997. The international baccalaureate in Australia[J]. Critical studies in education, 38(1): 129-143.

BATES R, 2010. Schooling internationally: Globalisation, internationalisation and the future for international schools[M]. London: Routledge.

BILODEAU L M, 2010. School organizational health and teacher sustainability: Canadian offshore schools in Egypt[D]. Okanagan: The University of British Columbia Okanagan.

COCA V, et al., 2012. Working to my potential: The postsecondary experiences of CPS Students in the International Baccalaureate Diploma Programme[R]. Chicago: Consortium on Chicago School Research: 1-72.

COSCO L, 2011. Canadian overseas schools: A unique approach to the export of Canadian education[J]. Asia pacific foundation of Canada(18): 1-7.

DAVIDSON C, 2011. Now you see it: How the brain science of attention will transform the way we live work, and learn[M]. New York: Viking.

DOHERTY C, 2009. The appeal of the International Baccalaureate in Australia's educational market: A curriculum of choice for mobile futures[J]. Discourse studies in the cultural politics of education, 30(1): 73-89.

EVANS J R, 2008. The management and control of quality [M]. 7th. Singapore: South-Western.

GAMERMANN E, 2007-11-30. How to get into Harvard[N]. The Wall Street Journal.

GORDON J A, LIU X,XIANG Y, 2014. Preparation for transnationalism: Changes in China's top secondary schools[J]. Journal of international education and leadership, 4(1):1.

HANSEN H M, 2002. Defining international education[J]. New directions for higher education (117): 5-12.

HARGREAVES A, SHIRLEY D, 2012. The global fourth way: The quest for educational excellence[M]. Corwin: Corwin Press.

KLOPFENSTEIN K, THOMAS M K, 2009. The link between advanced placement experience and early college success[J]. Southern economic journal, 75(3): 873-891.

KNIGHT J, 2003.Updating the definition of international education[J].International higher education (33): 2.

KNIGHT J, 2004. Internationalization Remodeled: Definition, approaches, and rationales[J]. Journal of studies ininternational education, 8(1):5-31.

MCKENZIE M, 1998. Going. Going. Gone. Global![M] //THOMPSON J J, HAYDEN M C. International education: principles and practice. London: Kogan Page: 242-252.

NICHOLSON J, THOMPSON B, 2005. The services opportunities in China for Australian businesses[J]. Growth(55): 48-55.

POONOOSAMY M,2010. The International Baccalaureate Diploma Programme in postcolonial Mauritius: Reaffirming local identities and knowledges[J]. Asia pacific journal of education, 30(1): 15-30.

RAGOONADEN K, AKEHURST J, 2013. A Canadian ESL teacher in China: A stranger in a strange land[J] . Citizenship, social and economics education, 12(2): 101-109.

SALLIS E, 2002. Total quality management in education [M]. 3rd. London: Kogan Page.

SCHUETZE H G, LIN G, SUMIN L, 2008. Canadian offshore schools in China[R]. Vancouver: Asia Pacific Foundation of Canada.

SILBER M H, 2012. More than just "the facts": Creating a meaningful social studies lesson template for second language learners in the British Columbia offshore school system[D]. Columbia: The University of British Columbia.

SISKEN L,WEINSTEIN M, SPERLIN R, 2010. To be IB: creating support structures and services for title I high schools implementing the international baccalaureate programme-final report [M]. New York: Institute for Education and Social Policy.

TARC P, 2012. How does "global citizenship education" construct its present? The crisis of international education[M]//DE OLIVEIRA ANDREOTTI V, DE SOUZA M T M. Postcolonial perspectives on global citizenship education. London:Routledge: 117-135.

TARC P, BEATTY L, 2012. The emergence of the international baccalaureate diploma in Ontario: Diffusion, pilot study and prospective research[J]. Canadian journal of education, 35(4): 341-375.

TAYLOR M L, PORATH M, 2006. Reflections on the International Baccalaureate program: Graduates' perspectives[J]. The journal of secondary gifted education, 17(3): 149-158.

WATERS J L, 2010. Emergent geographies of international education and social exclusion[J]. Antipode, 38(5): 1046-1068.

하화주, 홍후조, 박하식, 2012. 우리나라 고등학교에서의 IBDP 교육과정 적용의 현황 및 과제[J]. 교육과정연구, 30(4): 51-79.

附　录

附录一　访谈提纲

管理人员篇

1）请简要介绍一下贵校中外合作办学的办学历程、办学特色，办学定位、思路和理念。

2）课程与教学质量。

① 贵校的中外合作办学课程体系质量是如何保证的？课程设置、教学大纲、教材等方面有哪些变化？能否有一些具体的事例？

② 贵校的中外合作办学教学质量是如何保证的？在教学方式上、在学科专业的结合上有何特色？有何反馈和激励机制？

③ 贵校在教学语言的使用上，如何使用中文和英语两种语言？

3）人才培养质量与学生管理。

① 学生的毕业要求是什么？

② 人才培养有什么特色？

③ 你认为人才培养质量应该重视过程还是结果？

④ 贵校中外合作办学在学生管理上有何特色？这些学生有何特点？

4）管理体系。

① 贵校中外合作办学管理架构是怎么样的？如何有效运转？

② 贵校中外合作办学的管理队伍是怎么样的？人员资质和岗位职责及考核制度如何？

5）教育设施与资源引进。

① 贵校中外合作办学的教学条件如何？

② 你对引进优质教育资源有何看法？

6）教师队伍质量。

贵校中外合作办学在教师引进、培养和使用上是如何确保教师队伍质量的？有没有遇到什么困难？

7）如果要制定示范性中外合作办学机构/项目评估标准，你认为什么样的机构/项目才是具有示范性的？是看过程还是看结果？

8）对于促进中外合作办学机构/项目质量提升，你有何建议？

9）你认为像贵校这样的中外合作办学机构/项目在引进国外优质教育资源、促进中外教育融合方面有哪些作用和收获？

10）你认为民办与公立高中阶段中外合作办学有什么不同？

教 师 篇

1）你认为国际班教学的最大挑战是什么？
2）你认为国际班的学生有什么特点？
3）你在国际班的教学过程中有没有改变一些教学方法？
4）你在国际班的教学中感到最大的收获是什么？
5）你在整合教材上做了哪些尝试？
6）你对国际班的管理、教学和课程等有什么改进建议？

学 生 篇

1）你为什么选择到国际班就读？
2）你觉得国际班开设的课程怎么样？是否满足你的需要？
3）你认为老师的教学方法适合自己吗？
4）你认为国际班开展的社会实践活动对你有帮助吗？
5）你对国际班的管理有什么看法？
6）你认为国际班提供的升学指导和规划方面的服务有用吗？
7）你对国际班的管理、教学和课程等有什么改进建议？

附录二　普通高中国际班办学质量情况调查问卷

一、个人基本情况

以下是个人信息，请在符合你的情况的选项上打"√"。

1. 你高中毕业后优先考虑出国吗？
A．是　　　　　　　　B．否

2. 你的性别是：
A．男　　　　　　　　B．女

3. 你的年级是：
A．高一　　　　　　B．高二　　　　　　C．高三

4. 你所就读的国际课程类型是：
A．美国高中课程+AP　　　　　　B．英国 A-Level
C．IBDP　　　　　　　　　　　　D．不列颠哥伦比亚省
E．澳大利亚 VCE　　　　　　　　F．其他_____

5. 你的英语平均水平怎样？
A．常在 135 分以上　　　　　　B．常在 120～134 分
C．常在 105～119 分　　　　　　D．常在 90～104 分

E. 常在 75～89 分　　　　　　　　　　F. 常在 74 分以下

6. 你是从几年级开始来国际班就读的？

A. 高一　　　　　　　　B. 高二

二、就读国际班的动机及对参加国内高考的态度

本栏共 10 题，列举了一些就读国际班的影响因素，请根据你在就读期间的切身体会，对以下每项内容按符合情况填写相应选项。

1. 你选择就读国际班的主要动机是（　　　）。（单选）

A. 国际班的分数线较低，较容易进入好的高中

B. 国际班的教学方式新颖、灵活，更有利于个人发展

C. 为出国做准备

D. 觉得普通班太辛苦

E. 家长心愿

F. 自己兴趣爱好

G. 其他_____

2. 选择就读国际班时对你的决策影响最大的是（　　　）。（单选）

A. 自己　　　　　　　B. 父母　　　　　　　C. 老师

D. 亲戚　　　　　　　E. 朋友　　　　　　　F. 其他_____

3. 你在选择就读国际班时对国际班的了解程度为（　　　）。（单选）

A. 很了解　　　　　　B. 比较了解　　　　　C. 一般

D. 比较不了解　　　　E. 很不了解

4. 你选择国际课程类型时考虑的因素是（　　　）。（请选择三个因素，并按重要性由高到低进行排列）

A. 自己的兴趣　　　　B. 父母的决定　　　　C. 老师的建议

D. 录取分数线　　　　E. 是否有利于转入普通班

F. 相应课程对应国家的出国难易程度

G. 就业情况

H. 随意报的

I. 家庭的经济承受能力

J. 其他_____

5. 你对待高中会考科目的态度是（　　　）。

A. 觉得很重要，并认真学习　　　　　　B. 觉得不重要，但认真学习

C. 觉得很重要，但没有认真学习　　　　D. 觉得不重要，也不认真学习

6. 你对待国内高考科目的态度是（　　　）。

A. 觉得很重要，并认真学习　　　　　　B. 觉得不重要，但认真学习

C. 觉得很重要，但没有认真学习　　　　D. 觉得不重要，也不认真学习

7. 你认为教师是否认真教授国内课程（会考和高考等相关科目）？（　　　）。

A. 是　　　　　　　　B. 否　　　　　　　　C. 不清楚

8. 你是否想过要转到普通班？（　　　）

　　A．是　　　　　　　B．否

9. 你认为从国际班转到普通班是否容易？（　　　）

　　A．是　　　　　　　B．否　　　　　　　C．不清楚

10. 你认为国际班比普通班的教学方式更好吗？（　　　）

　　A．是　　　　　　　B．否　　　　　　　C．不清楚

三、学生对国际班期待满意度调查

本栏共 33 题，请按你的真实想法在最符合的一项后面打"√"。

题号	问题		满意度				
			非常不满意	比较不满意	基本满意	比较满意	非常满意
1	国际班课程	时间安排					
2		体系安排					
3	英语强化课程（听说读写类课程）	数量					
4		难度					
5		对出国帮助情况					
6	双语课程（如数学、经济、历史等）	数量					
7		难度					
8		对出国帮助情况					
9		原版外文教材					
10	国际班教师	布置的作业数量					
11		布置的作业难度					
12		语言逻辑性					
13		语言通俗性					
14		选用的教学方法					
15		多媒体的使用情况					
16		培养学生解题能力的情况					
17		在课堂上与学生的互动情况					
18		课后辅导学生的情况					
19	国际班	班级凝聚力					
20		管理方式					
21		请假制度					
22		对使用电子设备的管理					
23		给学生开具的成绩单					
24		收费情况					
25		提供出国资讯的数量					
26		提供出国资讯的质量					
27		提供出国资讯的途径					
28		活动资源（如圣诞晚会、万圣节等活动）的数量					
29		活动资源（如圣诞晚会、万圣节等活动）的质量					

题号	问题		满意度				
			非常不满意	比较不满意	基本满意	比较满意	非常满意
30	国际班	学校帮助学生拟订的出国规划					
31		提供的志愿者服务（社区服务）机会					
32		国际班对外教的管理					
33		对国际班的总体满意度					

意见及建议：你认为提高国际班办学质量，需要在哪些方面改进？